SOCIÉTÉ

DES

ANCIENS TEXTES FRANÇAIS

LE ROMAN DE LA ROSE

OU DE

GUILLAUME DE DOLE

Le Puy, imprimerie de R. Marchessou, boulevard Carnot, 23.

LE
ROMAN DE LA ROSE

OU DE

GUILLAUME DE DOLE

PUBLIÉ D'APRÈS LE MANUSCRIT DU VATICAN

PAR

G. SERVOIS

PARIS
LIBRAIRIE DE FIRMIN DIDOT ET Cⁱᵉ
RUE JACOB, 56

M DCCC XCIII

Publication proposée à la Société le 24 janvier 1883.

Approuvée par le Conseil le 22 février 1883 sur le rapport d'une commission composée de MM. Meyer, Paris et G. Raynaud.

Commissaire responsable :
M. Paul Meyer.

INTRODUCTION

I. — *Le titre du roman.*

Le roman d'amour et de chevalerie que nous publions a reçu de l'auteur le titre de *Roman de la Rose*, longtemps sans doute avant que Guillaume de Lorris ne commençât la rédaction du seul *Roman de la Rose* qui ait obtenu la célébrité. Pour prévenir toute confusion avec le poème allégorique de Guillaume de Lorris et de Jean de Meun, Claude Fauchet, le premier érudit qui l'ait signalé, lui a conféré dans ses mémoires, parfois comme sous-titre, plus souvent comme titre, le nom de l'un de ses personnages, Guillaume de Dole [1], et cette appella-

---

[1]. *Œuvres de feu M. Claude Fauchet*, premier président en la cour des Monnaies, 1610, f⁰ˢ 483 *a-b*, 529 *b*, 570 *b*, 572 *b*, 577 *a-b* et 578 *a*. Nous nous en tiendrons, dans nos renvois, à cette édition, qui contient la réimpression de divers mémoires, parus à différentes dates. — D'abord conseiller au Châtelet, nommé président en la cour des Monnaies en 1569 et premier président en

INTRODUCTION

tion est demeurée. Adelbert Keller, dans la *Romvart*[1], et Littré, dans l'*Histoire littéraire de la France*[2], ont bien rendu à notre roman son nom véritable, à côté du titre préféré par Fauchet ; mais, pour tous les autres érudits, le premier *Roman de la Rose* était devenu exclusivement et définitivement le *Roman de Guillaume de Dole*, et les tables de l'*Histoire littéraire* elles-mêmes n'enregistrent qu'un seul roman de la *Rose*, celui qui est connu de tous. Dans son manuel de la *Littérature française au moyen âge*, M. Gaston Paris a d'ailleurs consacré la dénomination de Fauchet, qu'avaient acceptée déjà Paulin Paris, Victor Le Clerc, Daremberg et Renan. C'est celle que nous emploierons, nous aussi, après avoir inscrit en tête du poème et dès la première ligne, comme il se devait, le titre choisi par l'auteur.

Guillaume de Dole, dont le nom s'est ainsi attaché au roman, n'est pas le personnage que l'on y verra le plus souvent en scène. Il n'est pas question de lui avant le vers 748, et il en sera peu question dans les dix-huit cents derniers vers. C'est à Conrad, le parfait souverain, que sont consacrées les vingt-trois premières pages du texte, et c'est

1581, Fauchet conserva ce dernier office (sauf pendant une partie de la Ligue) jusqu'en 1599, bien que, pressé sans doute par des besoins d'argent, il en eût fait la résignation dès 1588. Voy. ci-après sur Fauchet, p. xxii, la note 1.

1. *Romvart, Beiträge zur Kunde mittelalterlicher Dichtung aus italiänischen Bibliotheken*, Mannheim, 1844, p. 575.
2. Tome XXII, p. 826-828.

Conrad qui se mariera au dénouement, après avoir été presque continuellement mêlé à l'action. Fauchet a eu raison cependant de ne pas écrire le nom de Conrad en sous-titre, non plus que celui de Liénor, « la pucelle à la rose » (v. 5026), que semblaient appeler l'importance de son rôle et le titre même du roman. Les derniers vers justifient son choix. Nous y apprenons, en effet, que le personnage auquel on a particulièrement voulu nous intéresser est Guillaume, fils excellent et tendre frère, chevalier accompli autant que modeste, qui connaît à merveille les usages de la cour, l'emporte à l'occasion sur ses rivaux par l'éclat de ses fêtes aussi bien que par sa vaillance, et se montre, dans les tournois, un jouteur habile et presque toujours heureux, ne dédaignant pas de remédier par les profits du combat à l'insuffisance de sa fortune, tout en sachant user de générosité. C'est à ses mérites que Liénor attribuera son élévation, et, comme conclusion, l'exemple de ce « prudhomme » sera proposé aux rois et aux comtes qui liront ou écouteront le poème.

II. — *Analyse du poème.*

Celui qui a mis ce conte en roman le dédie à Milon de Nanteuil, qui habite le Rémois. Entremêlé de chansons dont chacune est appropriée à la situation, ce poème de la Rose, poème d'armes et d'amour, est une chose nouvelle dont personne ne se lassera, et qu'un vilain ne pourrait retenir en sa mémoire. (Vers 1-30.)

Il y eut jadis un empereur d'Allemagne nommé Conrad (*Corras*), comme son père. Sage, courtois et généreux, il haïssait le péché et manger en été auprès du feu, ne faisait ni grand serment ni laid reproche, gouvernait par décrets et par lois, appréciait selon leurs mérites les riches et les pauvres, et s'entendait mieux que personne aux plaisirs de la chasse. Il valait un muid de ses successeurs. Protecteur de tout franc homme qui devenait son vassal, secourable aux vieux vavasseurs et aux dames veuves, retenant auprès de lui les bons chevaliers ou leur donnant terres et châteaux, il avait pour seule richesse sa cour, pleine de chevaliers. Dédaigneux des arbalètes, des mangonneaux et des perrières, il ne devait ses victoires qu'à la lance et à l'écu. (V. 31-119.)

Il n'avait pas encore de femme, et ses hauts barons en gémissaient; mais ni leurs doléances ni leurs conseils ne le touchaient. L'été venu, il va s'établir au milieu des prés et des bois, ayant convié aux fêtes qu'il prépare nombre de comtes, de comtesses, de châtelaines, de duchesses, de dames, de vavasseurs importants. (V. 120-153.)

Voulant que chacun se fasse une amie et connaissant tous les tours d'amour, il conduit un matin les jaloux à la chasse; puis, les y laissant, il vient retrouver sous les tentes les dames et les chevaliers, qui ne veulent pas d'autres chapelains que les oiseaux. Le lendemain, toilette aux fontaines[1]. Retour des chasseurs harassés ; leurs récits pleins des mensonges habituels à telles gens[2]. Jeux, chansons, caroles. On se sépare après quinze jours de plaisirs. (V. 154-568.)

Nouvel éloge de l'empereur. Il était heureux de réunir ses barons en parlement. Au lieu d'affermer ses revenus et ses prévôtés comme le font tels rois et tels barons pour le malheur de tous, il choisissait ses baillis parmi les vavasseurs aimant Dieu et craignant la honte. Il laissait les vilains et les bourgeois s'enrichir, sachant qu'au besoin leurs biens seraient les siens. Nulle foire où ils n'achetassent un cheval pour lui : leurs présents valaient mieux que la taille. Si parfaite était la police de son royaume que les marchands pouvaient le parcourir avec autant de sécurité qu'un moutier. (V. 569-619.)

En revenant du comté de Gueldre, où il était allé réconcilier le comte de ce pays et le duc de Bavière, Conrad est un jour pris d'ennui. Il demande un conte à son vielleur Jouglet, et Jouglet commence le récit des amours d'un chevalier champenois et d'une dame de France, en la marche du Pertois. L'empereur l'interrompt : s'il savait qu'il

---

[1]. Hommes et femmes recousent leurs manches après la toilette (v. 261, 272, 309, 2581) : sur cet usage, voy. *Flamenca*, éd. Paul Meyer, p. 315.

[2]. Cf. Léon Gautier, *La Chevalerie*, p. 434-435.

y eût en France un aussi bon chevalier que le héros du conte, avec quel empressement il l'enverrait quérir! Hélas! il n'est pas en son royaume une femme comparable à la blonde amie du chevalier champenois! Mais Jouglet le contredit. Il connaît une jeune fille aussi belle, et son frère, Guillaume de Dole, a plus de mérite encore que le chevalier du conte. Guillaume, qui ne pourrait nourrir de sa terre six écuyers, supplée à la médiocrité de ses revenus par sa vaillance. Dole ne lui appartient pas; son plessis en est voisin [1], et le surnom qu'il en tire lui fait plus d'honneur que celui qu'il eût emprunté à un village. Le nom de Liénor enthousiasme Conrad, qu'Amour a brûlé d'une étincelle, bien qu'il n'ait pas vu la jeune fille. « Si j'étais roi de France, s'écrie-t-il, le prêtre qui fut son parrain serait archevêque de Reims. » Et il chante une chanson de Gace Brulé [2]. (V. 620-851.)

Arrivé à son château sur le bord du Rhin, le roi dicte une lettre où il mande Guillaume à sa cour, la fait sceller en or, et la confie à Nicole. Apportée par Nicole au plessis de Guillaume, la lettre est lue à ce dernier dans la chambre de sa mère; Liénor se fera une agrafe du sceau d'or.

---

1. La maison fortifiée que Guillaume, sa mère et sa sœur habitent auprès d'un village est appelée d'ordinaire un *plessié*, une fois un *manoir* (v. 3228).

2. L'étude que M. Gaston Paris a consacrée aux chansons intercalées dans le roman (voy. ci-après p. LXXXIX) nous permettra de ne pas mentionner chacune d'elles dans cette analyse.

Préparatifs de départ. Guillaume veut montrer à Nicole son trésor, et il le conduit auprès de sa mère et de sa sœur, dont il lui fait admirer les travaux d'aiguille et entendre les chansons. Départ et voyage. (V. 852-1321.)

Tout à son amour, Conrad ne chevauche presque plus. Il se fait saigner, et écoute un fragment du poème de *Girbert* [1]. (V. 1322-1365.)

Après avoir choisi un hôtel au marché et l'avoir fait joncher de verdure [2], Nicole rend compte à l'empereur de sa mission. Jouglet va trouver Guillaume, et lui apprend comment la pensée de le mander à la cour est venue au roi. (V. 1366-1522.)

Vêtu d'une robe à la mode de France, Guillaume se présente, après le dîner, devant Conrad. Leur entretien. S'il eût osé, comme l'empereur eût parlé, non pas de couvrir des moûtiers ou de construire des chaussées, mais de Liénor! Jouglet ayant annoncé qu'un tournoi aura lieu à Saint-Trond le troisième lundi, Guillaume s'engage à y aller, et Conrad lui offre un magnifique heaume de Senlis, pour remplacer celui qu'il a récemment perdu au tournoi de Rougemont. Après le repas, on entend des fragments de poèmes du cycle d'Ar-

---

1. Nous n'avons pu retrouver le texte de ce fragment du roman de *Girbert*, roman du cycle des *Lorrains*, et M. F. Bonnardot, qui a bien voulu en faire la recherche de son côté, n'a pas été plus heureux. Cf. Stengel, *Romanische Studien*, I, p. 387, note.

2. Sur cet usage, cf. les v. 337, 1374, 3297, 4163 et suiv.; *Flamenca*, p. 288; *Girard de Roussillon*, trad. P. Meyer, p. 1; Léon Gautier, *La Chevalerie*, p. 597, note 5, etc.

thur ou du cycle de Charlemagne, des fabliaux et des chansons, et l'on se sépare. Divertissements chez l'hôte. (V. 1523-1881.)

Guillaume, qui a reçu du roi 500 livres de colognois tout en deniers, en envoie 300 à sa mère pour l'aider à semer des linières, pour rembourser les bourgeois qui sont ses créanciers et payer la menue gent. Par lettres qu'il dicte, il convoque ses compagnons au tournoi de Saint-Trond, et commande cent vingt lances et trois écus[1] à un bourgeois de Liège, son correspondant ou commissionnaire[2]. (V. 1882-1960.)

Après avoir passé quinze jours à Maestricht avec l'empereur, dans un palais sur la Meuse, Guillaume se rend à Saint-Trond. Tableau de l'arrivée des chevaliers et de leur installation. Jouglet rejoint Guillaume en son hôtel, rempli de hérauts et de menestrels. (V. 1961-2285.)

La veille du tournoi, on célèbre la fête de saint Georges[3] : en son honneur, les promenades dans les champs que faisaient Guillaume et d'autres chevaliers, avec la pensée, ce semble, de préluder au tournoi par quelques joutes, sont interrompues. Bruyants et joyeux divertissements dans les hô-

---

1. Il faudra se souvenir de ces trois écus pour comprendre le v. 2853.

2. Cf. L. Delisle, *Études sur la condition des classes agricoles en Normandie au XIII° siècle*, p. 60.

3. La fête de saint Georges, patron de la chevalerie, se célèbre le 23 avril.

tels. Récit des épisodes du tournoi; joutes et succès de Guillaume; lutte des Français et de ceux d'Avalterre : les Allemands font honneur à leur empereur, les Français à la seigneurie de France. Rançons des prisonniers, payées en partie par Conrad, qui, la fête finie, contribuera de même au paiement des hôtes. De retour à Saint-Trond, Guillaume soupe avec ses compagnons et quinze prisonniers. (V. 2286-2958.)

En se rendant à Cologne, l'empereur interroge Guillaume sur sa sœur, dont il n'ose prononcer le nom le premier. Liénor! il n'a jamais entendu tel nom. « Dans mon pays, il y a beaucoup de Liénor », répond Guillaume. Conrad lui fait part de ses projets : il assemblera ses barons à Mayence le 1er mai, et leur demandera d'approuver son mariage avec Liénor. (V. 2959-3117.)

Un sénéchal, qui administrait la terre d'Aix, revient à la cour et conçoit une basse jalousie de la faveur de Guillaume. Plus faux que Keu, dont il porte les armoiries, il imagine d'aller faire au plessis de Guillaume une enquête dont il espère tirer profit. Se faisant excuser auprès du roi, il le prie de prendre, en son absence, les dispositions nécessaires pour la tenue de ses plaids, et, après cinq jours de chevauchée, il arrive au manoir. Il se présente à la mère de Guillaume comme l'envoyé de l'empereur et le compagnon d'armes de son fils : Guillaume et lui portent le même écu. Avant de se retirer pour aller, dit-il, présider le plaid où sont convoqués, à l'occasion d'un grand procès, les baillis et les maîtres de la terre de Besançon, il offre un anneau à la dame, qui dès lors n'aura plus de secret pour lui : parmi ses confidences, elle lui fait complaisamment la description du signe qui est marqué sur la cuisse de Liénor, une rose vermeille. (V. 3118-3380.)

Pendant ce temps le roi chasse, écoute des chansons et apprend de Hue de Brasseuse la danse de Trumilly. (V. 3381-3450.)

Dès que le sénéchal est de retour, Conrad lui fait connaître ses projets. Tout en comblant d'éloges le frère et la sœur, le sénéchal déclare qu'il a été l'amant de Liénor, et, pour preuve, décrit la rose. Stupeur du roi, qui se signe et recommande le secret vis-à-vis de Guillaume. (V. 3451-3590.)

Conrad s'est néanmoins rendu à Mayence. Dans le verger de son palais, il dit à Guillaume la raison qui l'empêchera d'épouser sa sœur. (V. 3591-3727.)

Désolation de Conrad en son palais, et de Guillaume en son hôtel. Un neveu de Guillaume se met en route pour aller occire sa tante [1]. Arrivé au plessis, il injurie Liénor, qu'il regrette de n'avoir pas tondue, comme folle, avec son épée [2]. La mère, éplorée, avoue son indiscrétion. Si accablée qu'elle soit, Liénor réconforte les siens et leur annonce son départ : avant la fin d'avril, elle aura convaincu

---

1. Le poète la dit à tort sa cousine au v. 3936.
2. V. 3953; cf. v. 3695 et s. Sur l'usage de couper les cheveux des fous, voy. Du Cange, II, p. 137, *Capillorum detonsio*.

le sénéchal de mensonge. Elle part le lendemain, accompagnée de son neveu et de deux écuyers. (V. 3728-4099.)

Les barons se sont réunis à Mayence. Décoration de la ville; les citoyens sont allés chercher un mai dans le bois. Descendue chez l'hôtesse qu'a choisie son neveu, Liénor fait remettre au sénéchal une agrafe, une aumônière, un anneau et un tissu, qu'on lui présente comme venant de la châtelaine de Dijon, laquelle lui fait savoir que, regrettant de l'avoir éconduit, elle se rend à sa merci, et le prie de ceindre le tissu sous sa chemise. (V. 4100-4466.)

Liénor va au palais, suscitant l'admiration de tous : les bourgeois du Change se sont levés à son passage. On écoutait les chants des menestrels et de Doete de Troyes quand elle survient, pareille aux pucelles qui apparaissent si souvent à la cour d'Arthur : « Voici mai! » s'écrie-t-on, et l'on annonce au roi la présence d'une merveille, femme ou fée. Il accourt avec le sénéchal. (V. 4567-4694.)

Exposant sa plainte [1] aussi bellement que si elle eût étudié les lois pendant cinq ans, Liénor accuse le sénéchal de l'avoir surprise en un lieu où elle faisait sa couture, de l'avoir outragée et de lui

---

1. Devinant qu'elle est devant l'empereur, Liénor veut retirer son manteau, et, par un faux mouvement, fait cheoir ses cheveux, ce qui offre à l'auteur l'occasion de dire quelle coiffure elle avait substituée aux tresses habituelles. Il est fait allusion plusieurs fois à une loi d'étiquette qui ne permettait pas que l'on gardât son manteau sur ses épaules en se présentant devant une personne d'un rang supérieur : voy. les v. 970-973, 4702 et 5250.

avoir dérobé sa ceinture, son aumônière et son fermail. Légitimes dénégations du sénéchal. On le fouille : les objets décrits sont trouvés sur lui. L'empereur consent à lui faire subir l'épreuve du jugement par l'eau. Elle lui est favorable : le sénéchal va droit au fond de l'eau bénite. Joie générale, chants et sonneries de cloches. Liénor se nomme, se félicite du succès de l'épreuve, qui démontre son innocence comme celle du sénéchal, et demande que la cour lui fasse droit. Joie de l'empereur, qui lui baise cent fois les yeux et le visage, et laisse s'envoler de son cœur une chanson. Il soumet son projet de mariage aux barons, ses seigneurs et ses maîtres, qui l'approuvent. (V. 4695-5142.)

Instruit de la nouvelle, Guillaume rejoint la cour et rend à sa sœur les honneurs qu'il lui doit. Le mariage se fera sans retard, pour épargner aux barons un nouveau déplacement. Noces et couronnement [1], chansons. (V. 5143-5501.)

Le lendemain, il est décidé que le sénéchal aura la vie sauve et servira au Temple en Palestine. La mère de l'impératrice est appelée à la cour. — C'est l'archevêque de Mayence qui a fait mettre cette histoire en écrit. (V. 5502-5641.)

Si sommaire que soit la précédente analyse, il aura suffi, je pense, de la parcourir pour se rendre

---

1. Au festin, l'empereur est servi par ceux qui détiennent des fiefs héréditaires (v. 5392-5395).

compte de l'intérêt du roman. L'originalité dont se pique l'auteur est, ainsi qu'on l'a vu, d'y avoir inséré des chansons, qui sont plus ou moins conformes à la situation : c'est un exemple que suivront d'assez nombreux imitateurs [1]. M. Gaston Paris a écrit sur cette innovation et sur les chansons de *Guillaume de Dole* quelques pages qu'il veut bien nous autoriser à comprendre dans cette édition et que nous sommes très heureux d'y publier. A bien d'autres titres encore, ce poème, où sont célébrés l'amour, la chevalerie, le mérite des femmes et même celui des vielleurs ou jongleurs, a pu être considéré comme l'un des romans d'aventures les plus attachants. Il est aussi l'un des mieux conduits, se distinguant de la plupart des contes de la même époque par l'unité d'action, ainsi que par l'absence d'incidents merveilleux : l'épreuve de l'eau, qui terminera le procès, appartient à la procédure du temps. La peinture, sans nul doute un peu enjolivée, des habitudes, des assemblées et des jeux chevaleresques, en des tableaux variés qui parfois laissent apercevoir des bourgeois et des bourgeoises à l'arrière-plan, la description plus ou moins fidèle

---

1. Voy. les romans de la *Violette*, de *Cléomadès*, de la *Poire*, de la *Panthère d'amours*, du *Châtelain de Couci*, de *Méliacin*, des *Tournois de Chauvenci*, le *Lai d'Aristote*, le *Mariage des sept arts et des sept vertus*, etc. (G. Paris, *La littérature française au moyen âge*, p. 107; et Jeanroy, *Les origines de la poésie lyrique en France*, p. 116, etc.).

des fêtes d'une cour galante et même libertine, d'aimables scènes d'intérieur chez un chevalier campagnard, des réflexions sur l'art de gouverner, d'administrer, ou de faire la guerre, tout montre en notre auteur un homme qui a vu beaucoup de choses et de gens. Louons-le de mêler aux fictions romanesques le souvenir des spectacles dont il a été le témoin ou des entretiens qu'il a entendus, et non celui des contes fantastiques à la mode. J'ajouterais qu'à la différence encore de la plupart des romanciers contemporains le nôtre n'admet ni épisodes inutiles ni longueurs fatigantes, s'il n'avait fait une très large part à l'intermède du tournoi, qui d'ailleurs nous est parvenu incomplet. Il aimait peu les tournois, ces « jeux de charpentiers » (v. 2796) ; il applaudissait à leur interdiction (v. 2786) ; et cependant il n'a pas osé se dispenser d'en conter un, pour le plus grand plaisir des nobles auditoires sur lesquels il comptait. Un récit de joutes, au surplus, lui offrait la facile occasion de faire valoir les talents de son héros Guillaume, dont le rôle, ainsi qu'il a été dit, est souvent effacé.

Liénor, Conrad, Guillaume, personnages imaginés par l'auteur, se meuvent dans une action qu'il n'a pas inventée. Classé par M. G. Paris parmi les romans qui « paraissent mélangés d'éléments celtiques et byzantins [1] », *Guillaume de Dole*

---

1. *La littérature française au moyen âge*, p. 116 ; cf. p. 63.

est le développement, avec d'importantes variantes, d'une aventure qui fait le fond d'un assez grand nombre de productions littéraires, depuis le chant populaire grec qui en est, au témoignage de M. G. Paris, la première manifestation jusqu'à un drame serbe contemporain que nous a fait connaître M. Jules Lemaître, et à une comédie lyrique qui a été jouée tout récemment à Paris [1].

Quelques-unes des œuvres tirées de la même source ont été citées par Francisque Michel dans l'introduction du *Roman de la Violette*, dont l'auteur est Gerbert de Montreuil et qui est postérieur à *Guillaume*, ce semble, d'environ vingt-cinq ans [2]; elles l'ont été une seconde fois par François Victor Hugo dans la notice qu'il a placée en tête de *Cymbeline*, au tome V de sa traduction des *Œuvres de Shakespeare*. Indépendamment du sommaire de la *Violette*, que la seconde a seule donné, l'une et l'autre notice contiennent l'analyse du *Roman du comte de Poitiers* [3], que Raynouard, Littré, et

---

1. Voyez le *Journal des Débats*, 8 juin 1891 et 7 juillet 1894.
2. *Roman de la Violette ou de Gérard de Nevers*, en vers, du XIII° siècle, par Gibert de Montreuil, publié pour la première fois par F. Michel, Paris, 1834. — M. G. Paris le place vers 1225 (*La littérature française au moyen âge*, p. 83 et 251). Le *Roman de la Violette* est dédié à Marie, comtesse de Ponthieu, qui succéda à son père en 1221 et mourut en 1251. Elle ne recouvra qu'en 1225 son comté, confisqué par Philippe Auguste en 1214 : il est fait allusion à sa réintégration dans le texte de l'un des deux manuscrits consultés par l'éditeur (p. 309 de l'édition).
3. *Roman du comte de Poitiers*, publié par F. Michel, Paris, 1831. Voy. l'*Histoire littéraire*, XXII, p. 782-788.

F. Michel estimaient moins ancien que la *Violette*, mais qu'il faut probablement rattacher au XIIe siècle [1]; du conte en prose intitulé *Le roi Flore et la belle Jehanne* [2], qui est du XIIIe siècle; d'un conte du *Décameron* de Boccace [3]; d'un miracle du XIVe siècle [4]; du *Cymbeline* de Shakespeare, qui, dans la partie où l'on retrouve notre fable, se rapproche étroitement du conte de Boccace. Cette liste est incomplète, et le sera encore, après qu'on y aura joint quelques imitations modernes de la *Violette* citées également par F. Michel [5], le chant grec signalé par M. G. Paris, notre *Guillaume de Dole*, une nouvelle en prose récemment découverte par M. E. Langlois dans un manuscrit du Vatican [6],

1. *La littérature française au moyen âge*, p. 83 et 247.
2. *Nouvelles françoises en prose du* XIIIe *siècle*, publiées par L. Moland et C. d'Héricault, 1856, p. 87-157.
3. Seconde journée, 9e nouvelle.
4. Voy. le *Miracle de Othon, roy d'Espaigne*, dans les *Miracles de Nostre Dame*, publiés par G. Paris et U. Robert pour la Société des Anciens textes, IV, p. 315-388.
5. Outre la traduction en prose, imprimée au XVe siècle et plusieurs fois réimprimée, du roman de la *Violette*, F. Michel mentionne diverses pièces du théâtre moderne, tels que l'opéra d'*Euryanthe* de Weber, avec traduction et adaptation de Castil-Blaze (1831), et l'opéra comique intitulé la *Violette* (1828), dont les paroles sont de E. de Planard et la musique de Carafa. — Du même sujet, MM. Vanloo et Leterrier ont tiré, en 1877, l'opérette *la Marjolaine* (musique de M. Ch. Lecocq), et MM. Michel Carré et de Choudens, en 1894, la comédie lyrique à laquelle il a été fait allusion plus haut, et qui est intitulée *Dinah* (musique de M. Missa).
6. Voy. les *Notices des manuscrits français de Rome* (p. 213), citées plus loin, p. XIX et XX.

et, si l'on veut, le drame serbe et deux récentes opérettes. On pourra l'accroître notablement à l'aide des travaux de H. von der Hagen [1], de M. A. Todd [2], de M. A. Rochs [3] et de R. Köhler [4] sur l'origine et les transformations du thème.

M. Gaston Paris, qui a réuni en partie les matériaux d'une nouvelle étude sur les versions où se retrouve le sujet de *Guillaume de Dole*, nous avait fait espérer qu'elle pourrait être jointe à cette introduction ; mais notre éminent confrère, détourné par de pressantes occupations, n'a pu accomplir à temps sa promesse. Il était impossible, d'autre part, de faire subir un nouveau retard, après tant d'autres, à cette édition. L'étude de M. G. Paris sera bientôt, nous l'espérons, achevée et imprimée ; nous y renvoyons les lecteurs qu'intéresse la littérature comparée.

Je n'indiquerai que très sommairement, en attendant cette publication, les dissemblances principales que présente notre roman, rapproché des œuvres antérieures ou postérieures qui ont la même origine.

---

1. F. H. von der Hagen's *Gesammtabenteuer* (Stuttgard et Tubingue, 1850), III, ch. LXVIII.

2. *Guillaume de Dole, an unpublished old french romance*, au tome II, p. 107, de la collection de mémoires intitulés : *Transactions and proceedings of the modern language Association of America*, Baltimore, 1887.

3. *Ueber den Veilchen-Roman und die Wanderung der Euriant-Sage*, Halle, 1882.

4. *Literaturblatt für german und roman Philologie*, 1883, col. 270.

Dans toutes ces œuvres, hors la nouvelle du Vatican, le point de départ du drame est une gageure, qui est proposée ou acceptée par un mari sur la fidélité de sa femme — et en un cas (la *Violette*) par un amant sur la fidélité de son amie ; dans toutes, hors la nouvelle du Vatican et *Cymbeline* [1], le traître fait d'abord une vaine tentative de séduction ou de viol, puis obtient d'une complicité le plus souvent achetée la connaissance d'un secret ou la possession de menus objets qu'il invoquera pour donner toute vraisemblance à sa prétendue conquête, et pour s'assurer le profit de la gageure. Les malheurs de Liénor ne lui viendront pas d'un pari, mais de la jalousie que ressent le sénéchal à l'égard de son frère ; c'est sa mère qui, spontanément, livrera le secret de la rose, et le sénéchal abusera de ce secret avant d'avoir vu la « pucelle à la Rose ». De tous les courtisans de l'empereur, il sera le plus surpris en l'entendant se plaindre d'avoir été violée. Pour amener le dénouement, notre poète se sépare encore des autres imitateurs, l'auteur de la nouvelle du Vatican et Boccace exceptés [2]. Tandis que presque partout la con-

---

[1]. Il y a tentative de séduction dans la pièce de Shakespeare ; mais ce n'est pas avec la complicité d'une servante, confidente ou amie, comme il arrive dans les autres versions, que Iachimo s'introduit chez Imogène, y prend un bracelet et découvre le signe qu'elle a sur le sein.

[2]. Comme Liénor, l'héroïne de la nouvelle du Vatican et celle de Boccace cherchent à se justifier, mais elles sont moins ingénieuses et moins rusées.

fusion du traître est due à des circonstances auxquelles la femme calomniée demeure étrangère, comme une conversation entendue par hasard, un aveu, une intervention divine [1], notre Liénor, à la différence de la plupart des autres héroïnes, n'attend point passivement qu'un événement fortuit vienne la réhabiliter. Cette douce jeune fille, si sévèrement élevée qu'en l'absence de son frère nul étranger ne la peut voir, même sous les yeux de sa mère, déploiera une audacieuse et virile énergie, dès qu'elle apprendra l'insulte. Elle saura reconquérir elle-même, et à elle seule, la confiance et l'amour de son royal amant.

III. — *Le manuscrit.*

Un seul manuscrit nous a conservé le texte de *Guillaume de Dole* : c'est un recueil de romans qui appartient à la Bibliothèque du Vatican [2]. Inscrit sous le n° 754 dans le catalogue du fonds de la reine Christine de Suède, que Montfaucon a publié en 1739, il est aujourd'hui classé dans le même fonds sous le n° 1725. M. Ernest Langlois l'a décrit comme il suit dans les *Notices des manuscrits fran-*

---

1. Voy. le *Miracle de Othon.*
2. *Bibliotheca bibliothecarum manuscriptorum*, I, f° 30 b.

çais de Rome, antérieurs au xvie siècle [1], qui forment la seconde partie du tome XXXIII des *Notices et extraits des manuscrits de la Bibliothèque nationale et autres bibliothèques, publiés par l'Institut* (p. 233) : « Parchemin, 0^m 287 sur 0^m 191, xiiie siècle [2], 130 feuillets à 2 colonnes, 46 vers à la colonne ; reliure en peau rouge, aux armes de Pie IX. Commencement du 2e feuillet : *Que je porroie estre.* »

Précédé du *Roman de la Charrette* (f° 1 a-34 b) et du *Chevalier au lion* (f° 34 c-68 b), qui sont l'un et l'autre des poèmes de Chrétien de Troyes, suivi de *Meraugis de Portlesguez*, qui est l'œuvre de Raoul de Houdenc (f° 98 d-130 d), *Guillaume de Dole* remplit les folios 68 c à 98 c [3].

Au xve siècle, le manuscrit avait appartenu à un personnage nommé « de Gunel » (ou peut-être « de

---

1. Suivant Roquefort (*Glossaire de la langue romane*, II, p. 769), un manuscrit du fonds de Cangé (Bibliothèque nationale) contiendrait le texte de *Guillaume de Dole* (qu'il attribue à Raoul de Houdenc) : l'indication est inexacte.

2. Le manuscrit est d'une belle écriture de la fin du xiiie siècle. Les grandes initiales qui marquent le commencement des alinéas sont parfois mal placées (aux v. 735, 3973, 4354, par exemple). Nous n'en avons pas toujours tenu compte.

3. Le manuscrit est « mutilé au commencement », ainsi que le fait remarquer La Porte du Theil (Bibliothèque nationale, collection Moreau, ms. 1671, f° 152). Il y manque les 946 premiers vers du roman de la *Charrette*, d'après l'éd. Tarbé, et bien plus encore. Dans une numérotation ancienne du manuscrit, antérieure au temps où Fauchet l'a possédé, le f° 1 portait le n° 49 (Todd, *Guillaume de Dole*, p. 107) : on en peut conclure que le roman de la *Charrette*, était précédé d'un autre roman de près de 8,000 vers.

Bunel »), dont il porte la peu lisible signature au bas du dernier feuillet [1]. Il est entré en 1581 au plus tard dans la bibliothèque du président Fauchet, qui l'a signé et annoté çà et là [2]. Fauchet en a donné plusieurs extraits dans le *Recueil de l'origine de la langue et poësie françoise* [3], dont l'impression est de 1581. Il l'a cité de plus dans deux mémoires qui, publiés au cours de l'année 1600 dans une même plaquette [4], avaient été composés beaucoup plus tôt. L'un, intitulé : *Origines des dignitez et magistrats de France*, était écrit dès 1584; l'autre, qui forme le second livre des *Origines des chevaliers, armoiries et heraux*, a été composé à une époque indéterminée, mais antérieure aux événements qui avaient « dissipé » une partie de la « librairie » de l'auteur. Pendant les troubles de la Ligue, deux mille livres ou manuscrits, au

---

[1]. Une famille de Gunel habitait le Périgord à la fin du XVe siècle : un Bertrand de Gunel, qui avait dû quitter son pays pour éviter un procès criminel à la suite d'une querelle, a obtenu de Charles VIII des lettres de rémission datées de mai 1486 (Archives nationales, JJ 218, n° 10). Le nom Bunel se rencontre souvent au XVIe siècle.

[2]. F°s 1, 68, 87, 98. Beaucoup de mots ont été soulignés.

[3]. Suivant une note reçue de M. Léon Dorez, membre de l'École française de Rome, le prix du manuscrit serait indiqué, d'une écriture contemporaine ou peu postérieure à celle du texte, au bas de la 2e colonne du dernier feuillet. Ce prix serait, bien modestement, de deux écus, si toutefois il faut traduire par le mot *écu* le petit signe, figurant à la rigueur un bouclier, qui vient après le chiffre II).

[4]. Paris, J. Perrier, 1600, pet. in-8° de 60 feuillets.

compte de Fauchet [1], lui avaient été enlevés, et cette perte, qui ne lui a pas permis de reviser et de compléter, comme il l'eût souhaité, divers passages de ses derniers travaux, l'a peut-être empêché de rectifier une assertion relative à *Guillaume de Dole*, que nous relèverons plus loin. A la lire [2], on peut se demander, en effet, si notre manuscrit n'était pas de ceux qui lui avaient été dérobés; mais la question ne pourrait être éclaircie que si l'on savait la date précise à laquelle le manuscrit a pris place dans la bibliothèque de Paul Petau, dont il a sans doute fait partie [3].

Il est marqué de la cote C 23, en haut de la deuxième colonne du folio 1 : les manuscrits de

---

1. Voyez l'avis de « l'autheur au lecteur » en tête des *Antiquitez gauloises ou françoises*, l'avis « au lecteur » en tête des *Origines des dignitez et magistrats de France*, et l' « advertissement » qui précède le second livre des *Origines des chevaliers, armoiries et heraux*. — C'est à Paris que, pendant son absence, sa « librairie » avait été « dissipée » : le duc de Mayenne avait disposé de sa charge et de sa maison. Sur ses déplacements pendant la Ligue et les pertes que lui fit éprouver la guerre, sur le pillage de sa maison d'Orgerus, près de Montfort-l'Amaury, où il se réfugia pendant plusieurs années, sur son fils Archambaut, etc., voyez, aux Archives nationales, diverses pièces des cartons de la cour des Monnaies (Z$^{1\,b}$ 552-554 et 556). Claude Fauchet, ses travaux et sa librairie, mériteraient une étude plus approfondie que celles qui leur ont été consacrées.

2. Voy. ci-après p. xxxvi-xxxviii.

3. Dans son *Traité des bibliothèques*, p. 552, le P. Jacob rappelle que les manuscrits de la bibliothèque de Paul Petau provenaient en partie de celle de Fauchet; mais il ne dit pas à quelle date des manuscrits ont passé d'un cabinet à l'autre.

Paul Petau étaient ainsi cotés par des lettres suivies de chiffres [1], et, bien que Petau n'y ait pas inscrit son nom comme sur beaucoup d'autres manuscrits de son cabinet, celui-ci provient très vraisemblablement de la collection que Christine de Suède acheta, en août 1659, d'Alexandre Petau, fils de Paul. Avec les autres manuscrits acquis par Christine, il dut être envoyé en Suède, de là transporté à Rome, vendu en 1690 après la mort de la reine, et enfin versé dans la bibliothèque du Vatican [2].

Montfaucon et La Porte du Theil l'y ont examiné : le premier constata que le *Roman de la Rose* qu'il contient est « autre que le vulgaire » [3]; le second ne s'en aperçut pas, s'étant contenté de copier les vers du début et ceux de la fin du roman de la *Charette,* sans poursuivre sa lecture au delà de ce poème [4].

---

1. L. Delisle, *Le Cabinet des titres de la Bibliothèque impériale,* I, p. 287, note 9 ; H.-F. Delaborde, *Œuvres de Rigord et de Guillaume le Breton,* p. xxxvii. — N'ayant pas vu le ms. depuis 1854, je n'ose affirmer que la cote C 23 est de l'écriture bien connue de P. Petau, ce qui ferait disparaître toute incertitude.

2. Voy. P. Paris, *Les manuscrits français de la Bibliothèque du Roi,* IV, p. 53 et suiv. ; L. Delisle, *Le Cabinet des titres,* I, p. 287 et suiv. ; Léon Dorez, *Documents sur la bibliothèque de la reine Christine de Suède,* dans la *Revue des Bibliothèques,* 1892, p. 129.

3. *Bibliotheca bibliothecarum manuscriptorum,* I, p. 30 b. Même remarque, faite en mêmes termes, dans le ms. lat. 9372 de la Bibliothèque nationale, f° 122.

4. *Notices sur les manuscrits d'Italie,* t. X, f° 152 (Bibl. nat.,

Uu érudit allemand a pris dans les premières années de ce siècle une copie de *Guillaume de Dole*. Jean-Joseph de Goerres l'avait sous les yeux quand il écrivait la préface des *Anciens chants populaires de l'Allemagne* [1], et citait les premiers vers des chansons contenues dans le roman. En France, *Guillaume* était retombé dans l'oubli depuis la publication de Fauchet : il n'en sortit que le jour où Keller publia dans la *Romvart* une citation de 432 vers [2].

Les chansons que l'auteur a jointes au roman

coll. Moreau, ms. 1671). Après avoir reproduit l'analyse très sommaire que donnait le catalogue de la bibliothèque (« *Romancia gallica* de la Charrette, de la Rose, *et alia* »), et cité quelques vers de la *Charette*, La Porte du Theil se contente d'ajouter: « Il y a encore dans ce volume deux ou trois autres romans. »

1. *Altdeutsche Volks und Meisterlieder aus den Handschriften der Heidelberger Bibliothek*, Franckfurt, 1817, p. XLVIII (lisez LVIII) et suiv. — La copie, dont il ne semble pas qu'on ait fait usage depuis, était peu correcte, du moins si l'on en juge par la transcription de quelques notes de Fauchet, qui y sont devenues inintelligibles : le sous-titre de Fauchet, *Guillaume de Dole*, par exemple, est imprimé par Goerres *Vinne de Volce*. Cf. F. Wolf, *Ueber Raoul de Houdenc* (*Denkschriften der Kaiserlichen Akademie der Wissenschaften, philosophisch-historische Classe, XIVer Band*, Vienne, 1865, in-4°), p. 157. M. Wolf n'a connu les annotations de Fauchet que par la reproduction fautive et incomplète de Goerres. — Il est aussi fait mention (Wolf, *ibid.*, p. 156, n. 2) du roman de *Guillaume de Dole*, sans doute d'après Goerres également, dans l'ouvrage de F.-H. von der Hagen intitulé : *Briefe in die Heimat* (Breslau, 1818, II, p. 132), que nous n'avons pu consulter, non plus que l'a pu M. Todd.

2. P. 575-588.

n'avaient pas procuré à son poème la renommée durable sur laquelle il comptait; mais de même qu'elles avaient appelé sur *Guillaume de Dole* la curiosité de Fauchet, et plus récemment celle de Goerres, elles mirent en éveil l'attention de Paulin Paris dès que Keller les eût mieux fait connaître. Suivant son désir, l'Académie des inscriptions recommandait en 1849 l'examen du manuscrit à de jeunes érudits que le Ministre de l'Instruction publique envoyait en Italie, et qui étaient Daremberg et Renan. Se conformant aux instructions que Victor Le Clerc avait rédigées [1], Daremberg et Renan transcrivirent la plupart des chansons. Le cinquième cahier du premier volume des *Archives des missions,* imprimé en mai 1850, a reproduit les 476 vers qu'ils avaient copiés [2].

1. « Un roman, *Guillaume de Dole,* connu de Fauchet, et dont quelques extraits sont cités dans le *Romvart* de M. Keller, écrivait M. Le Clerc,..... inspirerait un grand intérêt à M. Paulin Paris, parce qu'il est, comme le roman de la *Violette,* entremêlé de couplets de chansons. » (*Archives des missions scientifiques et littéraires,* I, 1850, p. 59.) — En 1854, M.V. Le Clerc citait de nouveau le recueil 1725 de la Reine parmi les manuscrits conservés à l'étranger dont il souhaitait que l'on prît copie. (Xavier Charmes, *Le Comité des travaux historiques,* III, p. 450).

2. Ils y sont précédés de la note suivante : « Nous avons copié presque toutes les chansons de ce roman *(Guillaume de Dole),* en ayant soin de prendre les vers qui les précèdent et qui les suivent, afin de faire mieux comprendre comment elles sont amenées et encadrées dans l'ensemble.... M. Paulin Paris.... a bien voulu revoir les épreuves et nous aider de ses précieux conseils, particulièrement pour le roman de *Guillaume de Dole,* dont le texte présente de grandes altérations ; certaines même sont restées irrémédia-

Keller n'avait publié que les cinq premiers et le dernier folios du roman. C'est d'après ses extraits que Littré consacra, en 1852, une notice à *Guillaume de Dole* dans le tome XXII de l'*Histoire littéraire*. Ce que l'on en connaissait le mieux à cette date, grâce à Fauchet [1] et grâce à Daremberg et à Renan, ce sont les chansons : encore un assez grand nombre sont-elles demeurées inédites jusqu'à ce que M. K. Bartsch en ait imprimé la collection complète, à quelques vers près, tant dans le livre intitulé *Romanzen und Pastourellen* [2] que dans le onzième volume du *Jahrbuch für romanische und englische Literatur* [3].

M. Gaston Paris a eu plusieurs fois l'occasion de citer *Guillaume de Dole*, particulièrement dans les articles du *Journal des Savants* [4] publiés sous ce titre : les *Origines de la poésie lyrique en France*

---

bles. » (*Archives des missions scientifiques*, 1850, p. 249). — En même temps que des fragments de *Guillaume de Dole*, Daremberg et Renan imprimaient des extraits du *Doctrinal de la seconde rhétorique*, dont l'auteur est Bauldet Herenc, et du *Mystère du siège d'Orléans*, publié depuis par Guessard et de Certain.

1. Paulin Paris a emprunté à Fauchet les fragments de chansons et les notices qu'il a placés sous les noms de Doete de Troyes, de Hue de Braieselve et de Renaut de Sablueil dans le tome XXIII (p. 557, 618 et 707) de l'*Histoire littéraire*.

2. Leipzig, 1870.

3. Tome XI, 1870, p. 159-167. La liste en a été donnée par M. Gaston Raynaud dans sa *Bibliographie des Chansons françaises*, I, p. 241 et 242. Cf. ci-après, p. civ et suiv.

4. Novembre et décembre 1891, mars et juillet 1892. Tirage à part, 1892, 63 p.

au moyen âge, dans les pages qu'il a écrites sur Renaud de Beaujeu [1], dans la *Littérature française au moyen âge* [2], et dans un article tout récent de la *Romania* sur l'une de nos chansons [3].

J'aurai, si je ne me trompe, épuisé la bibliographie des travaux relatifs à *Guillaume de Dole* lorsque j'aurai rappelé les citations assez nombreuses que M. Godefroy en a faites, d'après le manuscrit même, dans son *Dictionnaire de l'ancienne langue française,* et un article inséré par M. Todd, en 1887, dans les mémoires d'une société philologique américaine [4] : M. Todd annonce dans cet intéressant article la publication d'un travail plus important.

IV. — *L'auteur.*

Le roman de *Guillaume de Dole* est anonyme. On ne sait rien de l'auteur, sinon qu'il a composé,

---

1. *Histoire littéraire,* XXX, p. 183 ; cf. XXVIII, p. 370.
2. 2ᵉ édition, 1890, p. 83, 107, 192 et 250.
3. 1894, p. 248.
4. Voy. ci-dessus p. xvii, note 2, l'indication de cet article, qui remplit 50 pages et contient les vers 4761 à 5101 de notre édition. M. Todd a compté dans le ms. 5624 vers, et notre édition se termine au 5641ᵉ vers : l'écart s'explique, tant par l'introduction dans notre texte de dix lignes de points à la place des vers ou plutôt d'une partie des vers omis dans le ms. du Vatican, que par des différences dans la coupure des vers des chansons, le copiste du moyen âge ne l'ayant pas toujours indiquée.

ou du moins achevé son œuvre dans un couvent.

> Et cil se veut reposer ore
> Qui le jor perdi son sornon
> Qu'il entra en religion :

Ainsi finit le poème, et la déclaration qui le termine ne laissera pas que de surprendre les lecteurs, s'ils se souviennent de maint passage que, pour diverses raisons, l'on serait tenté d'attribuer à un jongleur plutôt qu'à un religieux. Peut-être l'auteur fut-il successivement jongleur et religieux, et l'ancien jongleur n'avait-il rien désavoué ni oublié de sa vie antérieure[1]. Il connaît les chansons en vogue. Il en cite parfois les auteurs, et son témoignage méritera plus de confiance que celui des chansonniers de nos bibliothèques. Il a vu, ce semble, les jongleurs et les jongleresses dont il parle, car il fait un curieux portrait du petit Cupelin, qui probablement n'est pas un menestrel d'invention, et se rappelle que Doete de Troyes, dont il nous révèle l'existence, est une belle personne. J'imagine que la plupart des chevaliers qu'il introduit au milieu de ses personnages de roman sont des patrons bienveillants, dont il a fait rencontre au milieu de ses voyages et reçu des présents. La générosité est la vertu qu'il prise le plus chez

---

[1]. A en juger par un témoignage du xiie siècle que cite M. Léon Gautier (*Épopées françaises*, tome II, seconde édition, p. 189), les jongleurs convertis ne faisaient en général qu'un court séjour dans la maison religieuse où ils entraient, et n'y laissaient guère d'autre souvenir que celui de leur légèreté.

les grands, comme tout subalterne qui s'est donné
la mission de les amuser, particulièrement comme
tout jongleur qui s'est mêlé, « por acquerre [1] »,
aux fêtes et aux tournois. Il se peut que l'éloge de
la munificence des chevaliers soit un thème banal
dont il use pour se concilier le bon vouloir des
jongleurs, qui disposaient de la célébrité; mais les
mentions de cadeaux reviennent si souvent et si
naturellement sous sa plume que j'y verrais,
plutôt qu'un artifice d'auteur, un reste de vieilles
habitudes d'esprit qui ont survécu à l'abandon
du métier, si toutefois les passages qui les contiennent n'ont pas été écrits alors qu'il l'exerçait
encore.

L'auteur de *Guillaume* ne serait pas le seul ancien
jongleur qui, moins repentant qu'Hélinand, aurait
gardé au couvent les sentiments et le langage
de sa première profession. Guiot de Provins,
trouvère qui s'est fait moine, gémit dans sa *Bible*
de l'avarice des jeunes seigneurs, et y célèbre avec
gratitude les très nombreux bienfaiteurs qui naguère l'ont comblé de présents. L'auteur de la
Bible, il est vrai, ne chante pas du fond de son
monastère, comme le fait celui de *Guillaume*, la
galanterie et les unions libres ; mais il ne s'est pas
défait de la manière de parler des amoureux, tout
bénédictin qu'il soit devenu.

La composition d'un roman était une infraction

---

[1]. V. 4555.

à la règle dans tous les couvents [1]. Il n'était pas rare cependant qu'un religieux s'avouât l'auteur de poésies profanes, même de poésies en langue laïque, c'est-à-dire en français. Ainsi fit, après Guiot, Raoul de Houdenc, l'auteur de *Meraugis de Portlesguez*, qui, lui aussi, paraît-il, entra au couvent, comme il sera dit tout à l'heure.

Non plus que Raoul de Houdenc, notre poète ne prévoit ni ne redoute les sévérités d'un chapitre général ou d'un abbé : son œuvre, il en a l'assurance, franchira sans obstacle la porte du couvent pour obtenir au dehors les plus brillants succès. En tant que moine, il a toutefois un scrupule que ne ressentit pas Raoul. Ce dernier s'est proclamé ouvertement l'auteur de *Meraugis de Portlesguez* : plus modeste, l'auteur de *Guillaume* n'ose pas se nommer, ayant, dit-il, perdu son surnom, c'est-à-dire son nom de famille, le jour il est entré en religion.

Le manuscrit du Vatican nous offre une seconde allusion à la coutume qui, dans certains ordres, dépouillait les religieux de leur surnom : elle se trouve à la fin du texte de *Meraugis de Portlesguez*, telle que ce manuscrit nous la donne. Dans l'édi-

---

[1]. Elle eût été particulièrement grave dans une maison de l'ordre de Cîteaux. Non seulement il était défendu aux cisterciens d'écrire, sans la permission du chapitre général, un livre quelconque, fût-ce un sermonaire ; mais la poésie leur était absolument interdite. Voy. d'Arbois de Jubainville, *Les abbayes cisterciennes*, p. 62 et 64.

tion de Michelant comme dans les textes qu'il a consultés, le poème se termine ainsi :

> Li contes faut; ci s'en delivre
> Raoul de Hodenc qui cest livre
> Comença de ceste matire.
> Se nuls i trove plus que dire
> 5 Qu'il n'i a dit, sel die avant,
> Que Raoul s'en test a itant [1].

Dix vers viennent ensuite dans le manuscrit de Rome, qui ne sont certainement pas de Raoul. Un lecteur d'esprit critique les aura tracés à la fin du texte du roman, sur un manuscrit aujourd'hui perdu de *Meraugis :* ce manuscrit sous les yeux, le scribe à qui nous devons le nôtre les a copiés et cousus au texte, sans s'apercevoir qu'il y mêlait un commentaire. Ne l'accusons pas d'en être l'auteur. Il a été un copiste trop inintelligent de *Guillaume de Dole* pour qu'on puisse le soupçonner d'avoir composé des vers, même ceux-ci :

> Et ge lo bien que il s'en taise :
> Por ce que cil contes miex plaise,
> I deüst il autre non metre,
> Car li sornons, ce dit la letre,
> Est si vers le mont entechiez.

---

1. *Meraugis de Portlesguez*, roman de la Table ronde, par Raoul de Houdenc, publié par H. Michelant, Paris, 1869, p. 255. — Variantes du ms. du Vatican : 1 Cis contes faut. Si s'en; — 2 Houdenc; — 4 Se nus i trueve; — 5 si die; — 6 Que Raouls s'en taira atant.

> Se ce ne fust vilains pechiez,
> Je blasmasse lui et son livre,
> Que hom qui d'ausmosnes doit vivre
> Doit toz jors ses pechiez plorer
> Et por ses bienfetors orer [1].

Que Raoul ait été moine, Amaury Duval paraît l'avoir entrevu [2]; mais Fauchet seul a connu les vers qui nous l'apprennent. Ils sont encore inédits, Fauchet ne les ayant pas reproduits dans ses mémoires imprimés [3] : c'est seulement dans les annotations placées par lui en marge du texte du manuscrit qu'il les a commentés et qu'on le surprend s'ingéniant, sans y réussir d'ailleurs, à découvrir l'auteur de *Guillaume de Dole*.

Fauchet avait un jour comparé dans son manuscrit la fin de *Guillaume* à celle de *Meraugis*, et, constatant que l'un et l'autre roman y sont présentés comme l'œuvre d'un moine et s'y terminent

---

1. « Qualité de l'autheur, ce semble-t-il, je crois moine », écrit Fauchet à côté de ces vers. — A la différence de notre auteur, si je ne me trompe sur la date à laquelle il composa *Guillaume*, Raoul a vécu assez tard pour qu'il ait pu s'affilier à un ordre mendiant et devenir, à proprement parler, « un homme qui doit vivre d'aumônes ». Il traite assez durement, dans le *Songe d'Enfer*, les moines noirs, c'est-à-dire les bénédictins, pour que l'on hésite à penser qu'il ait pu être bénédictin lui-même.

2. *Histoire littéraire*, XVIII, p. 801.

3. On trouve bien dans une ligne de l'un des mémoires de Fauchet que nous citerons (ci-après p. xxxvi, n. 4) une trace du souvenir qu'il a conservé de ces vers; mais elle est insaisissable pour qui n'a point lu les annotations du manuscrit. Cf. Wolf, *Ueber Raoul de Houdenc*, p. 157 (éd. citée plus haut, p. xxiv, n. 1).

par une réflexion identique, il s'était demandé s'ils n'auraient pas été composés par le même poète. Il a consigné dans trois notes sa conjecture, qu'il devait abandonner ensuite. La première est écrite en tête du roman (f° 68 r°) : « Composé, ce semble, par Raoul de Houdan. » La seconde est placée au folio 98 r°, en regard des trois derniers vers cités plus haut (p. XXVIII) : « Il entend de l'auteur moine, et possible es[t]-ce de Raoul, dont voirez à la fin de *Meraugis*. » La troisième, à laquelle nous renvoie la seconde, se lit, en effet, à la fin de *Meraugis* (f° 130 r°) auprès des vers apocryphes : « Il semble que ces vers soient adjoutez par autre que Raoul, ou après qu'il eût fait le roman de *Guillaume de Dole*. Voiez la fin du dit roman. »

Le début de cette troisième note est excellent ; les dix-huit derniers mots sont à rayer, et c'est par oubli que Fauchet ne les a pas effacés. A s'en tenir à la fin de la note, les vers additionnels seraient un *post-scriptum* que Raoul lui-même aurait écrit après avoir composé *Meraugis* en le signant, puis *Guillaume* sans le signer : il s'y serait accusé, sous forme détournée, d'avoir méconnu son devoir en révélant son nom dans le premier de ces romans. Cette interprétation singulière et compliquée, qui part d'une idée sans doute fausse, l'antériorité de *Meraugis*[1], tomba d'elle-même quand Fau-

---

1. Fauchet date de l'année 1200 environ la composition de *Meraugis* (*Œuvres*, f° 492 *b*). C'est peut-être vieillir un peu trop Raoul de Houdenc.

chet cessa d'attribuer notre roman à Raoul de Houdenc. Il omit, lorsqu'il y renonça, de faire disparaître la fin de la note que nous avons citée en dernier lieu, et se contenta de passer, rapidement et négligemment, un trait de plume sur une partie de la seconde annotation; mais il prit le soin de modifier la première, celle du folio 68, où il proposait d'inscrire en tête du poème le nom de Raoul. Dans la nouvelle rédaction de cette première note, il a donné la raison qui détruisait à ses yeux sa conjecture : « Composé par un moine, écrit-il, depuis le temps de Gace Bruslé, puisqu'il en dicte les chansons, car Raoul estoit mort avant l'an 1227 [1], ainsi qu'il est dit au *Tournoi de l'Antechrist*. » Raoul de Houdenc était mort, en effet,

---

1. La copie que j'ai prise en 1854 de cette note porte 1221 : c'est aussi cette date qu'ont imprimée Goerres et M. Todd; c'est celle qu'a transcrite l'un de mes confrères, qui a bien voulu revoir pour moi les notes manuscrites de Fauchet; mais, autant que l'on puisse se souvenir d'un détail de ce genre après beaucoup d'années, je crois me rappeler que la lecture est douteuse, et que la leçon 1227 est aussi vraisemblable que la leçon 1221. Au surplus, la date de 1221 ne saurait s'expliquer. Il en est autrement de celles de 1227 et de 1228 qu'imprime le même président Fauchet (*Œuvres*, f°s 540 b et 561 b), avec la pensée que « la guerre de Bretagne », à la suite de laquelle Huon de Méry dit avoir composé son œuvre, est celle que terminèrent les traités de mars 1227; mais Fauchet se trompait. Dans les premiers vers du *Tournoiement d'Antechrist*, il est assurément question de l'expédition que saint Louis fit en Bretagne au cours de l'année 1234, et non de celle de 1227 : voyez d'Arbois de Jubainville, *Histoire des comtes de Champagne*, IV, p. 676; Gaston Paris, *La littérature française*, n° 155.

quand fut écrit le *Tournoiement d'Antechrist* : estimant que le *Tournoiement* est de 1227 ou 1228, et qu'en 1228 Gace Brulé n'avait pas encore composé ses chansons, Fauchet conclut tout naturellement de l'insertion de ses vers dans le roman de *Guillaume de Dole* que le poème n'est pas de Raoul.

L'argumentation ne serait plus de mise aujourd'hui. On a reconnu que le *Tournoiement d'Antechrist* n'est pas antérieur à l'année 1234 ou 1235, et l'on ne doute plus, d'autre part, que Gace Brulé ait vécu beaucoup plus tôt [1] : notre poème en offrira une preuve nouvelle. C'est donc le rapprochement de dates peu exactement établies qui décidait Faucher à rayer de la liste des œuvres de Raoul de Houdenc le roman de *Guillaume de Dole*.

A quelle date Fauchet avait-il imaginé, à quelle date a-t-il cessé de lui en faire honneur ? Il paraît tout d'abord malaisé, devant les variations que l'on peut relever dans ses traités, de répondre à l'une et à l'autre question. Fauchet cite pour la première

---

1. Sur une fausse interprétation d'un passage des *Grandes Chroniques*, on a longtemps fait de Gace Brulé un ami de Thibaut de Navarre, mort en 1253, et le collaborateur de ses chansons, composées entre les années 1225 et 1240 : voyez, sur cette interprétation, un article de Paulin Paris, *Histoire littéraire*, XXIII, p. 564. M. G. Paris date les chansons de Gace Brulé de 1180 environ (*La littérature française au moyen âge*, 2º édition, p. 251). Voyez de plus, ci-après, p. CIV et suiv., dans l'étude de M. G. Paris, ce qu'il est dit de Gace Brulé.

fois *Guillaume de Dole* dans le *Recueil de l'origine de la poësie françoise,* publié en 1581, et l'y cite comme une œuvre anonyme [1]. De plus, voulant reproduire dans le même *Recueil* les derniers vers de *Meraugis,* il y donne correctement la fin véritable du roman sans y joindre les dix vers apocryphes, montrant ainsi qu'il a déjà su dégager le poème de l'interpolation où il avait puisé sa conjecture [2]. Il ne se préoccupe pas davantage de savoir quel est l'auteur du *Roman de la Rose ou de Guillaume de Dole,* lorsqu'il apprend à ses lecteurs que ce poème est autre que celui de Guillaume de Lorris et de Jean de Meun : cette remarque se trouve dans le premier livre du traité sur les *Origines des dignitez et magistrats de France,* rédigé en 1584, publié en 1600 [3]. Mais ouvrez le second livre d'un traité imprimé à la suite du précédent, les *Origines des chevaliers, armoiries et heraux* : vous y lirez que *Guillaume* a été composé par Raoul de Houdenc [4]. De cette contradiction, datée de 1600, ne concluons pas, malgré les apparences, que c'est dans les dernières années de sa vie que

---

1. *Œuvres,* 1610, f⁰ˢ 577 et 578. Il fait quelques pages plus haut (f⁰ 557 b et 558 a) l'énumération des œuvres de Raoul de Houdenc, et se garde d'y comprendre *Guillaume.*

2. *Ibidem,* f⁰ 558 a.

3. *Ibidem,* f⁰ 483 a. Cf. f⁰ 483 b, où est encore cité « le *Roman de la Roze,* soubs le nom de *Guillaume de Dole* ».

4. « Car, au roman de *Guillaume de Dole,* Raoul de Houdanc dict que... » (*Ibidem,* f⁰ 529 b). Le texte est le même dans l'édition originale et dans la réimpression de 1610.

Fauchet attribua *Guillaume* à l'auteur de *Meraugis*, et dans les mois qui précédèrent sa mort, survenue en 1601, qu'il s'aperçut de sa méprise. Il me semble certain que le manuscrit du Vatican portait déjà les annotations diverses où il mettait en avant, puis retirait le nom de Raoul, lorsque parut, en 1581, le *Recueil de l'origine de la poësie françoise*. Je vois la preuve de leur antériorité dans la la citation que ce même *Recueil* contient de la fin de *Meraugis,* citation qui est faite, on n'en peut douter, d'après le manuscrit du Vatican, et où cependant il n'est tenu aucun compte des vers apocryphes qui avaient d'abord trompé Fauchet. Ce serait donc par suite d'une défaillance de mémoire qu'il écrivit, ou du moins qu'il imprima en 1600 la phrase qui nommait Raoul comme l'auteur du roman de *Guillaume*. Elle était peut-être écrite depuis longtemps, car le second livre des *Origines des chevaliers,* dont le sous-titre est *Mélanges,* se compose, l'avertissement l'indique, d'observations rédigées depuis plusieurs années et avant le « bris » de l'étude de l'auteur. Quoi qu'il en soit, que la phrase ait été rédigée peu de temps avant l'impression, c'est-à-dire vingt années environ après la composition du traité qui présentait notre roman comme une œuvre anonyme, ou que, l'ayant écrite avant 1581, Fauchet ait négligé de la corriger en 1600 sur une épreuve d'imprimerie, nous en imputerons la rédaction dans le premier cas, l'impression dans le second, à une distraction pure. L'oubli de l'opinion qu'une étude plus attentive de la question lui avait laissée en fin de compte, vingt années auparavant, était fort excusable, s'il avait depuis longtemps perdu le manuscrit qu'a recueilli Petau.

Fauchet pensait à tort, avons-nous dit, que les chansons de Gace Brulé sont postérieures au *Tournoiement d'Antechrist*. Mieux informé de la date à laquelle elles ont été composées, aurait-il dû maintenir en tête du roman le nom de Raoul? je ne le pense pas. Eussent-ils été authentiques, les vers dont le manuscrit du Vatican allonge le texte de *Meraugis* n'auraient même pas fourni un commencement de preuve. Les vagues ressemblances qu'offrent les deux romans ne pourraient suffire, d'autre part, à établir qu'ils ont une même origine. Il est facile d'en relever quelques-unes : même préface ou peu s'en faut, même prétention de ne s'adresser qu'à un public d'élite, même entrée en matière par l'éloge d'un roi, mêmes formules quelquefois, mêmes procédés souvent. Mais la plupart des traits communs que l'on peut noter çà et là dans *Guillaume* et dans *Meraugis*, ou toute autre œuvre de Raoul, se rencontreraient dans beaucoup de romans du temps. D'ailleurs les procédés qui sont le plus particulièrement personnels à Raoul, tels que l'enjambement, l'emploi de la forme interrogative, l'usage des dialogues, sont moins fréquents dans *Guillaume de Dole* que dans *Meraugis*. Il faut ajouter que le souci de la rime y est beaucoup moindre. Laissons donc de côté la thèse à laquelle Fauchet s'est arrêté quelque temps, — je dirais l'espace d'un matin si, en la retrouvant dans le traité des *Origines des chevaliers*, nous ne devions supposer qu'il ne l'a pas écartée sur-le-champ.

Avant nous, M. Todd avait exprimé l'avis qu'il n'y a pas lieu d'attribuer *Guillaume de Dole* à Raoul de Houdenc, et cette conclusion avait été auparavant celle de M. Wolf, au sentiment de qui nulle raison ne peut justifier l'assertion émise dans les *Origines des chevaliers*.

La phrase où Fauchet imprimait en 1600 que Raoul de Houdenc est l'auteur de *Guillaume de Dole* n'est pas demeurée inaperçue jusqu'au jour où M. Wolf l'a relevée et discutée. D'un tour un peu amphibologique, elle a été mal interprétée par Du Cange [1], qui a pris Raoul de Houdenc pour un personnage du roman, et Guillaume de Dole pour l'auteur. Quelques années plus tôt, vers 1655, sur la foi, non sans doute du même passage de Fauchet, que devait comprendre un érudit familiarisé avec le nom de Raoul, mais plus vraisemblablement d'une autre phrase du même mémoire qui est altérée par une faute d'impression [2], Pierre Borel

---

1. Voyez les *Observations sur l'histoire de saint Louis* au mot *Balista* (*Glossarium mediæ latinitatis*, éd. Henschell, VIII, p. 344). Cf. le *Glossaire de la langue romane* de Roquefort, II, col. 769.

2. « J'ai lû au roman de la Rose de Guillaume de Dole... » (*Recueil de l'origine de la poësie*, dans les *Œuvres*, f° 572 b). Il faut évidemment lire : « *ou* de Guillaume ». L'édition originale porte la même faute d'impression.

avait aussi fait de Guillaume de Dole un poète [1]. Il y a moins de vingt ans encore, il s'imprimait en Franche-Comté des ouvrages d'érudition qui reproduisent la même erreur. Notre regretté confrère Castan signalait naguère cette méprise dans la *Bibliothèque de l'École des Chartes*. Depuis les premières années du siècle, on considérait en Franche-Comté le roman de *Guillaume de Dole* comme l'œuvre d'un poète franc-comtois, éclose à Dole pendant l'un des séjours de Frédéric Barberousse. Castan a fait définitivement justice de la légende [2].

Si l'auteur de *Guillaume* n'est ni Raoul de Houdenc ni un menestrel franc-comtois, quel est-il? Nous avons le regret de ne pouvoir le dire. Paulin Paris l'estimait champenois : il se peut, car la Champagne lui semble familière ; mais nulle raison ne permet de circonscrire aux limites de la Champagne le pays où l'on doit chercher son lieu d'origine. Quelques traits pourraient être notés, d'autre part, qui sembleraient rattacher notre auteur à la France

---

1. *Trésor des antiquités gauloises et françoises*, à la suite du *Dictionnaire étymologique* de Ménage, 1750, p. viii, Catalogue des anciens poètes dont s'est servi l'auteur. — Borel y cite « le roman de Guillaume de Dole, poète », et « Doette de Troyes, trouverre ancienne », empruntant ces deux noms à Fauchet. — Même confusion, pour Guillaume, dans l'*Histoire littéraire du Maine* (voy. ci-après, p. cx, la note 1).

2. *Jean Priorat de Besançon*, poète français de la fin du xiiie siècle, dans la *Biblioth. de l'Éc. des Chartes*, 1875, p. 124 et suiv.

du Nord. Je ne saurais prévoir à quelle patrie l'attribuera l'étude que M. Todd doit publier sur la langue du poème. Il n'a relevé dans celle qui a déjà paru (p. 152) que les mots où la prononciation ne tient pas compte soit des liquides *l* et *r*, soit de la lettre *s* [1].

[1]. « ... R and S are regularly treated as silent, before other con-
« sonants, and r sometimes so, as the last of a consonant group. L
« is occasionnally treated in the same manner. — R silent : *Tierce :*
« *piece*, 259, 633, 2336 [je substitue aux renvois de M. Todd, quand
« il y a lieu, les nos des vers de cette édition] ; [*fierce : piece*, 3583] ;
« *bos : cors*, 165, 175; [*bos : lors*, 2658]; *bourjois : avoirs*, 593;
« *large : voiage*, 1866; *marge : lignage*, 1636 ; *as : ars*, 2860, 4681 :
« *angre : change*, 4528; *volentiers : briés*, 884 ; *chevaliers : briés*,
« 3066; *vert : vallet*, 507; [*deserte : fete*, 3997]; *oevre : proeve*, 3839;
« *cors : ados*, 2186; *dehors : los*, 2702; *voirs : estrelois*, 4833 ;
« *avoirs : rois*, 4859; *coffre : orfe*, 4057. — S silent : *departist*
« (subj.) : *departit* (indic.), 5506 ; *partist : departit*, 3198; *nuist :*
« *nuit*, 2604; *prime : aprisme*, 231. — S final is sometimes neglected
« in the rhyme: *Einsi : païs*, 5614 ; *autresi : assis*, 2900; *vert : vers*,
« 4571; *or : cors*, 5118; *estor : tors*, 107. — L silent : *conseilt :*
« *let*, 4891; *angoisseus : seuls*, 3728; *genouls : douz*, 5251 ; *onques :*
« *oncles*, 3835; *onques, escarboncles*, 2746. » Quelques-unes des irrégularités signalées par M. Todd sont imputables au copiste, qui, par exemple, a pu écrire *de l'estor* (107) au lieu de *des estors*. Les distractions sont nombreuses dans la transcription. Voici, à quelques-unes près, celles qu'a notées M. Todd : « Of
« forms peculiar to the copyist, the following may be mentioned :
« *meisme : acesme*, 958 (read *meesme*, cf. *ferme : meesme*, 577);
« *lessiee : boisdie*, 3210 ; *ferons (feron) : chançon*, 1180; *lues; noef*
« (*nues*), 2618; *deu : nevou (neveu)*, 4077; *genz (gent) : argent*,
« 467. » — Indépendamment des distractions qui ont pu lui échapper, le scribe a souvent substitué sa prononciation à celle de l'auteur. C'est ainsi qu'il fait rimer *lermes* et *armes* (3316), bien qu'il ait fait aussi rimer *lermes* avec *termes* (4004); — ailleurs, 1273, 3969, 5031, 5156, il écrit *armes* et *larmes*; —c'est ainsi encore

La versification de *Guillaume de Dole* ressemble à celle de la plupart des poèmes contemporains. L'élision de l'*e* y est constante, sauf dans dix-sept vers. Beaucoup de rimes sont identiques; beaucoup plus sont imparfaites [1].

Le couplet est très souvent brisé, ce qui revient à dire que fréquemment la phrase commence avec le second vers d'une paire et se termine avec le premier. On sait maintenant que cet usage est une innovation mise en faveur par Chrétien de Troyes et surtout par ses successeurs, notamment par Raoul de Houdenc et Huon de Méry [2].

A peu d'exceptions près, le premier des vers qui suivent une chanson rime avec le dernier vers de la chanson. Dans quatre cas, le vers du poème qui précède la chanson est celui qui lui est ainsi associé. Quatre chansons seulement ont été encadrées dans le texte sans qu'elles y soient comme accrochées par une rime, placée soit au dessus, soit au dessous.

---

qu'il fait rimer *Guillame* (il écrit ainsi le nom quand il ne l'abrège pas) avec *roiaume* (1383 et 5028) ou avec *heaume* (2855); *dame* (390) et *fame* (4246) avec *roiaume* (que nous avons à tort imprimé *roiame*, au v. 4247).

1. Exemples : *apelent : reperent*, 779; *monde : honte*, 1418; *estre : tertre*, 3897; *deeraine : regne*, 4134; *maint : esloint*, 4192; *parole : ore*, 4310 (cf. 4372); *visage : attache*, 4524. — Dans ses rimes et ailleurs, le poète se préoccupe peu de la règle de l'*s*. On l'a loué d'avoir exclu, à un cas près, la répétition d'une même rime à la fin de quatre vers consécutifs; l'éloge n'est pas absolument mérité : voy. p. 1, 79, 85, 95, 97, 106, etc.).

2. P. Meyer, *Romania*, XXIII, p. 17 et suiv.

V. — *De la date du roman et des personnages historiques dont les noms s'y rencontrent.*

L'action se passe, en grande partie, à la cour de l'empereur d'Allemagne Corras. Le roi ou l'empereur Corras n'a de commun que le nom avec les empereurs Conrad des xe, xie et xiie siècles, dont le dernier, Conrad III, a régné de 1138 à 1152. Nul d'entre eux n'était, comme lui, le fils et le successeur d'un autre Conrad; nul n'a épousé une Éléonore de Dole.

Ce sont également des personnages imaginaires que les autres acteurs principaux du roman. Guillaume de Dole porte bien le nom d'un chevalier comtois, que nous rencontrons comme témoin dans un acte de 1188, auprès d'Étienne, comte d'Auxonne, prétendant au comté de Bourgogne [1]; mais quelle raison de penser que le Guillaume du poème soit cet obscur Guillaume de Dole, obligeamment transformé par un ami en héros de roman? Il serait moins invraisemblable peut-être de reconnaître dans le vielleur Jouglet, que glorifie notre auteur, un ménétrier Jouglet qui figure dans un

---

1. Le texte en a été imprimé par le P. Chifflet dans sa *Lettre touchant Béatrix, comtesse de Châlon*, 1656, p. 83. — Cent et quelques années plus tard vécut un autre Guillaume de Dole, clerc du roi (Arch. nat., JJ 46, n° 196), qui sans doute ignora que son nom était celui d'un personnage de roman.

conte ignominieusement grossier de Colin Malet[1] ; mais encore faudrait-il démontrer que le conte a précédé le roman, ce qui n'est pas probable, et que de plus il a existé un ménétrier de ce nom, ou plutôt de ce surnom.

Les personnages secondaires, introduits dans le roman comme comparses, — chanteurs de chansonnettes ou jouteurs de tournoi, — et les personnages incidemment nommés sont les uns fictifs, les autres historiques. L'imagination du poète a pu en inventer plusieurs, tels qu'un duc de Mayence (v. 308) et un comte de Maestricht (v. 2367), ou encore sa mémoire les lui fournir. Il en est qui proviennent assurément de souvenirs littéraires[2]. Je ne sais si le sénéchal perfide qui sera le traître du drame est emprunté à quelque autre poème[3] ; mais voici, parmi les chanteurs, un comte de Sagremors (v. 364) qui rappelle un chevalier de la Table ronde ; voici une

---

1. *Histoire littéraire*, XXIII, p. 114, 115 et 206. MM. de Montaiglon et G. Raynaud ont publié ce conte dans le tome IV du *Recueil des fabliaux*, p. 112.

2. Il faut considérer, je pense, comme une réminiscence littéraire l'allusion, incompréhensible jusqu'ici, que fait le v. 3449 au traître Robert Macié.

3. Dans l'article précédemment cité, M. Todd a noté (p. 136 et s.) les romans où interviennent de bons ou de mauvais sénéchaux. Le seul sénéchal qui lui ait paru avoir quelque ressemblance avec celui de *Guillaume* est le sénéchal de *Guy de Warwick*, poème anglo-normand inédit, dont l'*Histoire littéraire* contient l'analyse (XXII, p. 841-851 ; cf. le *Bulletin de la Soc. des anc. textes*, 1882, p. 44). Mais il est douteux que *Guy de Warwick* soit antérieur à *Guillaume de Dole* : M. G. Paris l'attribue au premier

châtelaine de Dijon (v. 4288) et un comte de Forez (v. 1594) qui semblent venir du texte où plus tard les retrouvera et reprendra Gerbert de Montreuil, l'auteur du *Roman de la Violette*. Nulle trace d'une châtelaine de Dijon dans l'histoire de la Bourgogne. Notre auteur, du reste, se contente de la nommer. Quant au comte de Forez, personnage important dans le *Roman de la Violette*, car il y jouera le rôle du traître sous le nom de Lienart, — qui n'est celui d'aucun comte de Forez, — il ne paraît ici qu'un instant, au milieu des courtisans et des vassaux de l'empereur. Il y aurait un anachronisme dans sa présence à la cour d'Allemagne, s'il fallait reconnaître en lui, comme en bien d'autres, un contemporain du poète; il n'y en aura pas si nous le prenons comme un contemporain de Conrad III ou de l'un de ses prédécesseurs.

Le comte de Forez, qui ne se considérait plus comme un vassal de l'Empire depuis trente et quelques années pour le moins, n'est pas le seul feudataire de Philippe Auguste que le romancier transporte à la cour d'Allemagne. En tête du cortège impérial entrant à Cologne, figure le duc de Bourgogne (v. 3108). Quels qu'aient été les liens qui rattachèrent le duc de Bourgogne à l'Empire un peu plus tôt, et peut-être aussi un peu plus

tiers du XIIIe siècle (*La littérature française*, p. 250). On peut rencontrer ailleurs d'autres exemples de sénéchaux déloyaux : tel celui du poème de *Robert le Diable* (*Histoire littéraire*, XXII, p. 885).

tard [1], sa présence à la cour de Cologne est inattendue dans une composition française de la fin du XIIe siècle ou du début du XIIIe. Le vers où il est nommé, comme celui qui cite le comte de Forez, s'expliqueront aisément, au contraire, s'ils sont des emprunts à quelque poème antérieur [2].

Ce pourrait être encore un emprunt au même texte que la mention d'un comte d'Alost. Je n'hésite pas à traduire « Alos » par Alost dans le vers 2599, comme on doit le traduire dans le vers 2963, où « Alos » est certainement la ville d'Alost. Mais, à l'époque où l'auteur écrivait, il n'était plus de comté d'Alost, s'il y en eut jamais un : la terre d'Alost appartenait à Philippe, marquis de Namur, auquel son père Baudouin VIII, comte de Flandre, l'avait donnée en 1194 ou 1195. Philippe, ce

---

1. Voy. P. Fournier, *Le royaume d'Arles*, p. 115-116.
2. Il serait purement arbitraire de supposer qu'ici, comme il le fera pour d'autres mots au v. 3322, le copiste a interverti deux mots, *dus* et *quens*, et qu'il s'agit du comte de Bourgogne, dont la place serait tout indiquée auprès de Conrad. Il est beaucoup moins vraisemblable encore que le duc du v. 3108 soit le duc helvétique de Zehringen, bien qu'au XIIe siècle et dans les premières années du XIIIe, il se qualifiât duc et recteur de Bourgogne et qu'on le nommât couramment duc de Bourgogne dans les actes officiels et ailleurs. Sans chercher à donner une interprétation précise au v. 3108, qui peut-être, après tout, n'en appelle ni n'en mérite, rappelons qu'indépendamment des liens que la possession de certains fiefs établit pendant plus ou moins longtemps entre l'Empire et le duc de la Bourgogne française, notre duc Hugues III fut tenu de l'hommage féodal envers l'Empire, de 1184 à 1193 (date de sa mort), comme seigneur du Dauphiné : il avait épousé Béatrix d'Albon, fille de Guigues V, dauphin du Viennois.

semble, n'a point porté le titre de comte d'Alost, non plus d'ailleurs que ses deux prédécesseurs immédiats, Baudouin VIII, et, avant Baudouin, Philippe d'Alsace, qui hérita d'Alost en 1166 et devint comte de Flandre en 1168. Il faut remonter jusqu'au-delà de 1166 pour faire la rencontre de la qualification de comte au profit des seigneurs d'Alost; encore la trouvera-t-on en divers documents de valeur secondaire [1], et non dans les actes émanant d'eux. En somme, il nous importe peu que le v. 2599 ait fait revivre un titre éteint, ou que l'auteur l'ait simplement imaginé, comme ailleurs il imagine un comté de Maestricht et un duché de

---

1. Voy., dans Du Chesne (*Histoire généalogique des maisons de Guines, d'Arles et de Gand*, p. 40, 110, 127, et, preuves, p. 179-231), les diverses qualifications prises ou reçues par les seigneurs d'Alost. Sur ce comté ou prétendu comté, consultez en outre Butkens, qui, parlant d'Alost en ses *Trophées du duché de Brabant* (2ᵉ éd., I, p. 151-153 et 175), ne se sert jamais du mot comté ni du titre de comte, bien que l'une des tables du tome I enregistre la « Généalogie des comtes d'Alost »; Longuerue, qui n'en use pas davantage, lorsqu'il énumère les possesseurs d'Alost dans la *Description de la France* (2ᵉ partie, p. 58, lisez 66); l'*Art de vérifier les dates* (III, p. 10 et 104), où Ivain de Gand, seigneur d'Alost, qui mourut vers 1146, est dit comte d'Alost, et où Thierry, son frère et successeur, mort sans enfants en 1166, serait qualifié de même, si son nom avait pris place dans l'ouvrage, car l'on y présente le comté comme subsistant encore dans la suite; et J. J. De Smet, *Mémoire historique sur la seigneurie ou comté d'Alost*, réimprimé dans le *Recueil de mémoires et de notices historiques*, du même auteur (Bruxelles, s. d., 2 vol. in-8), et résumé par F. de Potter et J. Brouckaert dans l'ouvrage intitulé : *Geschiedenis der stad Aalst* (Gand, 1873).

Mayence. L'intervention d'un comte d'Alost soulèvera une difficulté dans un texte historique, tel que la *Chanson de la croisade contre les Albigeois*, qui nomme à deux reprises un comte « d'Alos » au milieu du récit d'événements accomplis en 1211 [1]; mais si une correction y est nécessaire, il n'en est pas besoin dans un roman, — dans celui-ci surtout, les titres n'y visant que par exception des personnages reconnaissables, quand ils s'appliquent à des étrangers. Il en sera autrement de ceux qui désigneront des barons français.

L'auteur avait annoncé une histoire de jadis, et cependant sa fantaisie a jeté dans le drame des noms de seigneurs et aussi de poètes, qui, bien qu'il les fasse vivre au temps de Conrad, sont en réalité ses propres contemporains, et par conséquent ceux de Philippe Auguste. Notre romancier est, en effet, un sujet de Philippe Auguste : il nous le fait savoir lui-même dans un passage qu'il n'aurait pas écrit sous le règne d'un Louis. C'est celui où, voulant proposer au sénéchal l'exemple d'un parfait courtisan, Conrad cite comme un modèle (v. 3128-3131) un conseiller du feu roi Louis VII,

---

1. Éd. P. Meyer, II, p. 91 et 103. Voy. (p. 91) le commentaire de M. P. Meyer, qui estime que le nom est corrompu. La correction *Loss* lui semble devoir être écartée, le comte de Loss ne paraissant pas avoir pris part à la croisade. Elle eût été acceptable pour nous, s'il avait fallu modifier le v. 2599; mais encore pourrait-on objecter qu'ailleurs le scribe a correctement écrit « Los ».

Brocart Viautre, ou plutôt Bouchart le Veautre, personnage qui avait été naguère célèbre et peu populaire : il est de ceux qui, au témoignage de Gautier Map, s'appropriaient les revenus du roi [1].

Le règne de Philippe Auguste a duré près de quarante-trois ans : c'est vers la trentième année, c'est vers 1210 que M. Gaston Paris place la composition de *Guillaume de Dole* [2]. Je la daterais volontiers du milieu du règne. Mes conjectures ne s'appuyant sur aucun argument décisif, il me faudra développer un peu longuement les considérations diverses qui, réunies les unes aux au-

---

1.   Gauter vendenge et Buchard grape,
       Et Willielmus de Gurney hape :
   Lowis prent que que leur escape.

De nugis curialium, éd. Th. Wright (Camden Society), Londres, 1850, p. 213 et 214, où, par une faute que l'on peut sûrement corriger, *Veautre* (*molossus* dans la traduction de Gautier Map) est imprimé *Veantur*. — Le premier, le plus âgé, est Gautier I de Villebéon, chancelier de Louis VII; le troisième Guillaume de Gournai, prévôt de Paris. Le nom de Bouchart le Veautre a été relevé par M. Luchaire au bas d'un certain nombre d'actes de Louis VII : voy. l'*Histoire des institutions monarchiques sous les premiers Capétiens*, II, p. 304, et les *Études sur les actes de Louis VII*, p. 272 et 273. On peut rapprocher des v. 3128 et suiv., où Bouchard est présenté comme un courtisan assidu, une lettre de recommandation que Louis VII écrivait au pape vers 1165, à l'occasion d'une affaire de famille qui devait retenir son conseiller loin de la cour : sa présence, dit-il, lui est nécessaire, et il souhaite qu'il puisse revenir au plus tôt (*Hist. de la France*, XV, p. 831).

2. Voy. le *Tableau chronologique* qui accompagne la deuxième édition de la *Littérature française au moyen âge*, p. 250. Cf. l'*Histoire littéraire*, XXX, p. 183.

tres, permettent peut-être d'attribuer notre roman à l'une des deux dernières années du xiiᵉ siècle, plutôt à la dernière, ou encore aux premiers mois du siècle suivant.

On peut tout d'abord affirmer sans hésitation qu'il ne saurait être postérieur à l'année 1214. Un poème où l'on voit Allemands, Flamands et Français se rencontrer dans les luttes courtoises d'un tournoi et dans les fêtes qui s'y joignent, ne peut dater ni du lendemain ni de la veille de la bataille de Bouvines. Deux noms, au surplus, suffiraient à démontrer qu'il faut remonter au delà de 1214 la composition de *Guillaume de Dole*. Le premier est celui de Thibaut Iᵉʳ, comte de Bar, qui mourut le 2 février 1214; le second est celui de Renaud de Dammartin, comte de Boulogne, qui, quelques mois plus tard, devait être enchaîné dans une prison et demeurer captif jusqu'à sa mort.

Thibaut Iᵉʳ de Bar n'est désigné que par son titre; mais l'un des deux passages où il est question de lui nous livre son nom. Ce passage, qui signale l'une des lacunes de notre histoire littéraire, — car il cite un poème ignoré et perdu, — nous apprend que le comte de Bar est frère

De Renaut de Mousson
Et de son frere Hugon. (V. 2389 et 2390).

Deux comtes de Bar-le-Duc, l'un et l'autre fils de Renaud II et d'Agnès de Champagne, ont été frères de Renaud de Mousson et de Hugues de

Bar[1] : Henri Ier, qui mourut en 1191, c'est-à-dire trop tôt pour qu'il puisse être ici question de lui, et Thibaut Ier, qui lui succéda et disparut au commencement de 1214.

Le comte de Boulogne, Renaud de Dammartin, est nommé en toutes lettres. Comme on annonce à Guillaume la prochaine arrivée de Renaud de Boulogne à Saint-Trond,

> Il en lieve ses mains en haut
> De la grant joie que il a. (V. 2103-2104.)

Ce Renaud, que l'on attend impatiemment et qui a passé la nuit précédente à Mons, ne saurait être le prisonnier, si étroitement gardé, du roi, le vaincu irrémédiablement humilié de Bouvines. Après cette émouvante bataille, dont le glorieux succès a soulevé les acclamations enthousiastes du peuple entier de France, nul jongleur n'eût osé rappeler le souvenir de Renaud, soit dans un château, soit sur une place publique. Ce n'est que beaucoup plus tard, soixante ans après Bouvines et près de trente après la mort ou le suicide de Renaud[2], que des poètes lui rendront, parmi les che-

---

1. Renaud de Bar ou de Mousson, après avoir été trésorier de Saint-Martin de Tours, fut évêque de Chartres de 1182 à 1217; Hugues, chanoine de l'église de Saint-Étienne de Troyes d'après un acte de 1180, fut prévôt en l'église cathédrale de Chartres (Du Chesne, *Histoire de la maison de Bar*, p. 28 et 29).

2. Il mourut aux environs de Pâques 1227. (H.-F. Delaborde, *Œuvres de Rigord et de Guillaume le Breton*, I, p. 292.) — Au cours des treize années qui précèdent sa mort, son nom n'apparaît plus, ce semble, que dans les actes du roi d'Angleterre.

valiers légendaires des beaux tournois et des grandes batailles, la place que sa trahison lui avait fait perdre. En 1285, Jacques Bretex ne se rappellera plus que sa vaillance incontestée et fera de lui l'un des combattants des tournois de Chauvenci ; et, vers 1300, l'auteur du *Pas Salhadin* le joindra aux guerriers francs qui gardent un défilé en Terre sainte, bien qu'il ne soit jamais allé en Palestine [1].

A l'heure où s'écrit le roman, Renaud est assurément de ceux que l'on peut célébrer sans réticence. Viennent les trois ou quatre dernières années qui précèdent Bouvines, et déjà il n'en sera plus de même. Quand s'ouvre la guerre au printemps de 1213, quand Renaud incendie une partie de la flotte française à Dam, un an s'est écoulé depuis la révolte qui l'a fait l'un des chefs de la ligue où l'on conspire la mort du roi et le démembrement de la France. C'est au mois de mai 1212 qu'à la suite d'intrigues et de négociations entamées plus ou moins secrètement dès 1211, il a rendu un public hommage à Jean sans Terre [2]. Cette défection nouvelle, succédant à d'autres qui avaient été

---

1. Voy. les *Tournois de Chauvenci*, éd. Delmotte, p. 80, et le *Pas Salhadin*, éd. Trébutien, p. 15 (ou pour ce dernier poème, l'*Hist. litt.*, XXIII, p. 487 et 488, et la *Légende de Saladin*, par G. Paris, dans le *Journal des Savants*, 1893, p. 493). — Le loyal comte de Boulogne, incapable d'un acte mauvais et surtout d'une trahison, que l'on verra dans le *Roman de la Violette* (p. 277, 295, 296), n'est pas Renaud de Boulogne, mais Philippe Hurepel.

2. Voy. l'introduction du *Catalogue des actes de Philippe Auguste*, par L. Delisle, p. CXI et suiv.

presque aussitôt pardonnées, était définitive : dès lors, si ce n'est plus tôt, et pendant une longue suite d'années, un poète tant soit peu désireux d'être écouté devra s'abstenir de le nommer.

La date de 1212, nous l'avons déjà indiqué, n'est pas celle à laquelle nous nous arrêterons. Que l'on nous permette d'apporter une légère correction à la dénomination d'un autre jouteur de Saint-Trond, et le poème en sera vieilli de quelques années encore.

En même temps que la prochaine arrivée de Renaud de Dammartin, on annonce à Guillaume celle de « Gautier de Joegni », dont il vient de demander des nouvelles :

> Et vos qui fustes a Leigni,
> Dou bon Gautier de Joegni,
> Qui dut estre morz por s'amie,
> Oïstes vos s'il vendra mie?
> — Oïl, atornez por jouster,
> Que Dex l'a fet ressusciter.
> — Certes, fet il, j'en sui moult liez.
> (V. 2092-2098.)

Ce chevalier qui faillit mourir pour son amie doit être encore jeune, et même célibataire. Au moyen âge comme en d'autres temps, il y eut des maris qui ne dissimulèrent pas leur amour pour des femmes qui n'étaient pas les leurs; si cependant nous apprenions la date du mariage du « bon Gautier », nous estimerions, jusqu'à preuve contraire, qu'elle doit être postérieure à celle de la rédaction de *Guillaume de Dole*. Il n'est donc pas sans intérêt de chercher à savoir qui est « Gautier de Joegni », s'il s'est marié, et vers quelle époque.

Je pense que « Joegni » représente la ville de Joigny, du département de l'Yonne, et « Leigni » Ligny-le-Chatel, qui en est proche. Gautier de Joigny, que l'on connaît si bien du côté de Ligny et dont la présence doit honorer le tournoi de Saint-Trond, ne saurait être un personnage de peu d'importance. Tel serait un Gautier que nomment deux actes de la seconde partie du XIIe siècle, et qui d'ailleurs n'aurait pu se montrer un bien rude jouteur dans les premières années du siècle suivant, s'il a vécu jusque-là. Il est le seul Gautier dont la famille, aux alentours de la date vraisemblable du roman, ait tiré son nom de la ville de Joigny [1] : encore cet obscur Gautier, fils d'un Herbert de Joigny, frère puîné d'un Fromont Farsit de Joigny [2], aïeul peut-être, si ce n'est oncle ou grand-oncle, d'un Garnier de Joigny [3], ne paraît-

---

[1]. Faut-il encore mentionner dans le *Livre des vassaux du comté de Champagne*, publié par M. Longnon (1869), un « Gautier de Juvigni » et un « Gaucher » de Rovegni », qui ne font qu'un même personnage (p. 164, 167, 266)? Il s'agit sans doute dans les deux cas de Juvigny-en-Perthois (Meuse), près de Ligny-en-Barrois. Aucun des deux Juvigny de la Meuse ne semble avoir pris la forme « Joegni » (voy. le *Dict. topog. de la Meuse*, par M. Liénard, p. 118, 119 et 281). D'ailleurs ce Gaucher ou Gautier de Juvigny, personnage inconnu, est porté sur un rôle de 1172 environ, bien antérieur à la date de la composition du roman.

[2]. Quantin, *Cartulaire de l'Yonne*, II, p. 116.

[3]. *Inventaire de la collection de sceaux des Archives de l'empire*, par Douet d'Arcq, I, p. 625, n° 2488, charte de 1250.

il pas s'être réclamé lui-même de Joigny, car il est simplement désigné en 1160 sous le nom de Gautier, et, dix ans plus tard, sous celui de Gautier Farsit[1].

A défaut d'un Gautier de Joigny avec lequel le « bon Gautier de Joegni » puisse être identifié, il sera peu téméraire de supposer que, par une confusion dont les exemples ne sont pas rares, le copiste a substitué le nom de Gautier à celui de Gaucher. Ainsi Gaucher de Châtillon devient Gautier de Chatillon dans les *Chroniques de Flandre*[2] et dans le *Pas Salhadin*[3] (1285); ainsi Gaucher de Nanteuil, l'un des frères du Milon de Nanteuil dont le nom est inscrit en tête du poème, est appelé Gautier dans plusieurs manuscrits du *Ménestrel de Reims*[4]; ainsi enfin, pour ne citer que des exemples empruntés aux noms des personnages qu'un lien rattache ou semble rattacher à *Guillaume de Dole*, la même altération a déformé dans le *Thesaurus anecdotorum* de D. Martène[5] celui de Gaucher Ier de Joigny, — en qui nous proposerons de reconnaître « le bon Gautier », — comme celui de son fils dans un document du xvie siècle[6] et dans nombre

---

1. *Cartulaire de l'Yonne*, II, p. 116 et 303.
2. *Journal des savants*, 1893, p. 493.
3. *Le Pas Salhadin*, p. 8.
4. Éd. de Wailly, p. 79.
5. I, p. 801.
6. Inventaire des titres du prieuré de Flottin ; voy. Molard, *Inventaire sommaire des archives de l'Yonne*, série H, tome III, p. 96.

d'ouvrages d'érudition, où l'erreur est manifeste [1]. Une distraction pareille ne pourrait surprendre de la part du copiste de *Guillaume* : il est facile de le convaincre de fautes plus graves.

Trois Gaucher de Joigny se sont succédé de 1170 environ à 1250. Il suffit que notre roman ne soit pas postérieur aux dix-huit premières années du XIIIe siècle, pour que le vers 2093 ne puisse être appliqué qu'au premier d'entre eux, dont nous rencontrons le nom pour la première fois en 1179 [2], pour la dernière en 1218 [3].

---

[1]. La Roque, *Traité du ban et de l'arrière-ban*, 1734, p. 53 et 56; *Gallia Christiana*, XII, col. 256 et 257, et, preuves, col. 71; D. Vaissete (*Histoire de Languedoc*, III, col. 300; ou nouv. édit., VIII, col. 816). Il serait aisé de citer beaucoup de méprises semblables. Dans une monographie publiée à Copenhague en 1888 par M. Troyel sur les cours d'amour (*Middelalderens Elskovshoffer*, p. 106), il en a été relevé un certain nombre à propos du Gaucher de Châtillon ci-dessus mentionné : voyez dans le *Journal des savants*, année 1888, p. 673, un article critique de M. G. Paris, d'où nous tirons cette indication.

[2]. Quantin, *Cartulaire de l'Yonne*, II, p. 303. Gaucher, sans doute fort jeune alors que, dans l'acte dont il s'agit, Guillaume, comte de Joigny, se prévaut de son assentiment, ne doit pas être encore majeur quand il adhère à deux actes qui sont datés, l'un de 1180 (*ibidem*, p. 314; cf., en corrigeant la date 1188, qui est une faute d'impression, l'*Invent. des arch. de l'Yonne*, III, p. 329); l'autre, de la fin du XIIe siècle, au plus tard de 1193 (*Cartul.*, II, p. 307, où Quantin indique à tort l'année 1180, et *Invent.*, III, p. 498, H 1710, où il faut lire 1193 au lieu de 1194, car Gui, archevêque de Sens, qui confirme cette dernière donation, n'existait plus en décembre 1193). Les premiers actes qui émanent de Gaucher lui-même sont de 1196 (*Invent.*, III, p. 147-148).

[3]. L. Delisle, *Catalogue des actes de Philippe Auguste*, p. 397-

Gaucher Ier était fils de Renaud IV et frère de Guillaume Ier, qui furent successivement comtes de Joigny. Nul document, je le reconnais, ne permet de placer, à quelle date que ce soit, sa résidence à Ligny-le-Châtel ou aux alentours, comme il conviendrait pour rendre moins incertaine mon hypothèse [1]; mais Ligny est près de Joigny : peut-être la rime a-t-elle appelé le nom de la ville prochaine; peut-être encore est-il fait allusion à quelque aventure dont l'héroïne aurait été soit une vicomtesse de Ligny, soit l'une de ses voisines. Parmi les voisines, on pourrait citer la dame veuve que Gaucher devait épouser plus tard, Alix de Venizy; mais son âge m'empêche de voir en elle l'amie dont il s'agit dans le vers 2094, et de penser que son second mariage fut le dénouement d'une aventure romanesque [2].

398; d'Arbois de Jubainville, *Histoire des comtes de Champagne*, IV, p. 165. On le confond souvent avec son fils Gaucher II, gendre de Simon de Montfort, et, pendant quelques années, sénéchal du Nivernais : voyez, par exemple, l'*Art de vérifier les dates*, II, p. 596, et Quantin, *Pièces pour faire suite au Cartulaire de l'Yonne*, p. 447. Gaucher II n'apparaît qu'en 1223 (Teulet, *Layettes du Trésor des chartes*, II, p. 4, 15, 27, etc.; Quantin, *Pièces* etc., p. 137). Il mourut vers 1236 (*Pièces* etc., p. 193, 387; Archives nationales, H 3859 ¹, n° 3, etc.)

1. La présence d'un Gaucher à Ligny-le-Châtel en 1223, date déjà lointaine de celle où nous place le roman, est signalée dans les *Layettes du Trésor des Chartes* (II, p. 4) : il s'agit de Gaucher II, qui est l'un des témoins d'une charte de privilèges accordés aux bourgeois d'Auxerre par Mathilde, comtesse de Nevers et d'Auxerre, alors qu'elle habitait son château de Ligny.

2. Venizy, dont Alix avait hérité les terres et portait le nom,

LVIII INTRODUCTION

Le rapprochement de deux chartes relatives à l'administration des biens d'Alix montre que Gaucher Ier s'est marié entre le mois de mai 1203 et le mois d'octobre 1207 [1]. L'identité de Gautier et de Gaucher de Joigny admise, il serait déjà permis de reporter la composition du roman à une date antérieure à 1207. On le reporterait même bien au-delà, jusqu'aux environs de 1200, si l'on estimait que Gaucher ne put être qu'en sa jeunesse un amoureux

était, en effet, tout près de Ligny-le-Châtel. Petite-fille d'un frère de Louis le Gros, Alix s'était mariée en 1167 au plus tard, très jeune encore sans nul doute, avec André II de Brienne ou de Ramerupt, frère du comte de Brienne. (*Inv. des arch. de l'Yonne*, III, p. 163 et p. 181; *Cartul. de l'Yonne*, II, p. 196; d'Arbois de Jubainville, *Les premiers seigneurs de Ramerupt*, dans la *Bibliothèque de l'École des Chartes*, 1861, p. 446). — André de Ramerupt, qui devait être beaucoup plus âgé qu'elle, avait succombé devant Saint-Jean d'Acre en 1189, laissant un fils, Érard de Brienne, né vers 1182, qui devint chevalier en 1203, et qui devait être le compétiteur de Blanche de Navarre, comtesse de Champagne, et de son fils Thibaud IV (d'Arbois, *Comtes de Champagne*, IV, p. 29 et 111; *Biblioth. de l'Éc. des Ch.*, 1861, p. 427). Alix avait en 1200 de quarante à cinquante ans. Elle ne vivait plus en 1222 (*Inv. des arch. de l'Yonne*, III, p. 179); son testament est de 1220 (*Pièces*, p. 108).

1. En mai 1203, Érard de Brienne prenait seul part aux affaires de sa mère (Quantin, *Pièces*, p. 11); en août 1207, l'administration des biens d'Alix de Venizy est entre les mains de Gaucher de Joigny, devenu son mari (*ibid.*, p. 30, n° 63; cf. Lalore, *Cartulaire de Saint-Pierre de Troyes*, p. 125). — D'après Quantin (*Pièces*, p. 447), Gaucher de Joigny était veuf quand il épousa Alix de Venizy : c'est sans nul doute une erreur provenant d'une généalogie mal comprise et de la confusion de deux Gaucher de Joigny (Du Bouchet, *Histoire de la maison de Courtenay*, p. 129.)

passionné jusqu'à en mourir. Il dut atteindre sa majorité entre 1188 et 1196, vraisemblablement assez près de cette dernière année.

Si nous poursuivons le dépouillement des noms, inscrits ou visés dans notre texte, qui peuvent servir à le dater, nous y trouverons diverses indications qui viendront à l'appui des précédentes, et plusieurs seront moins conjecturales que la dernière.

Parmi les personnages qui accourent à Saint-Trond, il en est un qui mérite une attention particulière : c'est le comte de Champagne (v. 2079 et 2080), que l'auteur nous montre accompagné d'un nombreux cortège de chevaliers. A côté de tant de seigneurs de France qui nous sont nominativement présentés, ce comte de Champagne ne saurait être un personnage anonyme. Or le comte que désignent les vers 2079 et 2080 ne peut être Henri II, roi de Jérusalem et comte de Champagne : il était en Syrie depuis 1191 et il y mourut en 1197, date à laquelle nous hésiterions d'ailleurs à faire remonter la composition du roman. Écartons d'autre part Thibaut IV le Chansonnier ou le Posthume, qui, né en 1201, ne sera pas en âge de figurer dans un tournoi avant une vingtaine d'années. Il s'agirait donc de Thibaut III, qui succéda, en 1197, à son frère Henri II et mourut le 24 mai 1201, avant la naissance de son fils Thibaut. Si c'est lui qu'il faut reconnaitre ici, le mois de mai 1201 fermera d'un côté la période à laquelle nous pouvons rattacher *Guillaume de Dole*[1].

Elle devra s'ouvrir dans les dernières années du XIIe siècle, si je suppute exactement l'âge qu'avaient en 1200 plusieurs des chevaliers qui prennent part au tournoi, et, pour plus de précision, vers la fin de

---

1. Le comte de Clèves figure aussi dans le tournoi (v. 2595). Le comté de Clèves a pour titulaire un enfant, sinon dès 1201, du moins en 1202 (Grote, *Stammtafeln*, Leipzig, 1877, p. 168); mais il serait excessif, pour fortifier l'argument que fournit l'âge du comte de Champagne régnant après mai 1201, d'insister sur l'âge du comte de Clèves, que sans doute ne connaissait pas l'auteur. — Je chercherais plutôt un nouvel argument dans la date de la mort des fils du comte de Dasbourg. Aux v. 528 et suiv.,

...li filz au conte d'Aubours,
Qui mout amoit chevalerie,

chante une chanson de danse. Or Albert, comte de Dasbourg de 1172 environ à 1211, perdit le 14 mars 1201 ses deux fils, trop jeunes encore pour prendre part à un tournoi, mais dont l'on eût pu néanmoins dire qu'ils aimaient « chevalerie ». C'est au retour du tournoi d'Andenne, où ils avaient accompagné leur père, que, « voulant éprouver leur dextérité sans avoir pris égard aux armures et aux autres circonstances, [ils] s'entretuèrent courant l'un sur l'autre » (Butkens, *Trophées du duché de Brabant*, I, p. 647-648; cf. Dugas de Beaulieu, *Recherches sur le comté de Dachsbourg*, p. 190-191). Si l'on pense que notre auteur avait en vue l'un des fils d'Albert, comte de Dasbourg, au v. 528, on pourra supposer soit que l'allusion à la présence de ce dernier dans les fêtes d'un tournoi a précédé sa mort, soit encore qu'elle a été écrite sous le coup de la nouvelle de ce tragique événement, qui avait dû retentir dans tous les tournois. L'année 1201, dans l'un et l'autre cas, serait une fois de plus indiquée comme la barrière en deçà de laquelle on ne saurait placer la composition de *Guillaume de Dole*.

1199 au plus tôt, si j'interprète justement une très vague allusion à des événements contemporains [1]. S'adressant à Guillaume, Conrad

> ..li a demandé s'il ere
> Point privez dou roi d'Engleterre.

Et l'auteur ajoute :

> Mout a eü longuement guerre
> Encontre lui noz rois de France. (V. 1619-1622.)

« N'étiez-vous » ou « n'êtes-vous pas ami du roi d'Angleterre ? » La question ne vient pas très naturellement dans la conversation de l'empereur d'Allemagne et de Guillaume, dont l'amitié ou l'alliance eût peu importé soit à Richard Cœur de Lion soit à Jean sans Terre ; mais, de 1179 à 1214, on aurait eu le droit de l'adresser à beaucoup de puissants barons français. S'il est permis d'y voir une allusion à l'une des ligues formées alors contre le roi de France et fomentées par le roi d'Angleterre, elle viserait, à notre avis, celles de 1197 et de 1198, où Richard Cœur de Lion obtenait le concours du comte de Flandre, du comte de Boulogne, du comte de Toulouse, du comte de Blois, du comte du Perche, du comte de Guines, du comte de Brienne, d'autres barons encore dont les historiens n'ont pas

---

[1]. Notre sentiment se rencontre avec celui de M. Todd, qui, page 147 de l'article précédemment cité, estime qu'en datant le roman de l'année 1200, on ne sera probablement pas éloigné de la vérité. M. Wolf avait placé la date de la composition au milieu ou dans la seconde moitié du XIIIe siècle.

enregistré les noms [1]. Et si les vers 1621 et 1622 signifient qu'une longue guerre vient de prendre fin, nous penserons, plutôt qu'à tout autre, au traité de paix du Goulet, que Philippe Auguste conclut en mai 1200 avec Jean sans Terre, et qu'avait précédé la trève d'octobre 1199. La guerre qui s'éteint alors pour quatre années avait pu paraître longue, car, depuis le jour où Philippe l'a déclarée à Richard prisonnier, les trèves qui se sont succédé l'ont si peu interrompue qu'il pouvait sembler que la même guerre se fût étendue de 1193 à 1200. Hors le traité de 1200 et, si l'on veut, la trève de 1199, nul autre pacte, nul événement, depuis 1193, n'a suspendu les hostilités assez longtemps pour que l'auteur ait pu conduire son poème à terme, avant d'être obligé d'y effacer toute allusion qu'il y aurait faite au retour et au maintien de la paix [2].

Vers 1200, il est vrai, l'Allemagne est agitée, et l'heure peut-être semblera mal choisie pour un tournoi allemand. Deux prétendants, en effet,

1. Rigord, I, p. 137; Roger de Hoveden, éd. Stubbs, IV, p. 19, etc.; cf. d'Arbois, *Comtes de Champagne*, IV, p. 78 et 79.
2. On trouvera une autre allusion à un traité de paix dans les vers 620 et suivants, où il est question d'une trève ménagée par Conrad entre le duc de Bavière et le duc de Gueldre. Il ne s'agit pas d'un fait contemporain, mais tout au plus d'une réminiscence, empruntée encore peut-être à une version antérieure, des médiations de Frédéric Barberousse entre Henri le Lion, duc de Bavière, et les princes avec lesquels il était en guerre. Les réconciliations de princes faites sous les auspices de l'empereur sont du reste fréquentes du temps de Frédéric Ier, de Henri VI, etc., et plus d'une fois elles se font au profit du comte de Gueldre.

se disputent l'empire; mais la conflagration n'est pas si générale qu'elle ait atteint le pays de Liège et qu'elle puisse empêcher un romancier d'y réunir des chevaliers de toute nation.

Le mystérieux « Gautier » de Joigny, Renaud de Dammartin, le comte de Champagne et le duc de Bar, dont nous avons déjà commenté les noms, ne sont pas les seuls jouteurs que nous puissions reconnaître parmi les chevaliers que Guillaume de Dole rencontre à Saint-Trond. Il y voit également Gaucher de Châtillon (v. 2088), Guillaume des Barres (v. 2086), Alain de Rouci (v. 2087), Eudes de Ronquerolles (v. 2085 et 2783-2784), Waleran de Limbourg (v. 2357), Savaric de Mauléon (v. 2089), Michel de Harnes (2710 et suiv.). Aucun de ces noms ne soulèvera d'objection contre la date proposée. Ce sont les deux derniers chevaliers dont l'âge ne permettrait guère, à mon sentiment, d'attribuer au roman une date antérieure aux dernières années du XIIe siècle. Il en sera de même pour Milon de Nanteuil, qui est nommé au début du poème, et dont nous parlerons plus loin.

Le nom de Savaric de Mauléon a été omis par le copiste dans le vers 2089; mais la restitution n'est pas douteuse. Il ne fit « son entrée sur la scène du monde », au témoignage de l'un de ses biographes, qu'en 1202 [1], et, tout autant que son âge,

---

[1]. B. Ledain, *Savari de Mauléon et le Poitou à son époque* (1892, 58 p., extrait de la *Revue poitevine et saintongeoise*), p. 9.

cette considération nous empêcherait de remonter beaucoup plus haut la date à laquelle il attira sur lui l'attention du poète. Savaric III de Mauléon est cité pour la première fois dans une charte de son père en 1180, alors qu'il est tout enfant [1]; peut-être n'est-il pas encore majeur quand son nom revient, en 1199, dans une charte où Jean sans Terre concède une rente à son père, à son oncle et à lui [2]; peut-être ne l'était-il pas depuis longtemps lorsque, en 1202, il s'attacha au parti d'Arthur de Bretagne et fut jeté dans la prison d'où il devait s'évader un an plus tard [3].

Michel IV de Harnes est nommé pour la première fois dans une charte de 1196 [4]. Comme Savaric, il ne participera aux événements politiques ou mili-

---

1. *Savari de Mauléon*, p. 8.
2. Hardy, *Rotuli chartarum in turre Londinensi*, etc., I, 1ʳᵉ partie, p. 24. La même année 1199, il est nommé dans une charte de son père (Ém. Campardon, *Les habitants de l'île de Ré et les cerfs du sire de Mauléon*, dans la *Biblioth. de l'École des Chartes*, 1858, p. 370). Le premier acte où il intervienne personnellement (et c'est en compagnie de son oncle Guillaume de Mauléon) est de 1201 (*Biblioth. de l'Éc. des Chartes*, 1858, p. 330, note 1).
3. Outre la brochure de M. Ledain, voyez sur Savaric D. Vaissete, *Histoire de Languedoc*, nouv. édition, X, notes, p. 241 et 254-256, les ouvrages cités par M. P. Meyer dans son édition de la *Chanson de la croisade contre les Albigeois*, II, p. 79, etc.
4. Archives départementales du Nord, B 1562, n° 118, et B 1563, n° 242. — Il n'était sans doute pas encore marié à cette date : la donation faite par son frère, qu'il approuve en 1196 (et sur laquelle mon confrère M. J. Finot a bien voulu me renseigner), intéresse toute la famille de Harnes, et Béatrix de Gavres, qu'il épousa, eût probablement joint son approbation à la sienne, comme le fait

taires qu'en 1202, alors qu'il s'associera à la quatrième croisade. Son nom même ne se rencontrera fréquemment dans les chartes et dans les récits des chroniques qu'à partir de 1212 [1]. Il suffit toutefois qu'il se soit croisé en 1202 pour qu'on puisse le considérer comme étant en âge de paraître dès 1200 dans un tournoi.

Des succès de tournoi ou simplement l'illustration de leur famille avaient désigné ces jeunes gens au choix du romancier. De plus éclatants ou plus utiles exploits et leur grand renom l'obligeaient à faire figurer dans une élite de *tournoieurs* quelques autres chevaliers plus âgés.

Tel Gaucher de Châtillon, le troisième du nom, qui devait prendre en 1205 le titre de comte de Saint-Pol. C'est à Bouvines qu'il s'illustrera; mais

---

sa belle-sœur, si elle avait été déjà sa femme. — Dans son *Précis historique sur la maison de Harnes* (1865, p. 57), M. Demarquette montre Michel IV pensionnaire du roi Philippe Auguste dès 1202, sans indiquer le document d'où il tire ce renseignement : il y a évidemment confusion ou faute d'impression. L'acte où il est question d'une pension est de 1212 : voyez Teulet, *Layettes du Trésor des Chartes*, I, p. 379. — Outre M. Demarquette, voyez, sur les principaux actes de la vie de Michel, la *Chanson de la croisade contre les Albigeois*, II, p. 369-370 ; les *Œuvres de Rigord et de Guillaume le Breton*, table ; la *Chronique* de Ph. Mousket, II, *passim*; divers documents des archives du Nord, etc.

1. Suivant M. Demarquette (p. 59), Michel IV prit part en 1208 à la croisade contre les Albigeois; mais, s'il n'y a là une faute d'impression, M. Demarquette a dû se tromper : c'est dans les événements de l'année 1218 que la *Chanson* le fait intervenir (II, p. 269). — Rappelons l'intérêt qu'il prit aux travaux littéraires : si ce n'est lui qui a commandé la traduction de la chronique du faux Tur-

il s'était croisé dès 1189, et avait pu se montrer en Palestine l'incomparable chevalier que les chroniqueurs « magnifieront » à l'envi, suivant une expression d'André du Chesne[1].

Tel encore Guillaume des Barres, fils d'un premier Guillaume des Barres dont le nom était déjà presque glorieux et qui mourut avant 1182. On voit dès 1188 Guillaume II sur les champs de bataille. Il était appelé à devenir l'un des représentants les plus accomplis de la chevalerie. S'il était digne de tous les éloges que renferme l'encyclique rédigée après sa mort (23 mars 1234) dans le couvent de Fontaine-les-Nonnains[2], on ne saurait être surpris de l'étendue et de la durée de sa renommée[3].

Les chroniqueurs ont presque aussi souvent célébré Alain de Rouci. Sa destinée toutefois devait être moins brillante que celle du « Barrois ». Si grande que fût sa vaillance, il avait été désarmé par Richard Cœur de Lion et fait prisonnier le 28 septembre 1198, à la bataille de Courcelles-lez-

pin, dont on lui a fait longtemps l'honneur, il a du moins voulu se procurer une copie de celle qui avait été exécutée pour Renaud de Dammartin (G. Paris, *De Pseudo-Turpino*, 1865, p. 57).

1. La première charte où nous le voyons apparaître est de 1183 (Du Chesne, *Histoire de la maison de Chastillon-sur-Marne*, p. 48, et, preuves, p. 52). Voyez de plus, sur Gaucher de Châtillon, le *Livre des vassaux du comté de Champagne*, p. 265; les *Œuvres de Rigord et de Guillaume le Breton*, etc.

2. L. Delisle, *Les Rouleaux des morts*, p. 407.

3. Voy. la *Chronique de Normandie*, éd. F. Michel. p. 201; les *Œuvres de Rigord*, etc. — Son fils Guillaume III des Barres était né vers 1184.

Gisors [1]. Vingt-deux ans plus tard, une disgrâce infiniment plus grave le conduisit à la mort, peut-être au suicide. Il défendait contre les Albigeois son château de Montréal : tandis qu'une blessure l'obligeait à quelques soins, son fils Alain ouvrit les portes à l'ennemi [2].

Cet Eudes de Ronquerolles qui prend part au tournoi de Saint-Trond est-il le même que celui qui, en deux vers obscurs (550-551), semble cité comme le meilleur et le plus chevaleresque des barons ? Vraisemblablement le chevalier du vers 550, que l'auteur, si je comprends bien, eût estimé digne de la société de Conrad, appartient à une génération antérieure : il serait alors un Eudes de Ronquerolles nommé en deux chartes, dont l'une est de

---

1. Ses premiers actes sont datés de 1184 (*Livre des vassaux du comté de Champagne*, p. 250). Sur Alain, voy. A. Molinier, *Catalogue des actes de Simon de Montfort*, dans la *Biblioth. de l'Éc. des Chartes*, 1873, p. 470-485 ; *la Chanson de la croisade contre les Albigeois*, II, p. 129 et 523 ; Rigord, Philippe le Breton, Aubri des Trois-Fontaines, etc.

2. Il ne mourut ni en 1220, comme il s'imprime souvent, ni pendant le siège de Montréal, comme le dit Puylaurens (ch. XXXIV), mais très peu de temps après le siège, en 1221. Voyez D. Vaissete, VII, note 21, p. 65 ; voyez de plus, sur le siège de Montréal et sur le voyage qu'Alain fit à Carcassonne pour se justifier, soit Vaissete, VIII, col. 1436 et suiv., soit, aux Archives nationales, le reg. JJ 26, f° 331 v°. Il est dit dans un arrêt du Parlement de 1259 (*Olim*, éd. Beugnot, I, p. 462, et Boutaric, *Invent. des actes du Parlement*, I, p. 33) que le vieil Alain, désespéré, voulut se laisser mourir de faim et de soif : les enquêteurs n'ont consigné, du moins dans le texte que nous connaissons, aucun témoignage relatif à cet essai de suicide.

1169 ou 1170 [1], et dont l'autre a été rédigée entre les années 1151 et 1177 [2]. Si, au contraire, le personnage des deux vers énigmatiques vit encore, s'il est ce même Eudes de Ronquerolles que nous voyons se battre à Saint-Trond, nous reconnaîtrons dans le seigneur de Ronquerolles, à la page 18 comme aux pages 63 et 84, un feudataire du roi que les cartulaires de Philippe Auguste placent parmi les seigneurs du comté de Beaumont-sur-Oise, et qui est sans doute le fils du premier Eudes [3].

Waleran de Limbourg enfin, que nomment le vers 2357 et peut-être aussi le vers 2113, est le fils du duc de Limbourg et sera duc lui-même en 1221. Il a déjà une histoire à la fin du XIIe siècle : il a combattu auprès de son père à la bataille de Neuville sur la Mehaigne (1er août 1194), a été fait prisonnier avec lui, s'est signalé en Palestine par sa témérité, et, dès son retour, a soutenu l'un des deux prétendants à l'empire, qu'il a bientôt abandonné pour son concurrent, en attendant qu'il revienne à lui [4].

Nous avons passé en revue tous les chevaliers, de

1. Luchaire, *Études sur les actes de Louis VII*, p. 278.
2. *Layettes du Trésor des chartes*, I, p. 112.
3. Douet d'Arcq, *Recherches sur les anciens comtes de Beaumont-sur-Oise*, p. 222; *Historiens de la France*, XXIII, p. 675 et 720. Un « Jean de Roncherolles » qui mourut avant 1262 (*Olim*, I, p. 153; *Actes du Parlement*, I, p. 60) est certainement le petit-fils du premier Eudes et probablement le fils du second.
4. *Art de vérifier les dates*, III, p. 115.

nom connu, qui se sont réunis à Saint-Trond. Il nous reste à relever çà et là quelques mentions d'autres personnages. Le plus intéressant est Milon de Nanteuil, l'un des preux du royaume, sous les auspices duquel est placé le poème (v. 6 et 7), et qui est l'un des jeunes seigneurs dont l'âge s'oppose à ce que l'on vieillisse notre roman plus que nous ne l'avons fait.

Bien que le début de *Guillaume de Dole* ait été imprimé par Fauchet, puis par Keller, et réimprimé dans l'*Histoire littéraire de la France*, nul érudit n'avait tenté d'identifier le beau « Miles de Nantuel », lorsqu'en 1869, alors qu'il n'avait encore pu lire que des fragments du poème, M. Longnon proposa de voir en lui le seigneur de Nanteuil-la-Fosse dont il rencontrait le nom dans un document de 1172 environ, parmi les vassaux de Champagne. Nanteuil-la-Fosse « étant situé dans la Champagne propre, sur les limites du Rémois (ou Rencien [1]) », la conjecture de M. Longnon pourrait être maintenue, si le Milon de 1172 ne paraissait d'un âge bien éloigné de celui des chevaliers du tournoi de Saint-Trond [2], et si de plus un autre Milon de Nanteuil ne répondait mieux à l'idée que

---

1. *Livre des vassaux du comté de Champagne*, p. 98 et 299.
2. Milon Ier dut mourir peu de temps après la confection du rôle (1172 environ); M. Longnon nous apprend qu'à côté de son nom, l'on a postérieurement ajouté celui de Thomas son fils sur le manuscrit des *Feoda Campanie* (Bibliothèque de Troyes, n° 2277) dont il prépare une édition pour la *Collection des Documents inédits*.

l'on peut se faire du preux auquel s'adresse la dédicace. Cet autre Milon de Nanteuil est le Milon, petit-fils sans doute du premier par sa mère [1], qui sera élu évêque de Beauvais en 1217, partira en 1218 pour la Palestine, sera fait prisonnier à Damiette, reviendra en France en 1222, y prendra part à presque tous les événements importants, et soutiendra contre l'autorité royale, dans les deux dernières années de sa vie (1232 et 1233), cette lutte célèbre où le roi et l'évêque useront des armes dont ils disposent, le roi faisant saisir et vendre aux enchères les meubles épiscopaux, l'évêque lançant l'interdit sur son diocèse. Milon, homme de guerre presque autant qu'homme d'église, n'a pas inspiré à tous ses contemporains les sentiments qu'exprime notre romancier. Le Ménestrel de Reims, qui, au milieu d'imputations imaginaires, l'accuse d'un orgueil égal à celui de Nabuchodonosor [2], répétait sans doute, en l'exa-

---

1. Il était fils de Gaucher de Châtillon, mort en 1187, et d'Helvide de Nanteuil, qui avait apporté à son mari la seigneurie de Nanteuil et qui mourut vers 1190; frère de Gaucher de Nanteuil, cité dans le *Livre des vassaux du comté de Champagne*, p. 266, et d'André de Nanteuil, cité dans le *Ménestrel de Reims*, p. 151, etc.; beau-frère enfin d'Hugues de Pomponne. (A. du Chesne, *Hist. de la maison de Chastillon*, p. 36, 61, 628; Louvet, *Hist. du diocèse de Reims*, II, p. 262, et *Histoire de Beauvais*, II, p. 366; l'abbé Carré, *Hist. du monastère de N.-D. d'Igny*, passim; G. Desjardins, *Hist. de la cathédrale de Beauvais*, p. 3-6 ; voy., dans ce dernier ouvrage, la part qu'a prise Milon à la construction de la cathédrale qui remplaça l'église romane de Beauvais.

2. Éd. de Wailly, p. 88; cf. p. 100.

gérant, le jugement que beaucoup d'autres portaient sur lui.

A l'époque où notre poème semble avoir été composé, nul document n'a fait encore mention du jeune Milon II de Nanteuil. Les premiers événements auxquels se lie son nom se sont passés à la suite de la mort de l'archevêque de Reims Guillaume *aux blanches mains*, décédé en septembre 1202. L'archevêché ayant été refusé par Gui, abbé de Clairvaux [1], les luttes électorales se prolongèrent jusqu'à ce que le pape Innocent III imposât à l'église de Reims un archevêque de son choix, le cardinal Gui Paré, abbé de Citeaux, qu'il désigna en juillet 1204 [2]. Milon de Nanteuil est l'un des candidats qui avaient brigué la succession de Guillaume *aux blanches mains*. Il n'est question de lui ni dans la chronique d'Aubri des Trois-Fontaines, où sont exposés sommairement les conflits qui agitèrent l'église de Reims pendant près de deux années [3], ni dans les lettres qu'Innocent III écrivit au chapitre, à l'occasion de ses dissensions [4]; mais ni Aubri ni Innocent III n'ont nommé tous les prétendants, et je ne vois aucune raison d'écarter

---

1. Baluze, *Miscellanea*, éd. de 1675, II, p. 245 et 247.
2. Lettre du 6 juillet 1204 au chapitre de Reims (Migne, *Patrologie latine*, CCXV, col. 398-402, ou *Gall. Christ.*, X, instrum., col. 54).
3. *Gall. Christ.*, IX, col. 101, ou Pertz, *Monumenta Germaniæ historica, Scriptores*, XXIII, p. 884.
4. Outre la lettre du 6 juillet 1204, voyez celles du 25 février 1203 et du 10 janvier 1204 (Migne, CCXV, col. 16 et 224).

le témoignage d'un chanoine de Laon, publié par les frères Sainte-Marthe dans la première édition de la *Gallia Christiana*, et par D. Brial dans le *Recueil des Historiens de la France*[1]. Le bref et très incomplet récit de ce chroniqueur n'est cependant pas exact de tout point. C'est à tort qu'il y laisse entendre que le nom de Milon fut l'objet d'un vote dans les délibérations du chapitre, et que le vote dut être annulé par Innocent III : si le pape s'était prononcé sur une élection favorable à Milon, nous en trouverions la mention dans ses lettres.

L'un des premiers candidats avait été Philippe de Dreux, évêque de Beauvais. Le chapitre l'avait élu; mais l'archidiacre Thibaut du Perche, qui fut, dans ces querelles, le plus ardent et le plus persévérant des concurrents, avait protesté contre le vote, n'admettant pas qu'un prélat d'un caractère aussi bouillant, d'habitudes et de goûts aussi militaires, fût promu à la dignité archiépiscopale, et il réussit à faire annuler l'élection. Il eût pu, ce semble, opposer les mêmes griefs à la candidature de son autre rival Milon de Nanteuil; il n'invoqua cependant contre lui que sa jeunesse[2].

1. XVIII, p. 713 (cf. *Gall. Christ.*, éd. de 1656, I, p. 250; éd. de 1716, IX, col. 109). Il s'agit d'un chanoine régulier de l'ordre des Prémontrés.

2. Sur les menées électorales de Thibaut et les mesures que prit le pape à son égard, voyez, indépendamment de la chronique d'Aubri des Trois-Fontaines (Pertz, XXIII, p. 884 et 887) et des autres documents déjà cités, les lettres pontificales du 6 octobre 1207 et du 3 juin 1208 (Migne, CCXV, col. 1217 et 1419).

Milon de Nanteuil, qui avait probablement reçu les ordres depuis peu, faisait déjà sans doute partie du chapitre, quand il voulut devenir archevêque de Reims : la chronique le qualifie *dominus,* et ce titre convenait à un chanoine. Il n'était pas encore prévôt toutefois, bien que la plupart de ses notices biographiques le placent dès lors à la tête du chapitre de l'église de Reims [1]. C'est son prédécesseur Baudouin, ce n'est pas notre Milon, qui est le prévôt dont un doigt était mutilé, que l'on accusait de simonie, et dont une lettre d'Innocent III, celle du 6 juillet 1204, a conté l'élection peu correcte et inacceptée : les éditeurs des lettres d'Innocent III ont eu tort d'hésiter entre Baudouin et Milon, et de ne pas mieux faire la part de chacun d'eux [2].

Plus que la date précise de sa nomination aux fonctions de prévôt [3], il nous intéresserait de con-

1. A Reims, le prévôt avait la prééminence sur le doyen. Voyez, sur ses fonctions et leur importance, Marlot, *Hist. de Reims,* I, p. 469, note; P. Cocquault, *Hist. de l'église de Reims,* mss. de la Bibl. de Reims, III, p. 621 v°; Varin, *Archives administratives de la ville de Reims,* I, p. xxi, et *Archives législatives,* 2ᵉ partie, *Statuts,* I, p. 13 et 14, etc. — Suivant la *Gallia Christiana* (IX, col. 740), Milon était dès 1202, non seulement prévôt de Reims, mais chanoine de Beauvais et prévôt de Rozoy en Brie : il ne prit que plus tard le titre de prévôt de Rozoy (*Cartulaire de N.-D. de Paris,* II, p. 270 et 275, années 1210 et 1211). Il est, en outre, qualifié prévôt du chapitre de Saint-Quiriace en 1208 (d'Arbois, *Comtes de Champagne,* V, p. 51).

2. Sur la mutilation qui permet de reconnaître Baudouin dans le prévôt accusé, voy. la chronique du chanoine de Laon.

3. La lettre pontificale du 6 juillet 1204, et, d'autre part, une lettre imprimée dans le *Thesaurus anecdotorum* de Martène (III,

naître celle de l'entrée de Milon dans la vie religieuse. Il n'est pas impossible qu'il appartienne à l'église quand on nous le présente comme l'un des preux du royaume, le mot *preux* pouvant contenir l'éloge de sa haute sagesse comme de sa vaillance [1]; mais le beau et preux Milon dut apparaître aux yeux du poète sous l'armure d'un chevalier, et non sous un costume ecclésiastique : Nanteuil étant dans le Rémois, il n'est pas nécessaire qu'il soit attaché à l'église de Reims pour que la renommée du vaillant « prud'homme » qui est le héros du premier *Roman de la Rose* lui parvienne « en Reincien », suivant le vœu de notre auteur. Plutôt qu'à un chanoine, c'est à un chevalier, j'imagine, que le poète a voulu conter l'histoire chevaleresque de

---

col. 531), d'où il résulte que Milon devint prévôt pendant la vacance du siège archiépiscopal, permettent d'écarter diverses dates assignées à cette nomination, les unes antérieures à 1204, les autres postérieures à 1205 : voy. la *Gall. Christ.*, IX, col. 167 et 740; les *Arch. admin. de Reims*, II, 2ᵉ partie, p. 448, où un acte, arbitrairement daté, montre inexactement Milon en fonctions dès 1201; Marlot, I, 651, etc. La nomination se fit après juin ou juillet 1204 et avant mars 1205, date de la consécration de l'archevêque Gui II : qualifié du titre d'élu dans une lettre pontificale du 10 février 1205, Gui II est appelé archevêque dans une lettre pontificale du 5 mars et dans les suivantes. C'est au mois de septembre que mourut Baudouin (*Gall. Christ.*, IX, col. 167; Marlot, *ibid.*; Varin, *Arch. législ.*, Statuts, I, p. 119). S'il est mort en exercice, Milon put lui succéder en septembre 1204.

1. C'est ainsi que, voulant louer la sagesse et la prudence de Liénor, l'auteur la qualifie « preuz et sages (v. 3258 et 3558), la preuz, la senée » (v. 4696), et

Tote la plus preuz du roiaume (v. 5526; cf. v. 37, 739 et 1633).

Guillaume de Dole, et si court fut le temps où Milon put vivre de la vie d'un chevalier au milieu des jeunes seigneurs de son âge, que son nom semble nous amener une fois de plus vers l'année 1200, ou très près de cette année.

Les noms et les allusions que nous devons encore mentionner sont plus ou moins enveloppés d'obscurité. Voici d'abord un nom qui nous est inconnu. Tandis qu'un Eudes de Ronquerolles représente, aux yeux de l'auteur, le type le plus parfait de la chevalerie, le modèle de l'élégance dans le costume sera pour lui

<blockquote>Huedes de Rades de Croci. (V. 1534.)</blockquote>

Quel nom faut-il deviner sous cette forme altérée par le copiste, ou par moi, peut-être par l'un et l'autre? Au milieu des vassaux de Philippe Auguste, il se trouve un Eudes de Croisy [1]; mais si d'aventure il s'agit ici de lui, d'où vient le second surnom? On ne juxtaposait pas alors, comme on le fait aujourd'hui, deux surnoms tirés de noms de terre, et il se peut que nous ayons eu tort d'imprimer *de Rades*. M. A. Longnon, dont il convenait de recueillir l'avis sur ce point comme sur quelques autres, lirait plus volontiers *Deradés* ou quelque surnom s'approchant de celui-là [2].

---

1. *Odo de Crouciaco* (*Hist. de la France*, XXIII, p. 638), dont le surnom vient de Croisy-la-Haye (Seine-Inférieure, arr. de Neufchâtel, canton d'Argueil).

2. «*Desraés* ou *Desrées*, et *Desramés*, vieux adjectifs qualificatifs,

Nous avouons, d'autre part, ne pas comprendre le conseil que Liénor donne à Guillaume, alors qu'il fait ses préparatifs pour se rendre auprès de Conrad :

> Le cheval le conte de Perche
> Face trere lez son escu. (V. 1091-1092.)

Sont-ce des armoiries que Guillaume devra placer sur son écu ? Le mot « trere » se prêterait peu à une telle interprétation, et le cheval d'ailleurs est un emblème dont l'on n'use guère dans les armes du temps. Les comtes du Perche, en tout cas, ne l'avaient pas admis dans les leurs [1].

Il est du moins bien explicitement question d'armoiries dans les vers suivants, qui décrivent avec précision l'écu ou plutôt l'une des moitiés de l'écu parti de l'empereur Conrad :

> Et si portoit l'escu demi
> Au gentil conte de Clermont,
> Au lion rampant contremont
> D'or et d'azur, et d'autre part [2]. (V. 68-71.)

m'écrit M. Longnon, paraissent avoir été employés comme surnoms à l'époque féodale. Ainsi *Ricardus le Desramey* (*Cartulaire normand*, n° 1179, où le surnom est imprimé *Desrainey*). » — *Desramés*, l'une des formes du nom d'Abdérame, est le nom de divers personnages païens dans *Aimeri de Narbonne* : voy. l'éd. Demaison dans la collection de la Société des Anciens Textes, p. CXLIII et 262.

1. L'écu de Geoffroy III, comte du Perche de 1191 à 1202, portait trois chevrons (Douet d'Arcq, *Collection de sceaux*, I, p. 425, n° 999).

2. On s'attendrait à trouver à la suite de ce vers la fin de la

Le comte de Clermont, dont l'épithète semble désigner un contemporain, ne laisse pas que de nous embarrasser. Si l'auteur n'a pas inventé un comté imaginaire, venant augmenter le nombre des comtés véritables de Clermont, c'est parmi les vassaux de l'empire qu'il faut chercher tout d'abord le personnage dont Conrad a reproduit les armes dans les siennes [1]. Mais, vers l'époque où nous nous plaçons, je ne vois qu'un seul comté de Clermont qui dépende de l'empereur d'Allemagne : c'est le très petit comté de Clermont [2] situé en Hesbaye,

---

description de l'écu parti de Conrad : le copiste a sans doute omis plusieurs vers, le premier rimant avec le v. 71, le dernier avec le v. 72.

1. D'après le P. Ménestrier (*Recherches du blason*, 1673, p. 115, et *Origines des armoiries*, 1670, p. 546), qui cite un manuscrit de rimes allemandes, composé par un serviteur de l'empereur Othon IV de Brunswick et « conservé au collège de Luxembourg », cet empereur « portoit parti d'un demi-aigle de l'empire et des trois lions de Suaube ». Cette description est en désaccord avec celle que donnent des mêmes armes Guillaume le Breton (*Œuvres*, I, p. 272 ; II, p. 318) et Ph. Mousket (*Chronique*, II, p. 369 ; cf. les *Origines des armoiries*, p. 541 et 542). Mais, s'il n'y avait pas de lion dans les armes d'Othon IV, il s'en trouvait dans celles de son rival Philippe de Souabe, dont les prétentions étaient soutenues par Philippe Auguste, et qui était le véritable empereur d'Allemagne aux yeux de ce dernier.

2. Clermont-lez-Nandrin en Belgique, province de Liège, arr. de Huy, canton de Nandrin. Sur le comté de Clermont, de Montaigu et de Duras, voyez, dans les *Nouveaux Mémoires de l'Académie royale de Bruxelles* (VIII, 1834), et parmi les articles intitulés : « Supplément à l'Art de vérifier les dates », l'*Essai sur l'histoire des comtes de Montaigu et de Clermont*, par M. de Reiffenberg. Cf. l'*Art de vérifier les dates*, III, p. 114.

entre Liège et Huy. Si l'on s'en rapporte aux témoignages, très peu sûrs d'ailleurs, de Jean d'Outremeuse [1] et de Jacques de Henricourt [2], les comtes du Clermont dont il s'agit avaient pour armoiries, non pas un lion, mais un aigle. Quoi qu'il en soit, nous n'aurions point parlé de ce comté de minime importance, si sa situation géographique et aussi les mentions qu'on en trouve dans diverses chroniques ne nous obligeaient à en rappeler le souvenir. Les possesseurs de ce comté, que l'on désigne presque aussi souvent par le titre de comtes de Duras que par celui de comtes de Clermont, étaient sans doute inconnus de notre auteur. Je présume qu'il n'avait jamais entendu parler soit de Gilles, comte de Clermont, qui, atteint par la lèpre vers 1187, s'était dessaisi du château de Clermont au profit de son frère Conon, et qui a probablement survécu peu de temps à cette cession, soit de ce Conon, qui semble avoir presque aussitôt abandonné lui-même le château à Eric de Walcourt.

A quel baron de France, si ce n'est à un feudataire de l'empire d'Allemagne, la fantaisie du poète a-t-elle pu emprunter les armes de Conrad? Le nom du comte de Clermont en Beauvaisis se présente le premier à l'esprit, mais doit être immédiatement écarté. Depuis la mort de Raoul Ier, tué en 1191 au siège de Saint-Jean-d'Acre, le comté de Clermont

1. *Ly mireur des histors*, chronique de Jean des Preis dit d'Outremeuse, II, p. 676; III, p. 68.
2. *Miroir des nobles de Hasbaye*, 1673, I, p. 103.

en Beauvaisis appartenait à Louis de Blois, qui était à la fois comte de Blois, de Chartres et de Clermont, et que le plus souvent on nommait comte de Blois ; jamais on ne l'appelle comte de Clermont tout court [1]. Les armes des comtes de Blois et de Clermont, d'ailleurs, étaient formées de gerbes dès le dernier tiers du XIIe siècle, si les conjectures de MM. de Barthélemy et de Luçay sont exactes [2].

Des divers comtes de Clermont contemporains [3]

[1]. Voyez du moins les *Layettes du Trésor des Chartes*, I, *passim*; les *Recherches sur le Comté de Clermont* et l'*Histoire de Chartres*, par E. de l'Épinois.

[2]. Voy. A. de Barthélemy, *Essais sur l'origine des armoiries féodales*, dans la *Revue de la Société des antiquaires de l'ouest*, 1872, p. 21 ; le comte de Luçay, *Le comté de Clermont en Beauvaisis*, 1878, p. 30 ; cf. Douet d'Arcq, *Collection de sceaux*, I, p. 418, n°s 957 et 958 ; p. 542, n° 1849. — Suivant Douet d'Arcq (I, p. 432, n° 1042), « on pourrait à la rigueur entrevoir un lion » sur le bouclier du sceau équestre de Raoul Ier, appendu à une charte de 1183 ; mais nul autre érudit n'y a reconnu un lion. — Comme ceux de beaucoup d'autres chevaliers, les boucliers aux armes des comtes de Beaumont portaient un lion ; ce n'est pas une raison suffisante pour qu'il soit proposé de substituer Beaumont à Clermont.

[3]. Ce titre était simultanément porté par les comtes et par les dauphins d'Auvergne (*Art de vérifier les dates*, II, p. 359). D'une part Gui II, comte d'Auvergne (1195-1224), se qualifie tantôt comte d'Auvergne, tantôt comte d'Auvergne et de Clermont, tantôt enfin comte de Clermont seulement (Baluze, *Histoire de la maison d'Auvergne*, II, p. 76 à 83 ; Teulet, *Layettes*, I, p. 423 ; Douet d'Arcq, *Coll. de sceaux*, I, p. 324). D'autre part, Dauphin (1169-1234) prend plus souvent le titre de comte de Clermont que celui de comte d'Auvergne, et c'est aussi ce premier titre que son fils Guillaume s'attribue le plus volontiers : dans les actes que nous avons lus, Guillaume se qualifie trois fois

dont nous connaissons ou croyons connaître les armes, un seul a fait figurer le lion sur son écu : Guillaume Dauphin d'Auvergne, qui dès sa jeunesse, et très longtemps avant qu'il ne succédât à son père, portait le titre de comte de Clermont [1]. Il était fils de Dauphin, qui se qualifiait également comte de Clermont, et à meilleur droit. Ami des poètes et poète lui-même, Dauphin avait pu recevoir notre auteur à sa cour, et nous aurions proposé de voir en lui notre gentil comte de Clermont, plutôt que son fils, si l'opinion commune n'était que le gonfanon d'Auvergne a seul précédé dans ses armes le dauphin, qu'il y a placé en 1199 au plus tard [2].

seulement comte d'Auvergne (1212, 1213 et 1229); ailleurs, et dès 1199 au plus tard, c'est à dire trente-cinq ans avant la mort de son père, il est dit comte de Clermont : ce titre est le seul qui soit gravé sur ceux de ses sceaux dont l'empreinte ou l'image nous ont été conservés. Voy., sur les titres et les armes de Dauphin et de son fils, l'*Hist. de la maison d'Auvergne*, II, p. 247-283; les *Layettes*, I, p. 206, 207 et 381; la *Coll. de sceaux*, I, p. 324, 325 et 327; et, dans la *Bibliothèque de l'École des Chartes* (1893, p. 429), un article de M. A. Prudhomme intitulé : *De l'origine et du sens des mots* Dauphin *et* Dauphiné.

1. Guillaume devait abandonner plus tard ces armoiries. En 1199 et en 1206, l'écu de son contre-sceau porte des lions; en 1226 et en 1229, l'écu a reçu, sur le sceau et sur le contre-sceau tout à la fois, le dauphin qui se voit sur l'écu de son père.

2. Pour Douet d'Arcq, les armes primitives de la maison d'Auvergne étaient des lions; mais il ne citait à l'appui de son avis que les armes de Guillaume Dauphin sur un sceau de 1199. On accepte généralement l'opinion des auteurs de l'*Art de vérifier les dates* (II, p. 359), d'après qui le gonfanon d'Auvergne a précédé le dauphin (cf. Prudhomme, article déjà cité, p. 453).

Pour rendre admissible l'identification de son fils Guillaume et de notre comte de Clermont, il faut écarter deux objections, ou du moins en atténuer la portée.

C'est certainement du même Clermont que viennent les armoiries de Conrad et les « gras et sains » fromages qu'il offre à ses invités [1] : la « rivière de Clermont » qui produit ces fromages ne serait-elle pas bien éloignée des forêts où l'empereur d'Allemagne prend ses ébats, si elle était la plaine de la Limagne en Auvergne? Cette première objection nous touche peu. Notre poète ne se préoccupe guère de la vraisemblance, quand il fait des emprunts à la vie réelle : c'est ainsi qu'il nous montre à Saint-Trond, du temps de l'empereur Conrad, mort depuis longtemps, des chevaliers qui sont ses propres et très jeunes contemporains. Les fromages de l'Auvergne étaient renommés au xve siècle [2]. S'il est permis de supposer que l'in-

---

1.   De ce i ert granz la plenté....
De fromages et cras et sains
De la riviere de Clermont. (V. 370-373.)

D'un usage général, le mot *riviere* ne peut nous venir en aide ; il s'employait également en Auvergne et dans le Clermontois, comme ailleurs, avec le sens de plaine avoisinant un cours d'eau. (Doniol, *Cartulaire de Sauxillanges*, p. 10; de l'Épinois, *Recherches sur le comté de Clermont en Beauvoisis*, p. 135.)

2. Voy. Legrand d'Aussy, *Histoire de la vie privée des Français*, I, p. 3, et II, p. 46, 48, 50. Parmi les témoignages cités par Legrand d'Aussy, celui de Platina est le plus ancien; viennent ensuite ceux de Champier, Liébaut, etc. Champier met au dessus de

f

dustrie fromagère du pays était déjà vieille de deux ou trois siècles quand les écrivains la constataient, il ne nous surprendra point de voir ses produits inscrits dans un menu fastueux, de quelle contrée qu'il soit, surtout dans un menu de roman. A vrai dire, ce sont les fromages d'Auvergne, d'une manière générale, et non ceux des alentours de Clermont-Ferrand que l'on vante çà et là; mais je ne vois pas, au moyen âge, d'autre Clermont qui puisse revendiquer la célébrité que j'attribue à celui du département du Puy-de-Dôme.

Voici la seconde objection. Le comte du poème n'a sur son écu qu'un seul lion, qui est rampant contremont, tandis que le contre-sceau de Guillaume Dauphin, où je relève l'emblème qui lui est commun avec Conrad, portait en 1199 et en 1206 deux lions passants. Ces dissemblances rendent la conjecture plus douteuse; mais encore peut-on faire remarquer qu'à cette époque le nombre et la disposition des pièces héraldiques varient souvent, non seulement sur les écus d'une même famille, mais encore du sceau au contre-sceau ou au sceau secret d'un même personnage. Guillaume Dauphin, qui met deux lions sur l'un de ses sceaux, a pu se contenter ailleurs d'un seul, ne fût-ce que sur sa cotte d'armes ou la housse de son cheval, et le poète ne garder que le souvenir de la variante. Cela dit, je

tous les fromages ceux d'Auvergne, « tant les ronds que les cylindriques, » et regarde même ces deux espèces « comme les meilleures d'Europe ». (*Ibid.*, II, p. 46.)

reconnaîtrai que mon identification demeure incertaine. Je ne l'offre qu'avec réserve et jusqu'à meilleur avis.

Peut-être, du moins, ne devrait-on voir qu'un personnage cité au hasard dans le duc de Genevois que l'empereur convie à sa propre table :

> Et le viel duc Genevois
> Fist il asseoir a son haut dois. (V. 353-354.)

Peut-être aussi cette allusion à la vieillesse d'un comte de Genevois, dont l'auteur fait incorrectement un duc, s'adressait-elle à Guillaume Ier, l'ardent adversaire des évêques de Genève, qui était rentré en paix avec eux et en grâce auprès de l'empereur vers 1188 [1]. Mais Guillaume vivait-il encore? Il est inexact que sa vie se soit prolongée aussi longtemps que l'admettent les auteurs de l'*Art de vérifier les dates,* suivant lesquels il a pu vivre jusqu'en 1226. Il mourut au plus tard le 25 juillet 1200, au plus tôt le 25 juillet 1195 ou 1196 [2], et c'est l'une de ces deux dernières dates qu'ont préférée à toute autre plusieurs érudits de Suisse [3].

---

1. Sur les démêlés de Guillaume Ier avec l'évêché de Genève, et sur les sévères sentences rendues contre lui par l'empereur Frédéric, voyez le *Régeste genevois*, publié en 1866 par la Société d'histoire et d'archéologie de Genève, p. 116-124.

2. Cf., dans le *Régeste genevois*, les n°s 460, 461, 477, 478, p. 127-131.

3. *Ibid.,* p. 127 et 128. Cf. Hisely, *Les comtes genevois,* dans les *Mémoires de l'Institut genevois,* II, p. 95, et l'*Histoire du comté de Gruyère,* dans les *Mémoires et Documents* publiés par la Société d'histoire de la Suisse normande, X, p. 32.

S'il est visé par le vers 353, inapplicable en tout état de cause à son jeune successeur, l'allusion aurait été écrite pendant sa vie dans le cas où sa vie aurait pris fin en juillet 1200, et après sa mort dans le cas où sa mort aurait eu lieu soit en 1195, soit en 1196. Guillaume de Genevois serait, dans le second cas, le seul personnage historique que le poète aurait mis en scène, alors qu'il n'était plus vivant. Pour nous, il n'est pas sûrement démontré que Guillaume eût cessé d'exister au commencement de l'année 1200. Humbert, son fils et son successeur, a reçu la qualification de comte de Genevois au bas d'une convention passée en 1195 ou 1196 entre l'évêque de Lausanne et le comte de Gruyère, et il y apparaît parmi divers témoins, après des chanoines de Lausanne et avant quelques bourgeois. C'est uniquement de cette charte et de cette qualification que l'on a prétendu tirer la preuve de la mort de Guillaume Ier dès 1195 ou 1196. Elle n'est pas décisive. Je ne sais rien qui permette d'assimiler Humbert à tels héritiers présomptifs que, par déférence et comme par avancement d'hoirie, l'on a décorés d'un titre auquel ils n'avaient pas encore droit [1], ou à tels autres qui se sont attribué préma-

---

[1]. Ainsi l'un des fils de Guillaume Ier, Guillaume II de Genevois, qui ne paraît avoir pris officiellement le titre de comte qu'en 1219, sera cependant qualifié comte dans un récit d'événements de 1209, écrit de 1210 à 1213 (*Chanson de la croisade contre les Albigeois*, II, p. 15, note 5).

turément eux-mêmes le titre héréditaire [1]; mais on pourrait conjecturer sans invraisemblance que Guillaume Ier, ayant vécu au-delà de 1196, associa, dans les dernières années de sa vie, son fils Humbert à son titre et à son administration, de même qu'Humbert lui-même admettra, vers 1218, son frère Guillaume II au même partage [2].

C'est assez nous arrêter à de gratuites suppositions, au sujet d'un point de peu d'intérêt qui ne peut guère fournir d'argument soit à l'appui soit à l'encontre de notre thèse. Il faut conclure. La composition du roman de *Guillaume de Dole*, répéterons-nous sous forme de conclusion, appartient soit à l'extrémité du xiie siècle, soit au début du xiiie. Elle est antérieure certainement à la mort de Thibaut Ier, duc de Bar, ainsi qu'à la révolte de Renaud de Dammartin, et diverses présomptions semblent

---

1. Nous avons vu Guillaume Dauphin s'intituler comte de Clermont du vivant de Dauphin; son fils Robert Dauphin a fait de même, et dès la même époque (Baluze, *Histoire de la maison d'Auvergne*, II, p. 248 et suiv.). C'est du consentement de Dauphin, bien évidemment, que son fils et son petit-fils se disaient en même temps que lui comtes de Clermont. Voici l'exemple plus curieux d'une usurpation que le chef de la famille ne devait pas approuver. Dans la première charte qui constate le mariage d'André de Brienne ou de Ramerupt avec Alix de Venizy (1167), André, intervenant comme témoin et mieux encore (*per cujus manum hoc factum est*), reçoit le titre de comte de Brienne, qui appartenait à son frère et dont il ne devait jamais hériter. La charte émane de l'évêque de Troyes (*Cartul. de l'Yonne*, II, p. 196; cf. ci-dessus, p. lviii, note).

2. *Régeste genevois*, p. 155-158; cf. n°s 574, 580 et 582.

nous autoriser à la placer entre le mois d'octobre 1199 et le mois de mai 1201; c'est du moins ce que nous avons tenté de démontrer.

Avant de clore cette introduction, que la recherche d'une date a rendue si longue, je dois m'excuser auprès des membres de la *Société des anciens textes* d'avoir suspendu l'impression de *Guillaume de Dole* pendant plusieurs années. Il leur importerait peu de savoir quelles circonstances atténuantes je puis invoquer, et, sans me défendre contre les reproches qu'ils ont le droit de m'adresser, je souhaite, dans l'intérêt commun, que mon cas demeure unique dans l'histoire de nos publications.

Mes excuses faites, il me reste à remercier ceux qui ont abrégé ou allégé ma tâche. Quel que fût, en ces derniers temps, mon désir de m'acquitter au plus tôt de ma dette, il eût fallu retarder encore de quelques semaines la distribution de ce volume, si M. G. Huet n'en avait, à ma place, rédigé le *Glossaire,* qui est exclusivement son œuvre, et surtout si M. Gaston Paris ne m'avait permis de l'enrichir de l'étude qu'il a écrite sur les chansons du roman. M. G. Paris n'a pas borné à cette contribution, dont il serait superflu de faire ressortir l'importance et le prix, son concours à une publication qui, réclamée par son père dès 1849, ne laissait pas que de lui inspirer à lui-même quelque intérêt. Il a noté, soit sur les bonnes feuilles, soit dans sa dissertation, des corrections et des variantes que reproduira notre liste d'*Errata*.

Dans les introductions de cette collection, il aura été souvent témoigné du dévouement infatigable et très méritoire avec lequel M. Paul Meyer remplit ses fonctions de commissaire responsable, pour le plus grand profit de la *Société des anciens textes*. Nul éditeur ne lui a plus d'obligations que celui de *Guillaume de Dole*; nul ne gardera un plus reconnaissant et plus amical souvenir de son contrôle. Si l'édition n'est pas meilleure, la faute en est uniquement à moi, qui aurais dû, plus fréquemment encore que je ne l'ai fait, user de son inépuisable obligeance et de sa très libérale érudition.

J'ai emprunté plus haut quelques lignes à une lettre de M. Longnon : j'aurais pu le citer plus souvent, l'ayant consulté sur divers noms d'hommes ou de lieux dont la plupart lui sont familiers, et dont quelques-uns, malencontreusement altérés ou absolument inconnus, semblent défier la pénétration et la sagacité des plus habiles. Il convient de dire, après avoir remercié M. Longnon, qu'il n'est responsable en aucune mesure des identifications contestables que j'ai proposées çà et là.

La copie d'après laquelle est imprimé *Guillaume de Dole* a été prise à Rome en 1854, sur les conseils de M. Guessard, alors chargé par le Ministre de l'Instruction publique d'une mission à laquelle j'étais adjoint. Obligé de renoncer au projet que j'avais formé d'aller corriger mes épreuves dans la bibliothèque du Vatican, j'ai dû recourir à l'obligeance de trois jeunes érudits, membres de l'Ecole de Rome, qui, avec une bonne grâce toute confraternelle, ont bien voulu collationner, deux d'entre eux diverses parties du texte, le troisième le texte entier. Ce sont MM. Charles Grandjean, Léon Dorez, Ernest Langlois. Ils ont droit à ma très vive gratitude, particulièrement M. Langlois, aujourd'hui professeur à la Faculté des Lettres de Lille, qui a revu toutes les feuilles, le manuscrit sous les yeux.

Au moment même où s'achevait l'impression, j'ai prié le savant éditeur du *Cartulaire de l'Université de Paris*, le R. P. Denifle, archiviste au Vatican, de vouloir bien vérifier pour moi un passage douteux, et sa réponse a été aussi prompte que courtoise : je lui adresse mon dernier remerciement.

LES CHANSONS

L'auteur de *Guillaume de Dole* se vante d'avoir introduit dans son roman un ornement tout nouveau, qui en fait une œuvre d'un genre inconnu jusqu'à lui (voyez les vers 8-29) : il y a inséré des « chants », des « sons », de « beaux vers », si adroitement qu'il semble que ce soit lui-même qui les ait composés, tant ils sont bien placés dans la bouche des personnages; ainsi son poème se lit et se chante à la fois, ce qui le distingue de tous les autres romans, et ce qui lui donne un charme tel qu'on ne se lassera jamais de l'entendre; il sera d'ailleurs impossible à un « vilain » de l'apprendre (les chants qui y sont intercalés ne pouvant être connus que des gens « courtois »).

L'auteur avait raison de penser que son invention plairait à ses contemporains, car elle a été fort imitée. La plus ancienne en date de ces imitations, et celle aussi qui se rapproche le plus de l'original, est celle de Girbert de Montreuil dans le *Roman de la Violette* (dont le titre lui-même est modelé sur celui du *Roman de la Rose* et dont le sujet n'est qu'une variante du motif de notre roman). Là nous trouvons également, et amenés à peu près de même, un *vers* de chanson de geste, des « chansons de toile », des chansons courtoises provençales et françaises, des fragments de chansons à danser; dans les romans sensiblement postérieurs de *Cléomadés*, de *Méliacin*, du *Châtelain de Couci*, des *Tournois de Chauvenci*, etc., il n'y a plus que des strophes de chansons courtoises et des refrains de chansons à danser [1], et ces morceaux de rapport sont intercalés dans l'œuvre d'une manière à la fois beaucoup moins variée et souvent moins naturelle. L'auteur de cette invention raffinée est aussi celui qui a su le mieux la mettre en œuvre.

L'innovation de notre poète est un des traits qui donnent le plus d'intérêt à son ouvrage, et cet intérêt est de différents genres. D'abord elle nous montre le rôle considérable que la jouissance de la poésie chantée, sous des formes diverses, tenait dans la vie de la haute société française à la fin du XIIe siècle, et nous renseigne sur la façon dont cette jouissance s'exerçait. Ensuite il nous fait connaître quels genres et quels spécimens, dans cette poésie, étaient surtout en faveur de son temps. Puis il nous fournit, pour plusieurs pièces qu'il cite, soit une attribu-

---

1. Cf. Jeanroy, *Les origines de la poésie lyrique*, p. 116.

tion expresse d'auteur d'une valeur supérieure à tous les autres renseignements que nous possédons, soit, par la date même du roman, une précieuse indication chronologique. Enfin notre auteur nous a conservé en entier ou en fragment des chansons qui ne se trouvent nulle part ailleurs, et qui ont presque toutes une véritable valeur pour la poésie, l'histoire littéraire et l'histoire de la société. C'est à ces divers points de vue que nous voudrions étudier ce côté de son œuvre, en examinant successivement chacun des genres de chansons qu'il a admis.

Nous commençons par les chansons de geste, dont il ne nous a donné qu'un échantillon. Le passage où il est inséré présente quelque obscurité. L'empereur, nous dit le poète (v. 1330 ss.),

> Cel jor fesoit chanter la suer
> A un jougleor mout apert,
> Qui chante cez vers de Gerbert.

Plusieurs choses sont ici surprenantes (sans parler de l'emploi, admissible, de *suer* au lieu de *seror* comme accusatif) : on vient de nous dire (v. 1326) que l'empereur avait avec lui Jouglet; or Jouglet est un jongleur : pourquoi donc n'est-ce pas lui-même qui chante à son maître? Mais enfin, si celui-ci a fait venir en outre un jongleur *mout apert*, pourquoi fait-il chanter un couplet de chanson de geste non à lui mais à sa sœur? Cela se comprendrait pour une chanson d'un autre genre, mais ici cela paraît singulier. Qu'il y ait une altération dans le manuscrit, c'est ce que montre le v. 1366, qui suit le morceau de *Girbert* :

> Que que *cil* chante de Fromont....

C'est donc un homme et non une femme qui avait chanté. Quoi qu'il en soit, l'intérêt de ce passage ne dépend pas de cette petite question : il nous montre un prince faisant chanter par un jongleur, pour son plaisir intime, en dehors des fêtes et des réunions, des morceaux épiques, pris au milieu d'une chanson de geste. Il s'agit ici d'une laisse [1] de *Girbert de Metz*, branche du cycle des *Lorrains* [2].

Beaucoup plus intéressante est la façon dont sont amenées les « chansons d'histoire » ou « chansons de toile » insérées dans notre poème en totalité ou fragmentairement. Ce nom de « chansons de toile » ou « chansons à toile [3] « a donné lieu de penser que ces petites pièces d'un caractère si particulier, qui mettent toujours des femmes au premier plan, et dont plusieurs débutent en nous les montrant à leur travail, étaient essen-

---

1. Au v. 1332 il faut sans doute lire *cest vers* pour *ceʒ vers* : *vers* en ancien français signifie presque toujours « strophe, laisse ».

2. Voyez sur cette chanson les indications données dans la Bibliographie jointe au livre de M. Kr. Nyrop, *Storia dell'epopea francese*.

3. Le mot ne se trouve que dans la *Violette* (p. 114), où les deux manuscrits utilisés par l'éditeur ont *ch. a t.*, et dans le *Lai d'Aristote* (v. 481), où un ms. sur les quatre a également *a* au lieu de *de* (Héron, *Œuvres de Henri d'Andeli*, p. 68).

tiellement des chansons de femmes, et que leur destination propre était d'accompagner les travaux des femmes. Or nous trouvons dans notre roman la confirmation la plus intéressante de cette conjecture. Aux v. 1115 et suivants, Guillaume de Dole présente à sa mère et à sa sœur le messager que lui a envoyé l'empereur. La mère, assise sur une « coute pointe », travaille à une étole. Guillaume, après avoir vanté le talent de la dame pour faire des « garnemenz de moustier », lui demande de chanter une chanson; elle s'excuse d'abord, bien qu'elle chantât très bien et très volontiers : « C'est autrefois, dit-elle, que les reines et les dames avaient l'habitude, en faisant leurs courtines, de chanter des chansons d'histoire ». Elle cède cependant, et chante la chanson de « Belle Aude », qui commence précisément par deux vers qui nous montrent des femmes occupées à un travail tout pareil à celui de la chanteuse :

> Fille et la mere se sieent a l'orfrois,
> A un fil d'or i font les ories croiz[1].

Après la mère, c'est la fille qui chante, et sa chan-

---

1. Je lirais ainsi au lieu de *i font orieuls croiz*. Le v. 6 *(Et en l'orfrois les oriex crois lever)* nous montre le mot douteux ne comptant que pour deux syllabes. En outre un adj. *oriel*, de la déclinaison uniforme (c'est ce qu'admet M. Godefroy, uniquement d'après ces deux exemples), ne peut s'expliquer étymologiquement *(aureolus* pourrait faire *oriuel, orieul*, mais au fém. on aurait *oriuele, orieule).* Le vieux mot *orie*, plus tard *oire* (aureum), a très souvent embarrassé les copistes.

son nous présente « belle Aie » dans la même occupation :

> Sor ses genouls un paile d'Engleterre;
> Et a un fil i fet coustures beles.

La seconde chanson que chante Liénor (« Belle Doe ») n'a plus le début typique. — Le poète (ou le copiste) n'a malheureusement inséré ici que les deux premières strophes de chacune des trois chansons. Mais ce qui est surtout précieux, c'est l'explication citée plus haut : on voit qu'à la fin du XIIe siècle on savait encore très bien que les chansons d'histoire étaient d'ordinaire l'accompagnement des travaux à l'aiguille ; si on les attribuait surtout aux reines et aux grandes dames, c'était par cette recherche de « courtoisie » qui préoccupait tant la société pour laquelle notre roman a été écrit. Mais ces belles chansons n'étaient pas restées confinées dans les gynécées où elles avaient sans doute pris naissance : plus loin (p. 2226) nous voyons un « bachelier de Normandie » chanter, tout en chevauchant, la chanson de « Belle Aiglentine », qu'il fait accompagner par Jouglet sur sa vielle (d'ailleurs Aiglentine, comme Aude et Aie, *devant sa dame cousoit et si tailloit*), et cette fois nous avons le plaisir de la trouver tout entière, sauf quelques vers omis, dans le manuscrit. La dernière chanson de toile insérée par le poète, « Belle Aigline, » est également chantée en chevauchant, par un neveu de l'évêque de Liège (v. 5170) ; nous n'en avons que les deux premiers couplets. La chanson de « Renaud et s'amie », qui paraît d'un genre un peu différent des autres, et dont nous n'avons qu'une strophe, est chantée dans une fête par un « vallet » (v. 2377). Il est à remarquer qu'aucune de ces six chansons ne se retrouve ailleurs, non plus que celle de « Belle Euriaut » citée dans la *Violette*, et que les neuf [1] chansons de toile qui nous sont seules parvenues en dehors de celles-là sont toutes contenues dans le seul ms. 20050 [2]. Cela prouve en même temps combien ce genre charmant et vite disparu a été florissant au xiie siècle, et quelle faible proportion, comparativement à ce qu'il a produit, doivent représenter les spécimens qui nous en sont parvenus.

Ce n'est pas une chanson d'histoire au sens où le prend notre poète, mais c'est une chanson historique que celle qu'il insère au v. 2389, et qui, d'après les quelques vers seuls communiqués, avait été composée par Jourdain le vieux « bourdon » [3] sur

---

1. Les chansons de toile forment les dix-huit premiers numéros du recueil de Bartsch, *Romanzen und Pastourellen*, mais le n° 11 (*Floires revient seus de Montoire*) est d'un tout autre genre, et le n° 17 (*Bele Isabeau*) est un simple motet, bien postérieur.

2. Sauf le n° 9 (d'ailleurs visiblement moins ancienne), dont Henri d'Andeli a inséré le premier couplet dans son *Lai d'Aristote*.

3. Le mot *bordon* (voy. Godefroy) paraît signifier d'abord proprement le sac gonflé d'air qui donne la basse continue dans la cornemuse, puis un instrument qui ne donne que cette basse, puis un joueur de cet instrument. Ce Jourdain, qui ne nous est pas connu autrement, paraît avoir été célèbre, à en juger par le vers qui suit le début de la chanson : *Mout i ot parlé de Jordain*.

Renaud de Mousson et son frère Hugues, et que le comte de Bar, frère de l'un et de l'autre, se fait chanter par un ménestrel de l'Empire [1] (dont dépendait le comte de Bar). On a vu plus haut l'importance de ces renseignements au point de vue de la datation du poème ; la chanson elle-même devait être fort curieuse : elle nous offre un spécimen des chansons composées à l'éloge des grands seigneurs, notamment à l'occasion de quelque expédition heureuse, par les poètes à leurs gages [2].

Les chansons de danse tiennent dans notre poème une place très grande et très intéressante. Leur fonction véritable est naturellement d'accompagner les « caroles » ou rondes aux chansons [3]. Aux v. 507 et suiv. nous voyons les « valets » et les « pucelles » commencer la carole. La première [4] chanson est chantée par une dame et la quatrième par la duchesse d'Autriche ; la seconde

---

1. Au v. 2387 je lirais *de l'empere* plutôt que *l'emperere*.

2. Le rythme et le ton de cette chanson rappellent beaucoup ceux de la curieuse chanson du *bon abé Poinçon* (Raynaud, n° 1881) sur laquelle nous espérons avoir prochainement un intéressant commentaire de M. A. Longnon ; elle est d'ailleurs bien postérieure à la nôtre.

3. Sur les caroles et le rôle qu'y jouaient les chansons, voy. le livre de M. A. Jeanroy, *Les origines de la poésie lyrique en France*, ch. V, et les articles que j'ai publiés sur ce livre et sous le même titre (*Journal des Savants*, 1891-92 ; tirage à part, Paris, Bouillon, 1892).

4. C'est par une méprise que M. Jeanroy (p. 88, n. 2) a vu dans le mot *premeraine* du v. 512, qui signifie simplement « première », le nom d'un genre de chanson.

et la huitième le sont par deux jeunes gens; les caroles durent « jusqu'aux lits ». — Plus singulières sont les caroles que donne une nuit Guillaume dans son hôtel, splendidement éclairé (v. 2355 ss.) : elles se dansent entre hommes, et les trois chansons qu'on nous cite sont chantées aussi uniquement par des hommes[1]. Il est remarqué expressément, pour la première carole (v. 527) et pour la seconde (v. 2366), que les chansons durent au moins « trois tours » de la ronde qu'elles accompagnent. On sait par d'autres témoignages que le refrain qui termine chaque couplet était répété par tous les danseurs.

Mais les chansons de caroles étaient tellement goûtées de la société aristocratique du XIIe siècle qu'on les chantait sans cesse en dehors des danses. Au commencement du poème (v. 286 ss.), nous voyons dames et chevaliers, revenant d'une partie au bois, chanter à l'envi des *chançonetes* (v. 290) toutes pareilles à celles qui ailleurs accompagnent les caroles. Jouglet en chante une semblable à Guillaume en l'escortant à cheval (v. 1572), et, avec une jeune fille, une autre, qualifiée de *chançonete novele* (v. 1836), qu'il accompagne sur sa vielle. Il en chante une, encore à cheval, avec Aigret de Graime, en suivant Guillaume (v. 2503), après quoi deux damoiseaux en commencent une autre

---

[1]. La troisième est celle que j'ai indiquée plus haut à la suite des chansons de toile. Elle est intermédiaire entre les deux genres.

(v. 2511). Huon de Braieselve sur Oignon étant venu à la cour (v. 3399), l'empereur lui fait chanter sur la vielle un « vers » d'une *dance* ou d'une *chançonete novele* que les *puceles de France* avaient composée « à l'ormeau devant Trumilli » en l'honneur de Marguerite d'Oisseri [1], et plusieurs autres chansons non autrement indiquées. En retrouvant la belle Liénor, l'empereur a une telle joie qu'un « chant », qui a encore l'air d'un chant de danse, lui « vole du cœur » (v. 5091), sur quoi ceux qui l'entourent chantent un couplet de *vireli* (5099). Les seigneurs se promènent dans le palais en chantant des chansons pareilles, dont deux sont citées (v. 5413, 5426), et que, d'après eux, l'empereur pourrait chanter, tant elles s'appliquent bien à sa situation.

Toutes ces chansons, dont nous n'avons malheureusement jamais que le premier couplet avec le refrain, sont charmantes. Je les ai appréciées ailleurs, dans un travail auquel je me permets de renvoyer, et je ne pourrais guère que répéter ce que j'en ai dit [2]. J'appellerai seulement l'attention sur un passage qui nous montre l'étroite alliance des chansons de danse et des fêtes de mai (v. 4138 ss.). La scène se passe à Mayence, cité qui, d'après notre auteur, avait un renom particulier comme ville de

---

1. Sur cette pièce et les localités mentionnées ici, voy. P. Paris dans l'*Histoire littéraire*, t. XXIII, p. 617.
2. *Les origines de la poésie lyrique*, p. 41, et suiv.

plaisir. La veille du premier mai, à minuit, tous les habitants sortent et vont au bois, et le matin, au grand jour, ils apportent le *mai,* c'est-à-dire des charges de feuillage et de fleurs, et en tête du cortège deux damoiseaux vont chantant :

> Tout la jus sor rive mer,
> — Compaignon, or du chanter !
> Dames i ont baus levez :
> Mout en ai
> Le cuer gai.
> — Compaignon, or du chanter
> En l'onor de mai !

Quand ils ont ainsi bien *pourchanté* leur mai, ils le portent dans les maisons, ils en garnissent toutes les fenêtres, ils jettent par toutes les rues des herbes et des fleurs en l'honneur de ce « haut jour ». Toutes les maisons sont tendues d'étoffes de soie et de riches fourrures. Au milieu de cette joie, quand Liénor entre au palais, tout le monde, ébloui de sa beauté, s'écrie : « Voilà mai ! voilà mai ! » C'était le cri que poussait la foule devant ceux qui, du bois, rapportaient le mai en chantant. Les « jeux sous l'ormel », accompagnés de chansons et de danses, dont nous avons cité plus haut la curieuse mention, nous montrent une forme particulière de ces fêtes en plein air qui étaient autrefois si aimées. Elles étaient certainement à l'origine célébrées par la jeunesse de toutes conditions ; mais les chansons qui leur étaient consacrées étaient devenues, au xiie siècle, un ornement favori des réunions aristocratiques : nous avons vu notre poète déclarer au début qu'un « vilain » ne pourra rien comprendre à son poème, à cause des chants qu'il y a insérés ; or ces chants sont en majeure partie de ces chants de danse qu'on était habitué, jusqu'au travail de M. Jeanroy, à regarder comme éminemment populaires. Ils ne le sont que dans leur origine première, et c'est dans les cercles les plus élégants que sont certainement nés la plupart de ceux qui nous sont parvenus, tous fragmentairement, et dont la grâce légère et poétique nous charme. Dans tous ceux, au nombre de vingt-cinq, que nous a conservés notre poème, aucun, il faut bien le remarquer, ne présente encore la forme du *roondet* ou triolet qui devint dominante au xiiie siècle, et l'auteur de *Guillaume de Dole* ne se borne presque jamais, comme ses imitateurs postérieurs, à citer des refrains : il insère au moins des couplets entiers. Parmi ceux-ci, une mention spéciale doit encore être accordée au « vers » consacré à Marguerite d'Oisseri ; probablement plusieurs des dames qui, comme elle, « embellissaient le jeu sous l'ormel » de Trumilli avaient ainsi leur couplet dans la chanson des « pucelles de France » ; ce *cembel* de femmes était une sorte de tournoi de beauté, et la chanson rappelle par sa forme celle du *Tornoiement as dames* de Huon d'Oisi, dans laquelle, poussant plus loin l'analogie, le poète feint que les dames livrent entre elles un vrai tournoi, indignées qu'elles sont de voir les chevaliers négliger cet exercice de l'adresse et du courage [1].

A côté des chansons de danse, nous voyons dans notre poème apparaître des « pastourelles ». La première (v. 3394), dont nous n'avons qu'un couplet qui n'est pas le premier [2], offre un caractère très archaïque, et beaucoup plus lyrique que les pastourelles ordinaires. Elle est chantée devant l'empereur par le ménestrel Cupelin, sans doute célèbre au temps du poète, tout petit, tout mignon, mais d'un talent « merveilleux ». La seconde, dont nous avons le premier couplet (v. 4558), est qualifiée de *chançonete* et chantée par une « ménestrel », la belle Doete de Troies ; elle est tout à fait dans le genre et le style des pastourelles qu'on peut appeler classiques [3].

1. Voy. J. Brakelmann, *Les plus anciens chansonniers français*, p. 57. Je compte donner prochainement une nouvelle édition de cette curieuse pièce.

2. Il ne se retrouve pas ailleurs et n'est pas enregistré dans Raynaud, quoique donné par Bartsch (*Rom. und Past.*, II, 119).

3. Il faut dans ce couplet lire *sesons, resons* aux v. 1 et 3 ; les vers 5, 6, 9 doivent être coupés en deux, de manière à mettre en fin de vers les mots rimants *aloie, sons, s'esbanoie* (peut-être aussi *gaie* au v. 7). — Ce couplet a eu une fortune singulière. Fauchet en cite les deux premiers vers, et dit : « Doete de Troies, chanteresse et trouverre, ainsi que je croy » ; mais l'auteur de notre roman n'attribue nullement à Doete la composition de la pièce qu'elle chante. Le marquis de Surville s'est emparé de cette notice, et, croyant que les deux vers cités n'en faisaient qu'un, il a composé sous le nom de Doete toute une chanson commençant par le vers *Quant revient la saison que l'erbe raverdoie* et

Nous arrivons maintenant à une autre catégorie de chansons, dont la présence dans *Guillaume de Dole* offre pour l'histoire littéraire un intérêt tout particulier, les chansons proprement « courtoises » de trouveurs et de troubadours. Les premières sont au nombre de treize. L'auteur n'en donne généralement qu'une strophe, quelquefois deux. Il en fait chanter plusieurs par l'empereur Conrad pour donner une expression aux sentiments divers qui l'agitent : c'est ainsi qu'un matin, ouvrant sa fenêtre aux rayons du soleil, il commence pour l'amour de Liénor, qu'il aime sans la connaître, une chanson du châtelain de Couci (v. 922); il chante en compagnie de Jouglet un couplet de Gace Brulé (v. 845); il chante de même dans un mouvement de joie un couplet de Renaud de Beaujeu (v. 1454); pour se réconforter dans des moments de tristesse, il chante un couplet de Gace Brulé (v. 3616) ou deux couplets de Renaud de Sablé (v. 3873); il daigne chanter à Guillaume, *pour lui esbatre*, un couplet dont nous ne savons pas l'auteur (v. 1782), et un autre en chevauchant avec lui (v. 3098). L'empereur est même censé avoir composé les deux couplets qu'il

fabriqué une histoire de cette « gente trouveresse » qu'il a fait figurer dans la liste des femmes poètes ayant précédé et inspiré sa fameuse Clotilde. Doete de Troies et sa chanson prétendue ont passé de là dans une foule de livres de seconde main, en dernier lieu, si je ne me trompe, dans l'ouvrage d'Antony Méray, *La vie au temps des trouvères*. Voy. *Revue critique*, 1873, t. I, p. 139; 1874, t. I, p. 342.

chante, en présence de Guillaume, pour exprimer son amour (v. 3171), et il semble bien en être de même d'un couplet (v. 3742) où il se plaint de sa cruelle déception; mais ce couplet, comme on le verra plus loin, est le premier d'une chanson (Raynaud 1872) qui se trouve complète dans onze manuscrits, et qui est certainement antérieure à notre poème : c'est sans doute aussi le cas pour la pièce précédente. Les autres personnages principaux du roman ne se comportent pas comme l'empereur : on voit seulement un « valet » et un « bacheler » chanter pour leur plaisir, l'un deux couplets du vidame de Chartres (v. 4117), l'autre deux couplets de Gontier de Soignies (v. 5218). Les jongleurs de profession exécutent aussi les chansons courtoises : Jouglet chante à Guillaume un couplet de Gace Brulé (v. 2018), et un ménestrel de Châlons, qui succède à Doete de Troies, chante un couplet anonyme (v. 4573).

De ces treize chansons, sept sont anonymes dans le poème; mais six sont accompagnées du nom de leurs auteurs, et ces indications sont extrêmement précieuses soit pour l'attribution des pièces, soit pour leur date. La composition de *Guillaume de Dole* ayant été fixée, par les savantes recherches de M. Servois, avec une certitude à peu près complète, à l'an 1200, il en résulte nécessairement que les chansons qui y sont citées non seulement existaient à cette date, mais étaient célèbres et répandues; et quant à l'attribution qu'en fait notre poète à tel ou tel trouveur, il est clair qu'elle a une autorité dont n'approche pas celle de nos manuscrits, tous très postérieurs à l'an 1200, et qui n'émanent pas de personnes à beaucoup près aussi bien informées. Les mentions de *Guillaume de Dole* comportent en outre, en certains cas, des renseignements qu'on ne trouve pas ailleurs sur les auteurs qui y sont cités. Ces auteurs sont au nombre de cinq : Gace Brulé, Guillaume de Ferrières, Gontier de Soignies, Renaud de Beaujeu et Renaud de Sablé. Je vais dire un mot des pièces que notre poème attribue à chacun d'eux et de la façon dont il les nomme.

Gace Brulé. L'empereur et Jouglet chantent ensemble[1] *ceste chançon en l'onor mon segnor Gasçon*[2] (v. 845) : *Quant flors et glais et verdure s'esloigne;* c'est une chanson que contiennent de nombreux manuscrits (Raynaud 1779); tous ceux qui ont des attributions la donnent à Gace Brulé. — Le couplet inséré au v. 3616 est le deuxième de la pièce qui porte le n° 1232 dans la liste de G. Raynaud[3]. Elle n'est conservée que dans cinq manuscrits, dont trois la laissent anonyme, un l'attribue à « Aubuin » et un à Pierre de Beaumarchais[4]. Dans cet Aubuin on a reconnu avec raison

---

1. Au v. 843 il y a *chante*, mais il faut corriger *chantent* d'après le v. 852.
2. Il aurait fallu imprimer ainsi et non *Gascon*.
3. *Bibliographie des chansonniers français des xiiie et xive siècles*. Tome second. *Table des chansons*. Paris, Vieweg, 1886.
4. On ne comprend donc pas comment Tarbé a pu écrire (*Chansonniers de Champagne*, p. xiv) : « Trois auteurs, Guiot de Dijon,

Aubouin de Sézanne, et la pièce a été publiée plus d'une fois sous son nom. Mais l'assertion formelle de notre poète

> Des bons vers mon segnor Gasson
> Li sovient.....

ne laisse pas de doute sur le véritable auteur de cette pièce, et comme elle est, dans le premier couplet, dédiée à la comtesse de Brie, c'est-à-dire certainement à Marie de France, comtesse de Champagne et de Brie (1164-1199), bien connue par son goût pour la poésie amoureuse, il en résulte qu'il faut rayer Aubouin de Sézanne de la liste des poètes qui lui ont adressé des vers [1], et y ajouter au contraire Gace Brulé, ce qui d'ailleurs complique la question difficile des rapports de Gace avec le comte Tibaud, petit-fils de Marie [2]. — Une autre strophe citée

Pierre de Belmarcais et Gasse Brulé, disputent à Aubouin cette chanson. Le manuscrit de Berne, qui la donne dans un état beaucoup plus complet que les autres textes, l'attribue à Gasse. » Le ms. de Berne, p. 9 (voy. Raynaud, t. I, f° 26 r°), la met dans un groupe d'anonymes ; elle n'est nulle part attribuée à Guiot de Dijon. Tarbé n'en avait pas moins raison sans le savoir.—M. Raynaud a omis dans sa liste le renvoi à notre poème.

1. Voy. *Hist. litt. de la Fr.*, t. XXIII, p. 529; H. d'Arbois de Jubainville, *Histoire des comtes de Champagne*, t. IV, p. 643-644; A. Longnon, *Annuaire de la Soc. de l'histoire de France*, 1870, p. 71-74 (M. Longnon a publié des documents qui prouvent qu'Aubouin de Sézanne était mort peu avant 1229).

2. Il résulte, au moins avec probabilité, d'un acte publié dans la *Romania*, t. XXII, p. 127, par M. Guilhiermoz, que Gace Brulé vivait encore en 1212.

dans notre poème (v. 2017) appartient à Gace sans que l'auteur le dise : c'est le n° 857 de Raynaud. Cette chanson, conservée dans dix copies, est anonyme dans quatre et attribuée par une à Gautier de Dijon, mais par cinq à Gace Brulé : l'attribution n'est pas douteuse [1].

Guillaume de Ferrières. Tel était, comme on sait, le nom du poète que les manuscrits n'appellent que « le vidame de Chartres » ou simplement « le vidame ». C'est aussi ce que fait notre poète en mentionnant (v. 4113) *la bone chançon le vidame de Chartres,* dont l'empereur entend chanter deux couplets, qui lui semblent avoir été composés exprès pour lui. Cette chanson est, en effet, donnée au vidame par sept manuscrits, contre un qui l'attribue au châtelain de Couci, et cinq qui la laissent anonyme (Raynaud 2086). Guillaume de Ferrières paraît être mort en Égypte en 1219 [2].

Gontier de Soignies. C'est un *bon bacheler* (v. 5216) qui se souvient *des bons vers Gautier de Sagnies* et chante deux couplets d'une de ses chansons. Qu'il faille reconnaître sous ce nom

---

1. La comparaison des manuscrits montre que le v. 9, qui a été considéré dans l'édition comme commençant un second couplet, appartient encore au premier. Au v. 1 la plupart des mss. donnent *Contre tens,* qui ne va pas, un (Pb 5), comme le nôtre, *Contre le tens,* qui donne une syllabe de trop; quelques-uns *En cel tens,* où le vers est refait. Il faut lire *Contrel tens,* avec une enclise archaïque que les copistes n'ont plus comprise.

2. Voyez L. Lacour, *Chansons et saluts d'amour de Guillaume de Ferrières,* Paris, 1856, in-12.

altéré Gontier de Soignies, c'est ce qui n'est pas douteux : les couplets sont tout à fait dans la manière de ce poète et sont, comme tous ceux que nous avons de lui, munis d'un refrain. Il est vrai que cette chanson (qui manque dans la liste de G. Raynaud) ne nous a été conservée par aucun autre manuscrit; mais le premier vers en est donné par la table du ms. B. N. fr. 844 parmi les poésies de Gontier de Soignies [1]. Ce poète a été disputé à la ville de Soignies en Hainaut par un des bourgs du nom de Sogni ou Soigni qui existent en Champagne : on serait porté à se ranger à cette dernière opinion, soit parce que Gontier parle de la France comme de *sa douce contree* et se montre en relation avec la Bourgogne [2], soit parce que l'auteur de *Guillaume de Dole* est particulièrement familier avec tout ce qui concerne la Champagne, soit enfin parce qu'il paraît douteux que dès le XIIe siècle la poésie lyrique courtoise eût pénétré en Hainaut. Mais la forme *Soignies*, donnée par tous les manuscrits qui nomment Gontier et attestée dans notre poème par la rime, ne peut avoir été celle des Soigni champenois, qui remontent à un type latin en *-iacum* [3], et il faut laisser Gontier à la ville hainuyère qui, paraît-il, est très fière de lui avoir donné le jour (non sans

---

1. P. Paris, *Hist. litt.*, t. XXIII, p. 600.
2. Voy. là-dessus A. Scheler, *Trouvères belges,* t. II, p. IX. Scheler semble incliner pour la Champagne, bien qu'il ait publié les chansons de Gontier comme « belges ».
3. Voy. A. Longnon, *Dictionnaire topographique de la Marne.*

raison, car c'est un de nos plus gracieux chansonniers). Il était sans doute venu s'établir en France. La mention de *Guillaume de Dole* permet d'établir qu'il florissait avant la fin du xiie siècle [1].

RENAUD DE BEAUJEU. La façon dont est mentionné ce poète(v. 1449) est particulièrement intéressante. La chanson dont nous avons ici la première strophe se retrouve entière (Rayn. 1635) dans deux autres manuscrits où elle est anonyme et dans le grand chansonnier de Berne, où l'auteur est appelé *li alens de challons*. On a conjecturé [2] que le second mot, évidemment défiguré par le copiste, devait être lu *cuens,* et que Renaud de Beaujeu était devenu à un moment donné comte de Chalon. Mais des objections graves s'opposaient dès lors à cette conjecture et laissaient même douter que Renaud, qui est l'auteur du charmant poème du *Bel Inconnu*, appartînt à la grande maison de Beaujeu. Notre poème, en l'appelant *le bon chevalier*, confirme bien la conclusion à laquelle amène la lecture de son poème, œuvre d'un homme du monde plutôt que d'un trouveur de profession. Mais en ajoutant *de Rencien*, il nous embarrasse fort. Le *Rencien* est le nom, assez singulièrement formé, que prit, à partir du ixe siècle

---

1. Dans le refrain de ces couplets, il faut pour la rime lire *certaine* au lieu d'*entiere* au premier vers. I, 2 supp. *les*; le v. 4 ne rime pas et est corrompu; II, 1. supp. la virgule après *foloie*.
2. *Hist. litt.*, t. XXX, p. 184.

au moins [1], le *pagus Remensis*; mais ce nom forme toujours trois syllabes : ainsi dans notre poème même au v. 5, sous la forme *Raincien*, et ailleurs [2]; il en est de même de l'adjectif *rencien*, « de Reims » [3]. Ici cependant il n'aurait que deux syllabes, et on ne peut en retrancher une au vers qui le contient. En outre il n'y a pas de *Beaujeu* dans le Rémois. Il semble donc bien que *Rencien* soit ici une faute de copiste, mais nous ne voyons pas le moyen de la corriger. Quoi qu'il en soit, la citation de *Guillaume de Dole* atteste que Renaud de Beaujeu était chevalier et que sa chanson était répandue avant l'an 1200.

RENAUD DE SABLÉ. L'empereur pense à la belle Liénor, et alors : *Des bons vers celui de Sabloeil Mon segnor Renaut li sovint* (v. 3868), et il chante les deux premiers couplets d'une chanson de ce poète, qui lui mettent *le feu el cors*. Cette chanson (Rayn. 1229) nous est parvenue dans neuf manuscrits : sept la laissent anonyme, un l'attribue à Gace Brulé et un autre à Blondel; mais l'attribution

[1]. Voy. Longnon, *Dict. top. de la Marne*, p. 226 (*pagus Remtianus* dans un document de 853).

[2]. *Braies et chemises avoient De toile faite en Rentiien* (Amadas, v. 1632, et Godefroy, s. v. *Rentien*); il faut ici une majuscule à *Rentiien*, qui désigne le territoire de Reims.

[3]. *Desoz la toile rentiene La toue char est blanche et plaine* (*Tristan*, éd. Michel, t. I, v. 3687); *(Remus) Reims t'appella, de son nom, rancienne* (E. Deschamps, t. I, CLXXII, 3). Les deniers *renciens* ou *ranciens* étaient les deniers de Reims; voyez Du Cange, t. IV, p, 529, et Godefroy, s. v. *Rancien*.

de notre roman est la seule authentique. Il faut reconnaître dans Renaud de Sablueil, que le titre de *mon segnor* nous désigne comme chevalier, un membre de la célèbre famille de Sablé, anciennement Sablueil [1], dont les chansons étaient connues avant l'an 1200, et le fait n'est pas sans intérêt, puisque l'on connaît peu de nos anciens poètes lyriques qui soient originaires des provinces de l'ouest, bien que diverses raisons portent à croire qu'il y en a eu en assez grand nombre et qu'ils ont joué un rôle important dans la transplantation en France de l'art des troubadours.

Des sept chansons que notre poème cite sans attribution d'auteurs, une, comme on l'a vu ci-dessus, est de Gace Brulé. Une autre (v. 922) est une des pièces les plus connues du châtelain de Couci (Rayn. 986, Fath n° IX). Il est regrettable que notre poète n'ait pas nommé l'auteur de cette chanson; mais le fait qu'il la cite suffit à prouver,

---

1. Fauchet ayant cité le passage de notre roman, le nom de Renaud de Sablé a été anciennement inséré dans la liste des chansonniers français : voy. *Hist. litt.*, t. XXIII, p. 707, et Hauréau, *Hist. litt., du Maine*, t. IX, p. 213 (M. Hauréau prend Guillaume de Dole pour un auteur et fait deux témoignages distincts de celui de Fauchet et de celui de Guillaume de Dole). — Au v. 3879 lisez *c'en* (comme a fait Fauchet) au lieu de *ceu;* au v. 3882 *grant* au lieu de *grand.* Les derniers vers de chaque strophe n'ont pas, comme l'indique l'édition, une syllabe de plus que les autres : il faut lire *Qu'el* (avec Fauchet) au lieu de *Qu'ele* et compter *Por ce ai* pour deux syllabes seulement.

comme on l'a déjà reconnu [1], que cet auteur était bien Gui, châtelain, de Couci, mort en 1203, et non son successeur Renaud. Une autre chanson (Rayn. 1872, Fath n° VII des chansons douteuses), dont notre poète cite au v. 3742 le premier couplet, est aussi attribuée au châtelain par trois manuscrits; mais comme ils sont d'une même famille, et que ceux de l'autre famille qui ne la laissent pas anonyme la donnent soit à Roger d'Andeli, soit à Gace Brulé, l'attribution est très peu sûre [2]. — Restent quatre chansons dont nous ne connaissons pas les auteurs. Celle qui est citée au v. 1762 est le n° 420 de Raynaud [3]; elle est anonyme dans les quatre copies, étroitement apparentées, qui la présentent; le couplet qui est cité ici est fort altéré; je l'ai restitué ailleurs à l'aide des autres manuscrits [4]. La strophe citée au v. 3098 (Rayn. 1132) n'a pas été retrouvée ailleurs, et n'est pas la première d'une chanson. Les deux couplets cités au v. 3171 (Rayn. 1319) sont donnés comme composés par l'empereur lui-même, et on ne les retrouve dans aucun de nos recueils; mais il suffit de les lire pour voir qu'ils

---

1. Voy. F. Fath, *Die Lieder des Kastellans von Couci* (Heidelberg, 1883), et cf. *Romania*, t. XIII, p. 485.

2. M. Raynaud, en relevant d'après Bartsch le couplet cité par *Guillaume de Dole*, dit par une confusion évidente que le manuscrit l'attribue à Moniot d'Arras.

3. M. Raynaud a omis de signaler le couplet cité dans *Guillaume de Dole*, bien qu'il fût imprimé dans Bartsch.

4. *Romania*, t. XXIII, p. 248.

conviennent fort mal à sa situation [1]; la chanson, qui est munie d'un refrain, pourrait bien être de Gontier de Soignies. Enfin au v. 4573 est citée une strophe que je n'ai pas su retrouver dans nos chansonniers; M. Raynaud (n° 754) la mentionne uniquement d'après notre poème; mais elle n'est visiblement pas la première d'une chanson, en sorte qu'il est fort possible qu'elle figure dans quelque pièce copiée ailleurs sans qu'on l'ait reconnue.

Sur ces chansons en général il y a encore quelques remarques à faire. D'abord la plupart d'entre elles, quoi qu'en dise notre auteur dans les vers du début, ne conviennent guère à celui dans la bouche duquel elles sont mises et n'expriment pas du tout les sentiments qu'il doit avoir; en effet, outre le caractère conventionnel que donne à plusieurs d'entre elles leur début relatif au printemps ou à l'automne, elles sont inspirées par l'amour courtois, c'est-à-dire par l'amour à peine avoué pour une femme mariée plus ou moins cruelle, tandis que l'empereur qui les chante aime, sur sa renommée, une jeune fille qu'il n'a pas encore vue : en sorte que les vers fréquents sur les rigueurs de la dame

---

1. La remarque générale faite plus loin s'applique particulièrement à cette pièce : il y est question des médisants, qui ne menacent nullement l'amour, à visées toutes légitimes, de Conrad. Le poète dit, il est vrai, que ces vers furent tristement prophétiques, mais il joue sur les mots : la calomnie dont Liénor est victime dans le roman n'a rien à faire avec les menées des *losengiers* contre « fine amour ».

ou sur la crainte des « losengiers » n'ont ici aucun sens. Notre auteur a voulu exploiter la vogue de ces chansons, mais il n'a pas trouvé moyen de les adapter parfaitement à son sujet. — En second lieu, il est notable que la plupart des poètes dont il a cité des chansons, souvent en leur donnant des éloges, étaient vivants à l'époque où il composait son poème : tel est le cas au moins de Gace Brulé, de Guillaume de Ferrières et de Gui de Couci. Ce dut être pour eux une surprise fort agréable que de voir leurs couplets ainsi agencés dans une œuvre qui ne manqua pas de faire une certaine sensation dans le monde courtois au moment de son apparition, et il est probable que notre auteur comptait sur cette adroite flatterie pour assurer le succès de son ouvrage et peut-être aussi, tout moine qu'il fût, pour exciter la générosité de ces nobles amateurs de l'art qu'il exerçait. — Il faut encore noter qu'il fait chanter à la cour d'Allemagne et par l'empereur lui-même non seulement des chansons françaises, mais les chansons les plus nouvellement en faveur. Il ne faut sans doute pas voir là une preuve de la diffusion de notre poésie lyrique à l'étranger : le poète a fait simplement abstraction de la différence des lieux comme il a fait abstraction de celle des temps, puisqu'il nous dit que son empereur Conrad régnait « jadis » en Allemagne, ce qui ne l'empêche pas de chanter les chansons de Gace Brulé et du châtelain de Couci. — Enfin il y aurait lieu de se demander où l'auteur puisait les couplets qu'il cite : les prenait-il sur des feuilles volantes ou dans des recueils déjà existants, ou les tirait-il de sa mémoire ? Une comparaison minutieuse du texte qu'il donne avec celui des divers manuscrits de chansons, permettrait sans doute de résoudre la question. L'examen que j'ai fait pour le couplet anonyme cité au v. 1762 m'a amené à conclure qu'il était cité de mémoire, et il en est sans doute de même des autres. Les chansons courtoises étaient en grande vogue à la fin du XIIe siècle, et l'auteur de *Guillaume de Dole*, qui avait dû être jongleur avant de se faire moine, en possédait dans sa tête un répertoire dont il nous a communiqué quelques échantillons. Ce n'est que plus tard, et précisément quand la vitalité de cette poésie commença à décroître, que des amateurs s'occupèrent d'en recueillir les manuscrits [1].

Outre les chansons de nos trouveurs français, l'auteur de *Guillaume de Dole* cite trois chansons de troubadours. Le fait est très intéressant en lui-même et par les circonstances qui l'accompagnent. La première, où il s'agit des « longs jours de mai » et du chant des oiseaux, est chantée par Guillaume de Dole et ses compagnons, voyageant au printemps et le cœur en joie (v. 1299); la seconde (v. 4639)

---

1. Cela s'applique aussi, naturellement, à tous les autres genres de couplets cités dans le poème. Pour les variantes qu'en présente le texte, il faut d'ailleurs tenir compte des fautes qui abondent dans un manuscrit unique et bien postérieur à la composition du roman.

est exécutée par des chanteurs dans le palais de l'empereur, et Liénor aurait bien su la chanter avec eux, si elle n'avait pas eu tant de souci ; la troisième (v. 5198) est chantée, également à la cour, par un chevalier *dou parage de Danmartin*. Ainsi les chansons en langue d'oc sont, à la fin du XIIe siècle, familières aux personnes des deux sexes appartenant à la haute société de la France du nord. C'est une mode qui avait dû être beaucoup plus répandue à une époque antérieure, et qui a encore duré quelque temps : le roman de la *Violete* contient aussi deux de ces chansons. — L'une de ces chansons, qui est de Bernard de Ventadour, est désignée par notre poète (v. 5196) comme un *son poitevin :* on sait que cette dénomination se retrouve dans plusieurs autres textes [1]. Une autre pièce est simplement qualifiée de *son* (v. 1298), mais la troisième est appelée *chançon auvrignace* (v. 4635), bien que l'auteur n'en soit sans doute pas plus auvergnat que Bernard de Ventadour n'est poitevin. Ce n'est pas ici le lieu de rechercher comment s'expliquent ces dénominations et ce qu'elles peuvent nous apprendre sur la façon dont la poésie des troubadours s'est propagée au nord de la France. — La première des chansons citées (v. 5197) est de Geoffroi Rudel : c'est la pièce *Lan quan li jorn son lonc en mai*, où il est question de cette *amor de lonh* qui a rendu le prince de Blaye si célèbre [2]. Elle a été

1. Voy. P. Meyer, *Romania*, XIII, 21 ; XIX, 4.
2. Voy. G. Paris, *Revue historique*, t. LIII (1893), p. 243 et suiv.

très goûtée dans le Nord, car elle se trouve encore dans les ms. fr. 20050 et 844 [1]. Notre poème n'en donne que le premier couplet : si nous en comparons le texte d'une part à celui des manuscrits provençaux [2], d'autre part à celui des deux chansonniers français, nous constatons que les trois copies françaises ont certains traits communs (v. 4 *Membre mei* pour *Remembram*; v. 5 *enclins* pour *clis*), qui rapprochent la langue du français : elles ont donc sans doute une même source. — La troisième des chansons citées (v. 5197) est de Bernard de Ventadour, et celle-là aussi a été fort répandue en France. Les deux premiers couplets, comme dans notre poème, se lisent dans le ms. 20050 ; le ms. 844 en contenait au moins ces deux mêmes couplets, mais la perte d'un feuillet après le f. 190 interrompt le texte avant la fin du deuxième ; le premier couplet seul a été inséré dans le roman de la *Violete* [3]. Nous avons donc du premier couplet

---

1. Stimming, *Der Troubadour Jaufre Rudel* (Kiel, 1873), p. 57.
2. Pour les indications plus précises et pour le texte du ms. 844, voy. L. Gauchat, *Les poésies provençales conservées par les chansonniers français*, dans la *Romania*, t. XXII, p. 364-404.
3. V. 4193-200. Fr. Michel a remplacé le texte « entièrement défiguré » des deux mss. qu'il suivait par le texte de Raynouard. Voici celui du poème français d'après les mss. 1374 (A) et 1553 (B) :

   Quant voi la loete moder
   De joi ses eles contrel rai,
   Qui s'oblide et laisse cader
   Per la douçor qu'al cor li vai,
   Diex ! tant grant envide mi fai

quatre textes copiés dans la France du nord ; il est évident, malgré le peu de parenté des manuscrits où ils se trouvent, qu'ils remontent à une source commune. Au v. 1 tous donnent *moder* (20050 *montair*) au lieu de *mover*, ce qui ne fait aucun sens et ne peut venir que d'une première copie fautive. Au v. 5 trois de nos copies ont *prent* (*prist* dans notre ms.), qui est la leçon de leur original : si la *Violete* y substitue *fai*, c'est par erreur et à cause de la rime du vers 4 ; or il est à noter que *pre* (au lieu de *ve*) se lit aussi dans un ms. provençal, le B. N. fr. 12474, qui se trouve ainsi dans un rapport étroit avec la source des versions françaises [1]. Le mot *jauzion* au v. 6 avait persisté dans cette source, et n'est tombé que dans notre manuscrit [2]. Le v. 7 était absolument inintelligible pour des Français, et toutes nos copies l'ont misérablement altéré, mais il semble qu'il ait été respecté dans leur modèle [3]. Une parenté plus

> De li quant vi la jausion !
> Mirabillas son cant de se
> Lou cor de desier ne fon.

Je n'ai pas marqué les divergences, notamment pour B, qui a complètement altéré la fin. On remarquera que ce couplet, appelé dans A (et l'éd. Michel) *son provençal*, est qualifié dans B de *son poitevin*.

1. M. Gauchat (p. 388, n. 1) n'avait trouvé de relations à nos copies françaises qu'avec le ms. B. N. fr. 22543.

2. Les syllabes dénuées de sens du 20050, *ioe gent*, remontent à *jauzion* ; tout le couplet dans ce manuscrit est devenu un incroyable fatras.

3. Cf. *descent* 20050, *de ses* Viol.; *que n'is del sen* dans *Dole* et 844 est un essai de restitution qui s'appuie sur la leçon *desse*.

proche relie le texte de notre poème à celui du ms. 844 : tous deux donnent au v. 7 *que n'is* [1] (844 *n'ies*) *del sen,* tandis que la leçon de la *Violete* et celle du 20050 sont toutes différentes [2]. La 2ᵉ strophe ne se trouve plus dans la *Violete;* dans les trois autres copies il faut remarquer qu'au v. 5 on a *Tol mei,* au lieu de *Tout m'a* que donnent tous les mss. provençaux. Au v. 6 notre texte est de nouveau d'accord avec le 844, en lisant *soi meesme* au lieu de *mi mezeis,* d'accord en cela avec le chansonnier provençal 22543 (R de Bartsch). Mais l'accord peut être fortuit : en effet le 20050 lit *moi mimes,* comme les mss. provençaux autres que R : il est probable que c'est la bonne leçon, conservée dans le modèle parvenu en France et que R d'une part, la source de 844 et de *Dole* d'autre part, ont cru rendre le texte meilleur en changeant ici *soi* en *moi*. Il me semble résulter de ces remarques un peu minutieuses que l'auteur de *Guillaume de Dole* ne tenait pas directement de gens du Midi les couplets provençaux qu'il a insérés dans son poème, mais qu'ils avaient pénétré une fois pour toutes, et sans doute à une époque déjà sensiblement antérieure, dans le répertoire des jongleurs qui exécutaient des chansons d'amour. Il est probable que ni les jongleurs ni les auditeurs n'y comprenaient plus grand chose; mais la mode en

---

1. L'édition porte *vis*, qui est sans doute une simple erreur de lecture.
2. Pour la *Violete,* voy. ci-dessus, p. cxvi, n. 3; pour le ms. 20050, p. cxvii, n. 3.

dura encore quelque temps, comme l'atteste l'emploi de ces couplets dans le roman de la *Violete*.

La deuxième des pièces méridionales citées par notre poète soulève une question d'un autre genre. C'est le premier couplet d'une chanson dont le ms. 844 nous a conservé les deux premiers couplets, mais qui, chose singulière, ne se retrouve dans aucun chansonnier provençal autre que le ms. B. N. fr. 856 (C de Bartsch), grand recueil écrit vers 1300. Ce ms. attribue la chanson à « Daude de Pradas », et à la rigueur il n'est pas impossible qu'une pièce de ce troubadour ait été connue en France avant l'an 1200 : Daude, connu surtout par son poème sur les *Auzels cassadors*, a composé un livre des *Quatre vertus* qu'il a dédié à un évêque de Maguelone, lequel siégea de 1220 à 1231 ; il peut avoir trouvé une trentaine d'années plus tôt des chansons qui auraient eu un prompt succès. Toutefois cela est déjà assez invraisemblable et le devient encore plus si on tient compte de cette remarque de son biographe : « E fetz cansos per so de trobar, mas no movian ben d'amor, per que non avian sabor entre la gen, ni non foron cantadas ni grazidas [1] ». Le même manuscrit attribue encore à Daude de Prades deux chansons qui ne se retrouvent pas ailleurs ; en outre il met sous son nom une pièce de Rigaud de Barbézieux.

---

1. Voy. Chabaneau, *Biogr. des troubadours*, dans la nouv. éd. de l'*Hist. de Languedoc*, de D. Vaissette, t. X, notes, p. 257.

Il me paraît très probable qu'il en est de même pour notre pièce, et qu'il faut l'attribuer à ce troubadour : Rigaud de Barbézieux fut très connu en France, et cela s'explique. Il était saintongeais, et vint en France à la cour de Marie de Champagne, à laquelle il a dédié sa pièce *Tuit demandon qu'es devengut d'amors*, qui, ainsi qu'une autre (*Altresi com l'olifans*), est copiée dans trois chansonniers français, tandis que quatre autres au moins sont conservées dans deux ou dans un [1]. On place Rigaud « vers 1200-1210 » [2]. Cela paraît un peu trop récent, puisque nous le voyons composer des chansons à la cour de Marie, comtesse de Champagne de 1164 à 1191, et sans doute vers 1170. On s'appuie sur ce que sa biographie raconte qu'il se retira en Biscaye chez Diego Lopez de Haro, qui mourut en 1215 [3], mais le poète a pu mourir bien avant son patron. Il aurait été épris d'une fille d'un Geoffroi Rudel, femme d'un Geoffroi de Tonnai mort en 1220; mais c'est hypothétique : il peut s'agir d'un Geoffroi

---

1. Voy. la liste de Gauchat, p. 367. Aux six chansons qui y figurent j'ajouterais volontiers, outre la nôtre, la chanson anonyme *Eissamen com la pantera*, contenue uniquement dans le mss. 844. On sait que Rigaud affectionnait ces comparaisons tirées du *Physiologus* (*Altressi com li leons, Altressi com l'olifans, Si com la tigre el mirador*), et déjà son ancien biographe remarque : « El se deleitava molt en dir en ses cansos similitudines de bestias e d'auzels... per dir plus novelas razos qu'altre nos agues ditas ni trobadas ».
2. Chabaneau, *op. cit.*, p. 381.
3. Chabaneau, p. 251, note.

de Tonnai plus ancien, et rien ne prouve que cette femme fût la petite-fille et non la fille de Geoffroi Rudel le troubadour : celui-ci étant mort jeune en 1147, elle serait née vers 1145, ce qui placerait la retraite de Rigaud en Biscaye vers 1180. Si ces conjectures sont fondées, les trois chansons « poitevines » ou « auvrignaces » de notre poème sont de deux troubadours saintongeais, Geoffroi Rudel et Rigaud de Barbézieux, et d'un troubadour limousin, Bernard de Ventadour : c'est bien ce qu'on pouvait attendre d'après la date du poème et la diffusion exceptionnelle qu'obtinrent en France les œuvres de ces trois poètes [1].

On voit que l'étude des chansons insérées par l'auteur de *Guillaume de Dole* dans son roman est intéressante à plus d'un point de vue; j'espère qu'on ne regardera pas comme un hors-d'œuvre tout à fait inutile ces quelques pages que M. Servois veut bien ajouter à son introduction et que j'aurais pu allonger encore si je n'avais craint d'abuser de l'hospitalité qu'il m'accordait.

Gaston Paris.

[1]. Gauchat, p. 373. Il faut joindre Geoffroi Rudel à la liste qui est donnée là. Si on considère que nous n'avons que six chansons de ce poète, et que deux ont été copiées en France, l'une dans trois, l'autre dans deux endroits différents, on ne pourra nier qu'il ait été particulièrement célèbre au Nord.

LE

ROMAN DE LA ROSE

OU DE

GUILLAUME DE DOLE

ROMAN DE LA ROSE

ou de

GUILLAUME DE DOLE

Cil qui mist cest conte en romans, *f. 68 c*
  Ou il a fet noter biaus chans
  Por ramenbrance des chançons,
Veut que ses pris et ses renons
5   Voist en Rainciën en Champaigne,
Et que li biaus Miles l'apregne
De Nantuel, uns des preus del regne ;
Car aussi com l'en met la graine
Es dras por avoir los et pris,
10   Einsi a il chans et sons mis
En cestui romans de la Rose,
Qui est une novele chose,
Et s'est des autres si divers
Et brodez par lieus de biaus vers,
15   Que vilains nel porroit savoir.

Ce sachiez de fi et de voir,
Bien a cist les autres passez;
Ja nuls n'iert de l'oïr lassez,
Car, s'en vieult, l'en i chante et lit,
20 Et s'est fez par si grant delit
Que tuit cil s'en esjoïront
Qui chanter et lire l'orront,
Qu'il lor sera nouviaus toz jors.
Il conte d'armes et d'amors
25 Et chante d'ambedeus ensamble.
S'est avis a chascun et samble
Que cil qui a fet le romans
Qu'il trovast toz les moz des chans,
Si afierent a ceuls del conte.
30 Si commence ici son conte.

Eɴ l'empire ou li Alemant
Ont esté maint jor et maint an,
Si com li contes dit, segnor,
Ot jadis un empereor:
35 Corras ot non de par son pere,
Qui devant lui fu emperere.
Mout le tindrent les genz a preu;
Ne vos avroie hui conté preu
Quels hons il fu, car ne porroie:
40 Onqes au grant siege de Troie,
N'ot home si bien entechié;
Si haï mout vilain pechié
Et en esté mengier a fu.
Dès cele hore que il nez fu,
45 N'oï nuls issir de sa bouche
Grant serement ne lait reproche.
Mout se contint com sages rois:

f. 68 d

27 le, *ms.* les.

	Tot fist par decrez et par lois
	Vers sa gent ce que fere dut.
50	Onques home ne mesconnut
	Por poverte ne por richece.
	Bien afferoit a sa hautece
	Ce qu'il ert sages et cortois.
	De deduit d'oiseax et de bois
55	Ne savoit nus hom avant lui.
	Il valoit de tels rois .j. mui
	Com il a puis el regne eü.
	Par effors de lance et d'escu
	Conqueroit toz ses anemis :
60	Ja arbalestiers n'i fust mis
	Por sa guerre en auctorité ;
	Par averté, par mauvesté
	Les tienent ore li haut home;
	Por demi le tresor de Rome
65	Ne vousist il, a droit n'a tort,
	Q'uns en eüst prodome mort
	En son ost, nès son anemi.
	Et si portoit l'escu demi
	Au gentil conte de Clermont,
70	Au lion rampant contremont
	D'or et d'azur, et d'autre part.
	Plus estoit hardiz d'un liepart
	Quant il ert armez, l'escu pris.
	Et savez dont ge mout le pris ?
75	Sa justice et s'envoiseüre
	Par ert de si grant tempreüre
	Q'en n'i trovast ja point d'outrage ;
	Sa hautece et son vasselage
	Bessoit mout selonc sa franchise ;
80	S'estoit a toute gentelise
	Apers et dous et ademis.

62 *Ms.* mauvestié.

Se frans hom se fust en lui mis
De riens dont nus le querelast,
Por mil mars d'or, qui li donast,
85 Nel soufrist il a forsjugier.
Il ne haoit pas de legier;
Ne n'amoit riens contre s'onor.
Quant il savoit viel vavassor
Ne dame veve en poverte,
90 A ciaus estoit sa main overte,
Et donoit robes et avoir.
Ne voloit autre moeble avoir,
Mès grant plenté de chevaliers. *f. 69 a*
Joiax, dras de soie et destriers,
95 Lors donoit il a grant plenté.
Toz jors, et iver et esté,
Estoit sa cors granz et pleniere.
De mainte diverse maniere
I fesoit chascuns son mestier.
100 Il ne lessoit bon chevalier,
En son païs por qu'il errast,
Qu'il ne retenist ou donast,
Selonc son pris, terre ou chastiax ;
Ne portoit autres mangoniax
105 A ses guerres n'autres perrieres.
Cil portent lances et banieres
Por lui au partir de l'estor;
Cil prenoient les hautes tors;
Cil ardoient les granz chastiax;
110 N'i portent autres mangoniax
De l'ost de hors a ces dedenz ;
Il menjassent ainçois as denz
Les hourdeïs desor les murs :
Bien en ert lor sires seürs;
115 Ja n'asseïst riens ne fust prise,

99 *Ms.* Il fesoit.

Puis qu'il avoit la chose emprise.
Tel tresor doit rois amasser
Por qu'il puist confondre et quasser
Ses anemis, a son pié metre.

120 Bien s'en sot icist entremetre,
Qu'il n'avoit encor point de feme;
Mès, le voeil a ceaus de son regne,
En eüst il prochainement,
Mout en parloient tuit sovent
125 Li haut baron li un as autres :
« Se ciz bers, qui est mieudres d'autres,
« Muert sanz hoir, nos somes tuit mort. »
Nature les prent et remort
Qu'il a entr'ax norriz esté,
130 Et si lor a maint jor porté
Mout grant honor et fet grant bien,
Et s'il moroit sanz hoir, por rien
Ne seroient il jamès lié.
Por ce l'en ont mout arresnié
135 Li plus haut prince de son regne ;
Mès genvrece qui en lui regne
Ne l'i lessoit pas acorder,
Ainz fet les granz trez encorder,
Ses aucubes, ses pavellons,
140 En esté quant il est sesons
De deduire en prez et en bois.
Des citez s'en issent manois
En cez granz forez por esbatre;
Dedenz .iij. jornées ou .iiij.
145 Ne lessoit conte ne contesse
Ne chastelaine ne duchesse
Ne dame qu'il n'envoiast querre

118 *Ms.* Por qu'il fust.

Dedenz .vij. jornées de terre,
Ne vavassor a bone vile ;
150 Qu'il ne donast pas une bille
Que coustast, mès qu'a gré fust fet,
Por ce qu'il veut qu'il soit retret,
Quant il ert morz après sa vie.
De biaus gieus et sanz vilonie
155 Se joe ovoec ses compaignons.
Il porpense les ochesons
Comment chascuns fera amie.
Or sachiez qu'il n'i faudra mie
Qu'il ne l'ait, por riens qu'il puist fere,
160 Li bons rois, li frans debonere.
Il savoit toz les tors d'amors.
Au matin quant paroit li jors,
Lores venoient li archier
De devant son tref por huchier :
165 « Or sus, segnor, s'irons en bos ! »
Lors oïssiez soner cez cors
Por esvellier cez chevaliers
Et ces viex chenuz croupoiers ;
Fesoit chascun baillier .j. art.
170 Onques voir, puis le tens roi Mart,
Empereres ne sot vuidier
Si bien pavellon d'encombrier.

Mout estoit sages et voiseus :
As jalous et as envieus
175 Fesoit baillier espiez et cors,
Si montoit ovoec jusq'au bos,
Por ce que il ne retornassent ;
As uns, a proié qu'il alassent
Boissoner ovoec les archiers,

162 *Ms.* quant parut.

180 Et li autre, as liemiers,
Povr sievre, qui sont bon as cers;
Tant lor baille deduiz divers
Qu'il s'en tindrent bien a paié.
Et quant il furent avoié
185 E mis en la haute forest, *f. 69 c*
Au deduit qui mout miex li plest
S'en retorne luès droit arriere
Par une anciene charriere,
Soi tierz de chevaliers riant.
190 Et si bon chevalier errant,
Qui s'estoient debrisié d'armes,
Se dorment de desoz cez charmes
En paveillons de draz de soie :
Jamès, voir, en lieu ou ge soie,
195 Ne verrai gent a tel solaz
Ne tante dame estroite a laz,
En chainses ridez lor biauz cors :
S'ont chevex ondoianz et sors,
Chapelez d'or a clers rubiz;
200 Et cez contesses en samiz
Et en draz d'or emperials,
Em pur lor biax cors sanz mantiaus;
Et ces puceles en bendez,
A chapelez entrelardez
205 De biax oisiaux et de floretes;
Lor genz cors et lor mameletes
Les font proisier de ne sai quanz.
De corroietes, de blans ganz,
Erent mout bien enharneschiées.
210 Tot chantant es tentes jonchiées
Vont as chevaliers quis atendent,
Qui les braz et les mains lor tendent;
Ses traient sor les covertors.

200 cez *ms.* ses. — 203 *corr.* en cendez?

Qui onqes fu en tels estors
215 Bien puet savoir quel siecle il orent.
Mout lor est poi se cil demorent
Qui estoient alé en bos.
Et l'empereres, les galos,
Ert ja reperiez a sa tente
220 Vers cez qui ont mout autre entente
Que cil qu'il a el bois lessiez ;
En .j. tref point toz eslessiez,
Criant : « Ça, chevalier, as dames ! »
Il ne pensent pas a lor ames ;
225 Si n'i ont cloches ne moustiers
(Qu'il n'en est mie granz mestiers),
Ne chapelains fors les oiseaus.
Mout orent tuit de lor aveaus.
Dex ! tant beaus chans et tant beaus diz,
230 Sor riches coutes, sor beaus liz, *f. 69 d*
I ot dit ainçois qu'il fust prime !
Et quant tens de lever aprisme,
Lors veïssiez genz acesmer.
De samiz, de dras d'outremer,
235 De baudequins d'or a oiseaus,
Orent et cotes et manteaus
A penes fresches bien ovrées,
D'ermine et de gris chevronées
A sables noirs, soef flerans :
240 Si beles genz, si acesmans
Ne troveroit on ore mie.
L'empereres ne se vout mie
Miex vestir que firent li autre :
De .ij. samis de l'un en l'autre
245 Fu la soe robe bendée ;
Savez qui mout l'a amendée ?
Une pucele li atache
De ses mains une bele atache
Des laz de sa blanche chemise ;

250 La bele main dont el l'a mise
Ait or .c. foiz bone aventure!
Et si li change sa ceinture
A une corroiete blanche;
Or la gart bien la preuz, la franche!
255 Que sanz l'or valent bien les pierres,
Les esmeraudes verz com ierres,
.XL. marz entre .ij. freres.
Beneoiz soit tex empereres!

Quant il furent levé vers tierce,
260 Par le bois vont joer grant piece,
Toz deschaus, manches descousues,
Tant qu'il sont es illes venues;
As fonteneles qui sordoient
Mout prés de la ou il estoient
265 Logié el bois por le deduit,
Ça .ij., ça .iij., ça .vij., ça .viij.,
S'assieent por laver lor mains.
Li lieus n'estoit mie vilains,
Ainz estoit verz com en esté,
270 Et si avoit mout grant plenté
De floretes indes et blanches.
Ainçois qu'il cousissent lor manches,
Levent lor oils et lor beaus vis.
Les puceles, ce m'est avis,
275 Lor atornent fil de filieres
Qu'eles ont en lor aumosnieres;
Or ne sai ge que riens lor faille.
As dames, en lieu de tovaille,
Empruntent lor blanches chemises;
280 Par ceste ochoison si ont mises
Lor mains a mainte blanche cuisse :
Je ne di mie que cil puisse
Estre cortois qui plus demande.

Et li disners et la viande
285 Est aprestez, napes assises,
Et les dames se resont mises
Au retour, et li chevalier,
Qui ne prisent mauvès dangier
La coue d'une violete,
290 Ains chantent ceste chançonete :

E non Deu sire, se ne l'ai
L'amor de lui, mar l'acointai...

Ainz que ceste fust dite tote,
Commence uns autres en la route :

295 La jus desoz la raime,
Einsi doit aler qui aime.
Clere i sourt la fontaine,
Ya!
Einsi doit aler qui bele amie a...

300 Ainz qu'ele fust bien commencie,
Une pucele secorcie
D'un trop biau chainze, a .j. blont chief,
En recommence de rechief :

Se mes amis m'a guerpie,
305 Por ce ne morrai ge mie...

Ainz que ceste fust bien fenie,
Une dame sanz vilonie,
Qui ert suer au duc de Maience,
Haut et seri et cler commence :

310 Main se leva bele Aeliz.
Dormez, jalous, ge vos en pri.
Biau se para, miex se vesti,

OU DE GUILLAUME DE DOLE

  Desoz le raim.
 Mignotement la voi venir,
315   Cele que j'aim.

 Et li gentiz quens de Savoie
 Chante ceste tote une voie :

 Main se leva bele Aeliz.
 Mignotement la voi venir.
320 Bien se para, miex se vesti
   En mai.
Dormez, jalous, et ge m'envoiserai...

 Et li quens de Luce le bourc,
 Qui amoit iloec par amor
325 Une dame de grant solaz,
 Qui chantoit de mains et de braz
 Miex que dame qui fu pieça,   *f. 70 b*
 Por l'amor de li commença :

 C'est tot la gieus el glaioloi.
330 Tenez moi, dame, tenez moi.
 Une fontaine i sordoit, ae !
Tenez moi, dame, por les maus d'amer...

 Si chantant en itel meniere,
 Resont tuit revenu arriere
335 Trusqu'as trez ou il ot bel estre,
 Car cil qui de ce furent mestre
 Les ont d'erbe fresche jonchiez ;
 Biaus les ont fez et affetiez
 Et ont osté coutes et liz ;
340 Ensamble metent cez tapiz
 Por estre a gregnor largeté.
 Varlez i ot a grant plenté :
 Iloec lor ont l'eve donée,

Que la viande ert aprestée.
345 Tables mises et napes beles.
Li chevalier et les puceles
Et les dames sirent par tires.
Ne se contint pas come sires,
Car ses granz senz et sa proece,
350 Sa bonté et sa grant largece
L'assist mout plus bas que ne die:
Ce li vint de grant cortoisie;
Et le viel duc de Genevois
Fist il seoir a son haut dois,
355 A son col riches piax de martres.
Or cuit que li vesques de Chartres
S'amast miex iloec qu'en .j. sane;
Que chascuns i garist et sane
Ses oils d'esgarder les merveilles.
360 Tantes faces cleres, vermeilles,
Et cez douz viz lons et traitiz,
Et cez biaus sorcils porvoutiz,
Et cez blons chiez et cez biaus cors.
Et quant li quens de Sagremors
365 Ot chanté une chançonete,
Viande orent et bone et nete,
Vin cler et froit de la Musele,
Et vaisselemente novele,
Pastez de chevrols et lardez,
370 De ce i ert granz la plentez,
De chevriex, de cers et de dains,
De fromages et cras et sains
De la riviere de Clermont;
N'est riens qui a viande mont,
375 Por qu'ele soit bone en esté,
Dont il n'i ait a grant plenté
Et a devise et a soushet.
N'i a chevalier ne s'enhait
Por l'emperere qui s'envoise.

f. 70 c

380 Et c'est droiz que chascuns aoise
Sa joie por s'envoiseüre.
C'onqes si gentil creature
Com il ert ne but ne menja;
Et, son voeil, ne pensast il ja
385 S'a armes non et a amors,
Et s'ot tant autres bones mors
C'onqes tex bers ne fu, s'il vit.
Mout li sist et plot ce qu'il vit
De sa terre et de son roiaume
390 Tante pucele et tante dame
Et tant bel chevalier de pris.
Li serjant, qui furent apris
D'oster les nappes, quant il virent
Que nus ne menja, si en firent
395 Ce qu'il durent mout belement;
Li vallet saillent erroment
Por l'eve as bacins, si la donent.
Sachiez que maint s'i abandonent
Por tenir au bon roi ses manches,
400 Et cez dames a cez mains blanches
Dont mout lor plesoit la veüe;
Quant la premiere ot l'eve eüe
Et cil et celes qui en voudrent,
Et les beles dames envoudrent
405 Lor mantiax entor lor biax cors,
Et la feste commença lors
Des estrumenz et de deduit.

Mout tarja poi après, ce cuit,
Quant li veneor, li archier
410 Qui alerent hui main chacier,
Et li chevalier por esbatre,
Ou par .iij. chemins ou par .iiij.,
Repairent fesant lor menées,

Grant plenté de bestes troussées,
415 Chevriex, biches, et cers de cresse ;
Quant la noise des cors apresse,
Et cil qui portent les forchiez
Ou il ont mises lor daintiez,
Et cil as cors de cerf ramuz.   *f.* 70 d
420 Lors n'i remest granz ne menuz
Es pavellons qui ne s'en isse
Encontre ciaus qui mainte bische
Orent le jor tolu la vie.
Tuit dient qu'il ont grant envie
425 De ce qu'il n'i furent alé.
Cil veneor mal atirié,
Cil qui avoient buisiné,
S'en revindrent mout hericié,
Es ledes chapes de grisan
430 Qui ne furent noeves oan,
Et heuses viez, rouges et dures,
Et roncins durs sanz ambleüres,
Et sont en sanc jusq'as jarrez ;
Et ont derrier euls lor brachez
435 Et les liens desor les braz ;
Il ne porterent roiz ne laz,
Ainçois pristrent a forçoier
.III. cers, sanz ce que li archier
Ocirent ciax q'as mains lor vint,
440 Qu'il en ocistrent plus de .xx.,
Biches, chevriex, lievres, goupiex,
Qui ont par devers les cortiex
Dan Constan tolu maint chapon.
Li keu firent la venoison
445 Destrousser, si la portent cuire ;
N'i a nul qui de faim ne muire
De ceuls qui ont en bos esté :

443 *Ms.* constanz.

Por ce ont li seneschal hasté
A la cuisine lor viande.
450 Queque l'empereres demande
A ses veneors des nóveles,
Cez dames et cez damoiseles
S'en revont as tentes deduire,
Et cil qui ne voelent ciax nuire
455 Qui recontoient lor mençonges :
Vos deïssiez que ce fust songes
Des merveilles qu'il lor contoient.
Il se rit de ce qu'il mentoient,
Mès c'est coustume de tiex genz.
460 Après none fu beaus et genz
Li soupers, aprestez et cuiz.
Et serjans voiseus et recuiz
De quanque fere a cort covint
I ot assez, et quant ce vint
465 Qu'en reparla des napes metre,   f. 71 a
Bien fu qui s'en sot entremetre,
Q'assez i ot varlez et genz.
As bacins, as vassiax d'argent,
Donent l'eve communement.
470 On les rassist si fetement
Com il orent sis au disner.
Cil qui vindrent del bois vener
Se sont d'une part tuit assis :
Qu'il ne sont mie si forsis
475 De viande com sont li autre ;
Tant en ont pris et d'un et d'autre
Qu'il n'en est mesure ne conte.
Li veneor n'orent pas honte
S'il orent boef au premier mès
480 As bons aus destrempé d'aigrès,
Et puis oisons et mortereux.

465 *Ms.* qu'el reparla.

Il i ot tels des amoreus
Qui en menjassent bien, ce cuit.
Mès il souperent par deduit :
485 Lor daintiez et lor venoison,
Dont il i ot si grant foison,
Nuls, tant fust povres, n'i failli.
Mès savez dont sont mal bailli?
Que il ne sevent q'est mesese :
490 Einsi les paist cils rois a ese.

Quant il orent mengié assez
Et beü trestot a lor sez
[N]on pas rouge vin a tostées,
Quant les napes furent ostées,
495 Il se sont tuit levé des tables ;
Puis sont alé joer as tables,
Et .iij. chevaliers d'autre part
Rejoent as dez, au hasart,
Denier a autre tresqu'a .vj. :
500 Et li autre resont assis
Cil as eschez, cil a la mine.
Vïeleors a dras d'ermine
Vïelent par cez pavellons.
Les dames et les compegnons
505 L'empereor s'en issent hors,
Main a main em pur lor biau cors.
Devant le tref, en .j. pré vert,
Les puceles et li vallet
Ront la carole commenciée.
510 Une dame s'est avanciée,
Vestue d'une cotele en graine;
Si chante ceste premeraine :

C'est tot la gieus enmi les prez.
Vos ne sentez mie les maus d'amer.

f. 7,1 b

515 Dames i vont por caroler.
 Remirez voz bras,
Vos ne sentez mie les maus d'amer,
 Si com ge faz...

 Un vallez au prevost d'Espire
520 Redit ceste, qui n'est pas pire :

 C'est la jus desoz l'olive,
 Robins enmaine s'amie :
 La fontaine i sort serie,
 Desouz l'olivete
525 E non Deu, Robins enmaine
 Bele Mariete...

 Ceste n'ot pas duré .iij. tours
 Quant li filz au conte d'Aubours,
 Qui mout amoit chevalerie,
530 Recommence a voiz serie :

 Main se levoit Aaliz.
 J'ai non Enmelot.
 Biau se para et vesti
 Soz la roche Guion.
535 Cui lairai ge mes amors,
 Amie, s'a vos non ?..

 Et la duchesse d'Osteriche,
 Qui si estoit de beauté riche
 Q'en ne parloit se de li non,
540 Recommence ceste chançon :

Main se leva la bien fete Aeliz.
Par ci passe li bruns, li biaus Robins.
Biau se para e plus biau se vesti.
Marchiez la foille, et ge qieudrai la flor.
545 Par ci passe Robins li amorous,
Encor en est li herbages plus douz...

Que de Robin que d'Aaliz,
Tant ont chanté que jusq'as liz
Ont fetes durer les caroles.
550 Se sire Oedes de Ronqueroles
Trovast tel roi, ce fust barnez ;
Mès li tens est si atornez
Q'on ne troeve mès qui bien face :
Por ce s'enledist et efface
555 Chevalerie, hui est li jors.

Cele grant joie et ciz sejors
Dura bien .xv. jors passez.
Quant cil qu'il avoit amassez
Voelent raler en lor païs,
560 Lors venoient, ce m'est avis,
Si biau present et si biau don,
Et joiau de mainte façon
Qu'il done chascun et chascune ;
Il n'i avoit dame nesune
565 Ne pucele qui noient vaille,
Cui il ne doinst ainz que s'en aille ;
Et fet chascune tant d'onor
Qu'il desert sa grace et s'amor.

Itels rois doit bien tenir terre
570 Qui se fet avoir et conquerre
L'amor et le cuer de ses genz.
Cist assembloit les parlemenz
Por veoir ses barons ensamble ;
Il n'estoit mie, ce me samble,
575 De cez rois ne de cez barons
Qui donent or a lor garçons

f. 71 c

570 Corr. Qui si set :

Rentes et prevostez a ferme,
Dont les terres et il meesme
Sont destruites et il honi;
580 S'ont tot le monde aviloni;
Ce met les prodomes arriere
Et les mauvès en la chaiere :
Mal fet bers qes met en baillie;
Que ja por nule segnorie
585 Nuls vilains n'iert se vilains non.
Cist empereres, cist prodom
Lor fu toz tens adès eschis;
De vavassors fesoit baillis
Qui aiment Deu et criement honte,
590 Qui s'onor et quanq'a lui monte
Li gardoient come lor iex.
L'empereres voloit mout miex
Que li vilain et li bourjois
Gaaignassent de lor avoirs
595 Qu'il lor tolist por tresor fere;
Car, quant il en avoit afere,
Il savoit bien que tot ert soen,
Et ce li venoit de grant sen,
Q'a son besoig estoit tot prest
600 Et le chatel et le conquest;
Il n'en erent se garde non,
Et s'erent riche et de grant non
Et marcheant de grant avoir;
Il ne trovoient bel avoir
605 A nule foire ou il alassent
Ne biau cheval qu'il n'achatassent
Por presenter l'empereor :
Mout li fesoient plus d'onor
Cil present que s'il les taillast.
610 Ja nuls marcheanz qui alast,

f. 71 d

591 *Ms.* come lor oils.

Ne siens ne autres, par sa terre,
Por nul besoig, por nule guerre,
Ne soufrist qu'il fust destorbez;
Tant larrons avoit essorbez,
615 Tant robeors fet essillier,
Si seür com par .j. moustier
Aloit chascuns parmi son regne.
Bien vit li haus princes et regne
Qui si sagement tint sa terre.

620 Or avint que li quens de Guerre
Avoit guerre au duc de Baiviere;
Por nul avoir ne por proiere
Ne voloit li dus doner trive :
L'emperere ala en la vile
625 Le conte, si les apesa,
Et fist tant que li dus besa
Le conte, mès ce fu a paine.
Mout fet bien prodom qui se paine
De pès querre en mainte maniere.
630 En ce qu'il revenoit arriere
A .j. sien chastel sor le Rin,
S'iert .j. jor levez par matin,
Et li jors eschaufa vers tierce,
Et il ot chevauchié grant piece :
635 Ce sachiez qu'il li anuia.
Un sien vieleor qu'il a,
Qu'on apele a la cort Juglet,
Fist apeler par un vallet.
Il ert sages et de grant pris
640 Et s'avoit oï et apris

624 *Ms.* L'empereres. *On pourrait corriger (et peut-être lire) ainsi les v. 623-4 :*

> Ne voloit li dus doner triue :
> L'emperere ala en l'aiue...

Mainte chançon et maint biau conte;
Li vallez ert filz a un conte.
Si l'apela tant que cil vient.
Fet l'empereres : « Se te vient
645 « D'orgoeil ou de melancolie,
« Que tu hez tant ma compegnie?
« Dehez ait sanz moi qui t'aprist! »
En riant par le frain le prist,
S'issent fors del chemin amdui.
650 Fet li empereres : « J'ai hui
« Certes eü mout grant someil ;
« Aucun conte dont ge m'esveil
« Me conte, » fet il, « biaus amis. »
En riant li a lores mis
655 Le braz senestre sor l'espaulle.
Fet il : « Nel tenez mie a faule,   *f. 72 a*
« Une mervelle qui avint
« Uns bachelers, qui de la vint
« Ou ce ot esté, me conta.
660 « En cele Champaigne hanta
« Uns chevaliers preus et vaillanz,
« Et si ert biaus et avenanz
« Et de mout sage contenance.
« Si amoit une dame en France
665 « En cele marche de Perchois;
« Por riens q'en li meïst a chois
« Ne lessast il qu'il n'i alast.
« Il n'est chevaliers, s'il l'amast,
« Qu'il ne cuidast bien estre rois
670 « La biauté, le pris del Barrois,
« Au jor que plus en pot avoir,
« Ce sachiez de fi et de voir,
« Si fu noienz avers cestui. »
Fet li empereres : « Meshui
675 « N'avrai ge talent de dormir,
« Car pleüst or au S. Espir,

« Si m'eüst cousté .v. c. mars,
« Et que mes chastiax fust toz ars
« Anquenuit ainz que g'i entrasse,
680 « Par covent que ge encontrasse
« Un autre tel come cil fu,
« Si fust tote la vile en fu,
« Diex, com fust or sires de mi!
« N'iert pas la dame sanz ami
685 « Qui si l'avoit preu et vaillant!
« Par Deu, Juglet, or di avant
« Se la dame fu si plesanz
« Endroit soi com cil fu vaillanz?
— Ce fust mervelle, ce m'est vis, »
690 Fet Juglès, « ce que ge devis;
« Cil fu mout preuz, mès c'est noienz
« Avers celi de cui comenz
« A descrivre com el ert bele :
« Sa bloie crigne recercele
695 « En ondoiant aval le vis;
« A flor de rose, a flor de lis
« Samble la face de color,
« Car la rougeur o la blanchor
« I fu mout soutilment assise.
700 « De riens n'i fu pas entreprise
« Nature qui la fist tant bele,
« Qu'en tot le mont jusq'a Tudele *f. 72 b*
« Ne peüst l'en sa per trover.
« Les oils ot beaus por esgarder,
705 « Vairs et clers plus que n'est rubis,
« Sorcils bien fez, lons et tretiz,
« Non pas joignans, c'est veritez;
« Les denz de la bouche et le nez
« Avoit toz fez par majestire. »
710 N'aprist pas hui si a descrire
Qui l'embeli en tel meniere.
« Mout par avoit simple la chiere,

« Blanche poitrine, blanc le col,
« Il n'ot si bele jusqu'a Dol;
715 « Cors ot gent, biaus braz, beles mains.
« Nus ne peüst estre vilains
« Por qu'il fust en sa compegnie;
« Tant ert plaine de cortoisie
« Et de sens o la grant beauté!
720 « Ce sachiez vos de verité,
« Qu'ele ert tel com ge la devis.
— Or tien, » fet il, « cest mantel gris,
« Certes, qu'il est bien emploiez.
« Je voudroie estre el cors plaiez,
725 « Mès que ge mort n'i receüsse,
« Par tel covent que ge seüsse
« S'en France a mès tele ne tel;
« Ja Diex ne me maint a l'ostel
« S'il i a lieu, se gel savoie,
730 « Que demain ne fust a la voie
« Li messages por l'aler querre;
« Et s'il voloit avoir ne terre
« Et bon segnor et bon ami,
« Tost avroit recovré en mi.
735 « De la dame ne di ge mie :
« Toz i morrai sanz tele amie,
« Q'en mon regne n'a sa pareille. »
Fet Jouglès : « Vos dites mervelle,
« Que n'est ne si preuz ne si bele
740 « Ne chevalier ne damoisele,
« Q'ausi bele encore ne soit
« Et ausi preuz, ou que ce soit.
« Si vos di bien que g'en sai une,
« Et que ge n'ai doné nesune
745 « Beauté celi que ceste n'ait :
« Ce dit bien chascuns qui la voit ;
« Et si sai bien com el a non,
« Que ses freres est de haut non

f. 72 c

« Et de mout gregnor pris encore
750 « Que cil dont ge vos disoie ore,
« Qui si estoit bien entechiez.
— Biaus amis Jouglet, or sachiez,
« Se ge de ce puis certains estre,
« De bone heure vos fist Dex nestre,
755 « Qu'a toz jors mès vos en ert miex ;
« Einsi joie ge de mes iex,
« Se ge par vos sai le manoir
« Et la terre ou il puet manoir,
« Cil qui tant est et preuz et biaus.
760 « Tient il ne cité ne chastiaus ?
« De quel richece puet il estre ? »
Fet Jouglès : « Onques ne pot pestre
« De sa terre .vj. escuiers,
« Puis qu'il fu primes chevaliers ;
765 « Et s'est et a gris et a ver
« Toz tenz et esté et iver,
« Et a soi tiers de compegnons ;
« Car ses granz pris et ses renons
« Et ses granz cuers et sa proece
770 « Le porvoit si bien et adrece
« Qu'il a terre et avoir assez.
— Mout a Dex en lui amassez
« Toz ses granz biens, » fet l'emperere.
« Mout puet estre lie la mere
775 « Qui porta filz de si haut cuer.
« Bien me devroit on geter puer,
« Se je ne l'ai a compegnon.
« Or me di coment il a non.
— Guillame de Dole l'apelent
780 « Tuit cil qui el païs reperent,
« Non pas par ce qu'ele soit soe.
— Di moi dont por qoi s'en avoue ?
— Qu'il en maint près a un plessié ;
« S'a par Dole plus essaucié

785 « Son sornon que par une vile,
« Ce vient plus de sens que de guile. »
Fet l'empereres : « Ce fet mon,
« Et sa suer coment a a non,
« Qui si a bel et gent le cors?
790 — Sire, el a [a] non Lïenors,
« Ce dit li nons de la pucele. »
Amors l'a cuit d'une estencele
De cel biau non mout près del cuer;
Or li seront, sachiez, d'un fuer
795 Totes les autres por cesti.
— Beneoiz qui cest non basti,
« Et li prestres qui fu parrins!
« Il fust arcevesqes de Rains,
« Se je fusse sires de France.
800 — Or n'i a fors de l'aliance
« Fere erroment entre vos .ij., »
Fet Jouglès. — « Si te consaut Dieus,
Or me rembeliz la pucele. »
Cil s'aperçoit mout bien que cele
805 Li plesoit ja par oïr dire,
Et au samblant que il remire,
Li est avis qu'il l'aime ja.
« Juglet, » fet il, « ne me di ja
« Ne plus ne mains que tu en sez :
810 « En la moitié a el assez
« De sa beauté por estre dame
« Ou d'un empire ou d'un roiaume,
« Se m'en as la verité dite. »
Lors li a cil mout bien descrite
815 La gentil pucele honorée.
« Ha! Dex! com buer fu onques née,
« Et cil plus cui ele amera!
« Sempres covient savoir qu'ira

796 *Ms.* Bencoit soit qui.

« Querre son frere le matin,
820 « A cui ge me doig et destin
« Por servir de cuer et de cors. »
En riant li dit Jouglez lors,
Qui ert sages et apensez :
« Del cors veoir avra assez,
825 « Qu'il n'est mie si covoitous,
« Et Lïenors as blons chevouls
« Avra le cuer, se m'en creez. »
Fet il en riant : « Gars provez,
« Com ez ore de mal apens !
830 « Or cuides tu voir que ge pens
« Mains au frere q'a la seror ?
« En mon roiaume n'en m'onor
« N'afferroit pas q'el fust m'amie,
« Mès por ce qu'el n'i porroit mie
835 « Avenir, i voel ge penser.
« Or nos a fet soef passer
« La jornée, soe merci.
— Je lairai nostre conte ici,
« Et vos savez bien ou ge lès ;
840 « Il est bien tens d'atendre huimès *f. 73 a*
« Nostre route et noz compegnons. »
Fet il : « Tu diz voir, or poignons. »
Et si chante ceste chançon
En l'onor mon segnor Gascon :

845 Quant flors et glais et verdure s'esloigne,
Que cil oisel n'osent .j. mot soner,
Por la froidor chascuns crient et resoigne,
Trés q'au biau tens qu'il soloient chanter ;
Et por ce chant, que nel puis oublier,
850 La bon' amor dont Dex joie me doigne,
Car de li sont et vienent mi penser....

Ainçois qu'il l'aient dite toute,
Estoit ja li plus de la route,
El chastel et li ostel pris.
855 L'empereres, qui ot le pris
Entor lui de chevalerie,
Erroment o grant compegnie
Est entrez el chastel après
Par une porte de ciprès;
860 Au palès vienent, si descendent.
Li seneschal les i atendent,
L'eve aprestent, napes sont mises.
N'i ont pas fet granz ademises,
Ainz en fist on luès quanq'en dut.
865 Couchier se vet, quant il li lut
Et sa grant gent fut departie.
Par Jouglet, cui il ot partie
Sa robe as chans, fist apeler
.I. clerc; si li fist aporter
870 Encre, parchemin, et l'afere
Que il convient a letres fere.
Tuit troi vont en la garderobe;
Jouglez de sa cote le robe
Dont il avoit ja le mantel,
875 Queque li clercs fist bien et bel
Les letres teles a devise
Com l'empereres li devise,
Puis les fist en or saeler.
Après fist .j. vallet mander,
880 Qui est venuz; s'ot non Nicole :
« Mon segnor Guillame de Dole, »
Fet il, « me porteras cest brief. »
Ce ne sai ge s'il li fu grief,
Mès il dit : « Sire, volentiers.
885 — Sez tu, » fet il, « que dit le briés ?

« Que je li mant et si li pri, *f. 73 b*
« Luès qu'il aura cest bref oï,
« Qu'il monte et viegne a moi luès droit,
« Par cele foi que il me doit ;
890 « Et s'il est a tornoi n'a guerre,
« Por ton roncin mengier, au querre
« Ne fines si l'aies trové
« Et le brief de par moi mostré.
« Or pense bien de la besoigne. »
895 Il a commandé qu'on li doigne
.II. marz d'esterlins por despendre,
Ou plus encor, s'il l'en veut prendre ;
Puis li dist qu'il se voist couchier,
Et liet matin por chevauchier
900 Au roisant, si fera que sages.
Cil estoit de fere messages
Assez plus duiz que buès d'arer.
Au matin lieve por errer,
Si se vest et heuse et atorne,
905 El roncin monte, si s'en torne
Et se seigne a l'issir de l'uis.
Je ne demandai onques puis
Ou il fut la premiere nuit,
Mès mout li greva voir, ce cuit,
910 Ce qu'il aloit seuls au plessié.

L'empereres, qu'il a lessié
Gisant de la ou il torna,
Au matin quant il se leva,
Si fist ovrir une fenestre.
915 Li soleils, plus clercs que puet estre,
Geta ses biaus rais par son lit
(De sebelin et de samit

897 *Corr.* s'il en ?

Ot covertoir a roses d'or).
Por l'amor bele Lïenor,
920 Dont il avoit el cuer le non,
A commencié ceste chançon :

Li noviaus tens et mais [et violete]
Et roissignox me semont de chanter.
Et mes fins cuers me fet d'une amorete
925 Un doz present que ge n'os refuser.
Or m'en doint Dex en tel honor monter,
Cele ou j'ai mis mon cuer et mon penser
Qu'entre mes bras la tenisse nuette,
 Ainz q'alasse outre mer.

930 Einsi se conforte en chantant.
Et cil qui chevauchoit errant
Vers Dole tot le grant chemin
Se fu tant levez por matin,   *f. 73 c*
Puis qu'il vit qu'il l'estut a fere,
935 Qu'en mains d'uit jors vint au repere
Mon segnor Guillame de Dole.
Renomée qui par tot vole
L'a mené tot droit au plessié.
Grant trot, non pas le col bessié,
940 Entre en la vile par la porte
Ot tot le seel d'or qu'il porte.
Il n'estoit pas toz a aprendre :
Il ala ainz son ostel prendre
Qu'il entendist a autre rien ;
945 Et quant il fu herbergiez bien,
Et ses roncins bien aesiez,
Et il des heuses deschauciez,
Chauciez s'est d'autre chaucemente.
Un chapel de flors et de mente
950 Li donna la fille son oste.

941 *Ms.* qui porte.

    Puis prent la boiste, si en oste
    Les letres, et vet a la cort.
    A un garçon a pié qui cort,
    Qui un trop beau levrier enmaine,
955 Demande quel vie en i maine :
    Il dit que l'en i veut mengier.
    « Je peüsse ja trop targier, »
    Fet il lors droit a soi meesmes ;
    Mout s'apertist et mout s'acesme.

960 Que qu'il monte en la sale amont,
    Li sire ert luès de Rougemont
    Venuz, d'un grant tornoiement.
    S'avoit chevaliers et mout gent
    Par cele sale a grant plenté.
965 Il a un vallet acosté,
    Si li a dit qu'il li moustrast
    Son segnor avant qu'il menjast ;
    Cil li moustre mout bien au doit.
    Li vaslez en vet la tot droit.
970 Por ce q'on nel tenist a fol,
    Osta le mantel de son col,
    Qu'il n'est pas droiz qu'il i remaigne :
    « Li empereres d'Alemaigne,
    « De par cui ciz briez est venuz,
975 « Vos mande, sire, mil saluz,
    « Come cil qui vos aime et prise.
    « Sachiez que grant faim li est prise
    « De vos veoir prochainement. »
    Il li respont mout sagement :   *f. 73 d*
980 « Frere, » dit il, « l'empereor
    « Doint Diex grant joie et grant honor,
    « Autant com mes cuers en desire !

955 *Ms.* quel vie l'en i maine. — 958 *Ms.* meismes.

« Et por Deu, que fet il, mis sire ?
« Mout a grant tens que ge nel vi.
985 — Gel lessai tot sain, Deu merci.
— Certes, » fet il, « ce m'est mout bel. »
Mout resgarderent le seel
Et li chevalier et les genz :
Mout en avoit de tex laienz
990 Qui onques mès ne virent tel.
Fet il : « Alez a son ostel,
« Gardez qu'il soit bien herbergiez. »

Ains que li seauls soit brisiez,
Il vet a la chambre sa mere :
995 « Vez, dame, » dit il, « l'emperere
« M'a envoié cest seel d'or ;
« Mès ge ne sai qu'il a encor
« Dedenz, mès ge le savrai ja. »
D'un sien coutel le revercha,
1000 Si en trest le parchemin fors.
Sa suer la bele Lïenors
En ot l'or por .j. soen fermail ;
Quant ele vit le bel cheval
Et un roi tot armé deseure :
1005 « Ha! dame, se Dex me sekeure, »
Fet ele, « or doi mout estre lie
« Quant j'ai .j. roi de ma mesnie. »
Mis sire Guillames s'en rit :
« Se Deu plet et saint Esperit,
1010 « C'est tote honor qui vos vendra. »
Fet la mere : « Ja n'i faudra,
« Li cuers le m'a toz jors bien dit. »
Uns siens chevaliers qui porvit
La letre, si li a leüe :
1015 « Li empereres vos salue ;
« Après si vos mande et [vos] prie,

« Luès q'avrez ceste letre oïe,
« Que ja n'i querez nule essoigne,
« Por aloigne ne por besoigne,
1020 « Que vos n'ailliez a lui luès droit ;
« Qu'il n'iert mès liez jusqu'il vos voit.
— Filz, vos irez, » ce dit la mere ;
« Grant honor vos fet l'emperere,
« Quant il si belement vos mande.
1025 — Dame, ainz irons a la viande, *f. 74 a*
« Et puis après si ferons el. »
L'en done l'eve por l'ostel ;
S'i assieent li chevalier.
Cil qui tot set sanz ensegnier
1030 Quanqu'il apartint a honor
Prist le vallet l'empereor,
Qui mout estoit de bone part ;
Si se vont seoir d'une part
De la table a .j. des corons.
1035 Char orent assez et poissons
A cel mengier a grant plenté :
« Biaus amis, or avez esté, »
Fet il, « maintes fois miex serviz :
« Mout mengissiez or a enviz
1040 « Ceste viande a vavassor
« En la meson l'empereor.
— Sire, » dit-il, « ce n'est pas doute ;
« Mès venoison qui flere toute,
« De senglers, de cers sanz seson,
1045 « De ce avons a grant foison,
« Et de pastez viez et moussiz :
« Quant il ne sont preuz as souriz,
« Lors sont il bon as escuiers.
— Dex ! » fet il a ses chevaliers,
1050 « Or cuidoie que chacissons

1018 essoigne, *ms.* aloigne.

« Et que nos nos sejornissons
« .VIII. jors toz plains sanz removoir;
« Or me restuet par estovoir
« Tot maintenant aharneschier
1055 « Si com por demain chevauchier,
« Ou avoir male volenté,
« A court. — Vos dites verité, »
Fet li vallez, « ce n'est pas fable,
« Mès fetes oster ceste table ;
1060 « Si atornons si cest afere
« Qu'il n'i ait ainquenuit que fere,
« Qu'il convendra matin movoir.
— Frere, » fet il, « vos dites voir. »
Lors s'est levez et tuit li autre ;
1065 Et li vallez, triez .j. triez autre,
Qui ot esté en autre yver,
Ala veoir son roncin ver,
Savoir s'il avoit que mengier.
A sa mere, qui mout l'ot chier,
1070 Revet en sa chambre parler.
El li comence a demander
Qel gent il menra ovoec lui :
« Dame, » fet il, « gent sanz anui
« Si sont mout bon en cest voiage ;
1075 « Je n'i menrai ja, que je sache,
« Ovoec moi que .ij. compegnons. »
Si li noma ciaus par lor nons
De cui cuidoit avoir honor
En la meson l'empereor,
1080 Qui erent preu et bien parlant,
Ne n'ierent mie si enfant
Que chascuns n'ait .xxx. anz passez.
« Biax fils, » dit ele, « or en pensez,
« Gardez que riens ne vos souffraigne,

f. 74 b

1071 El *ms.* ll.

1085 « Que l'en ne die en Alemaigne,
« Quant vos serez a cort venuz,
« Que vos soiez povres ne nuz. »
Fet sa suer bele Lïenors :
« Vez la .iij. pere por son cors
1090 « De robe fresche a cele perche.
« Le cheval le conte de Perche
« Face trere lez son escu. »
Cil qui maint estor ot veincu
Fist apeler ses compegnons :
1095 « Moi et ma dame disions
« Que vos vendrez o moi amdui ;
« Si pensez d'atorner meshui
« Et vos armes et voz hernois.
— Nos avomes biaus escuz froiz,
1100 « Seles et lorains envoisiez.
« Vos ne verrez si atiriez
« .III. chevaliers devant .j. mois. »
Li serjans, qui ne fu pas mois,
Fu en la sale revenuz.
1105 Mis sire Guillame est issuz
De la chambre, et si compegnon.
Li vallez vint en la meson ;
Toz seuls ala riant vers lui :
« Mauvès solaz vos ai fet hui, »
1110 Fet il, « mès ç'a esté par vos ;
« Mès tant ai esploitié que nos
« Mouvrons le matin au serain.
« Venez en, » fet il, « main a main ;
« Si vos moustrerai mon tresor. »
1115 Sa mere et bele Lïenor
Le maine en la chambre veoir.
Or sachiez de fi et de voir
Que il en a mout fet por lui,
Que jamès n'entrera puis hui
1120 En chambre a dame n'a pucele

f. 74 c

Ou il voie nule si bele.
Il la salue, et ele lui ;
Puis si s'assieent ambedui ;
Et cele s'assist delez euls,
1125 Qui mout avoit blons les cheveuls
Et s'ert mout simple et petit cointe.
Desor une grant coute pointe
Ouvroit sa mere en une estole :
« Vez, » fet il, « biaus amis Nicole,
1130 « Quel ovriere il a en ma dame ;
« C'est une mervellouse fame
« Et set assez de cest mestier ;
« Fanons, garnemenz de moustier,
« Chasubles et aubes parées
1135 « Ont amdeus maintes foiz ouvrées.
— Frere, c'est aumosne et deduis,
« Ses met as povres moustiers vuis
« De garnemenz et de richece.
« Que Dex me doint joie et leece
1140 « Et de moi et de mes enfanz !
« Ce li sui ge toz jors proianz. »
Fet cil : « Ci a bone oroison.
— Dame, » fet il, « une chançon
« Car nos dites, si ferez bien. »
1145 Ele chantoit sor tote rien,
Et si le fesoit volentiers.
« Biaus filz, ce fu ça en arriers
« Que les dames et les roïnes
« Soloient fere lor cortines
1150 « Et chanter les chançons d'istoire.
— Ha ! ma [trés] douce dame, voire,
« Dites nos en, se vos volez,
« Par cele foi que me devez.
— Biau filz, mout m'avez conjurée,

1134 *Ms.* chasuble, beles aubes parées.

1155 « Ja ceste foiz n'ier parjurée,
« Tant com ge le puisse amender. »
Lors commenca seri et cler :

Fille et la mere se sieent a l'orfrois,
A un fil d'or i font orieuls croiz.
1160 Parla la mere, qui le cuer ot cortois.
Tant bon'amor fist [bele] Aude en Doon!

« Aprenez, fille, a coudre et a filer
« Et en l'orfrois les oriex crois lever.
« L'amor Doon vos covient oublier. »
1165 Tant bon'amor fist bele Aude en Doon!

Quant el ot sa chançon chantée :   *f. 74 d*
« Certes mout s'est bien aquitée, »
Fet cil, « ma dame vostre mere.
— Certes, Nicole, biau doz frere,
1170 « Bien seroit la chose atirée
« Se ma suer s'estoit aquitée. »
Ele s'en sosrit belement,
Et si set bien certainement
Qu'el n'en puet en nule maniere
1175 Eschaper, se por la proiere
En veut riens fere de son frere.
— Ma bele fille, » fet la mere,
« Il vos estuet feste et honor
« Fere au vallet l'empereor.
1180 — Ma dame, bon voeil le ferons. »
Lors commença ceste chançon :

Siet soi bele Aye as piez sa male maistre,
Sor ses genouls un paile d'Engleterre,
[Et] a un fil i fet coustures beles.

1155 n'ier *ms.* n'iert. — 1161 *Ms* Tant bele amor fist Aude.

1185 Hé! hé! amors d'autre païs,
Mon cuer avez et lié et souspris.

Aval la face li courent chaudes lermes,
Q'el est batue et au main et au vespre,
Por ce qu'el aime soudoier d'autre terre.
1190 Hé! [hé!] amors d'autre païs,
Mon cuer avez et lié et souspris. »

Quant el ot chanté haut et bien :
« Or ne me demandez plus rien.
— Non ferai ge, ma bele suer,
1195 « Se la franchise de vo cuer
« Ne vos en fet dire par grace.
« Ja ne voudrez que je n'en face.
— Par cest covent dirai encore, »
Fet cele qui la trece ot sore
1200 Et blonde sor le blanc bliaut ;
Lors commença seri et haut :

La bele Doe siet au vent ;
Souz l'aubespin Doon atent ;
Plaint et regrete tant forment
1205 Por son ami qui si vient lent :
« Diex! quel vassal a en Doon!
« Diex! quel vassal! Dex! quel baron!
« Ja n'amerai se Doon non.

« Com ez chargiez, com ez floriz!
1210 « A toi me mist plet mes amis ;
« Mès il ne veut a moi venir.
« Dex! quel vassal a en Doon!
« Dex! quel vassal! Dex! quel baron!
« Ja n'amerai se Doon non. »

1215 Quant ele ot ceste parfenie :

f. 75 a

1203 *Ms.* Souz l'aubespine Guion.

« Or seroit ce sanz cortoisie, »
Fet ele, « qui plus me querroit. »
Dit li vallez : « Vos avez droit, »
Qui estoit a l'empereor.
1220 « Or avez le gré et l'amor
« Et la querele et voz amis. »
Le remanant del jor ont pris
En deduiant jusq'au souper.
Ainz que cil qui n'ot point de per
1225 S'en alast en la sale arriere,
La mere prist une aumosniere,
Et la suer .j. fermail trop bel,
Q'el a doné au damoisel
Et por son frere et por s'onor
1230 Et por l'amor l'empereor.
Il lor en rent .v.c. merciz.
Et dit que bien li ert meriz
Ciz biaus presenz, s'il auqes vit.
Et se pense c'ainc mès ne vit
1235 Si bons enfanz ne tele mere :
Si le savra li emperere.
Il prent congié a bele chiere ;
Si s'en vont en la sale arriere,
Ou li soupers ert atornez,
1240 Mout biaus de viandes assez :
Flaons de let, porciax farsiz,
Dont li ostex ert bien garniz,
Et bons conins, poulez lardez,
De ce estoit granz la plentez,
1245 Et poires et fromages viez.
« Nos n'avomes autres daintiez,
« Frere, » fet il, « ce poise moi ;
« Vos, genz de la meson le roi,
« Ne cognoissiez cez mès de vile. »

1221 *Corr.* Et le congié de vos amis? — 1232 li ert *ms.* li est.

1250 Font li compegnon : « Il vos guile. »
Fet li vallez : « N'en verrez el,
« Si me honist en son ostel. »
Einsi se joent et envoisent;
De biauz moz le souper aoisent
1255 De chevalerie et d'amors :
Qui est entechiez de tex mors   *f. 75 b*
Ne puet a proëce faillir.
Li seneschal firent coellir
Les napes quant il le covint,
1260 Et vallet saillent plus de .xx.,
Qui a bacins, qui a tovaïlle.
Li escuier et la pietaille
Vuident la sale et les mesons.
Il parole a ses compegnons.
1265 A ciax qui doivent remanoir,
De deduiz, de chevax, d'avoir,
Fist a chascun sa volenté.
Si ont luès lor oirre apresté,
Ainçois qu'il alassent couchier;
1270 Qu'il n'i ot fors dou chevauchier
Au matin quant il se leverent.
Or sachiez que, quant il monterent,
Il i ot ploré maintes larmes.
.III. somiers a robes et armes
1275 Orent et granz chevax de pris.
Mout a belement congié pris
A sa seror et a sa mere :
« Adeu, biau filz. — Adeu, biau frere.
— Adeu tuit. » Quant il s'en tornerent,
1280 Or sachiez que tuit en plorerent
Li remegnant por eles deus.
Or s'en vont, or les consaut Deus!
Or chevauche delez Nicole

1274 *Ms.* a robes et d'armes.

Li gentils Guillames de Dole ;
1285 S'ist de la vile entor plessiée.
Ce sachiez, mout i a lessiée
Sa mere et sa seror dolente,
Qui plus estoit droite d'une ente
Et plus fresche que nule rose.
1290 Que il ne dort ne ne repose
En une vile q'une nuit
Ne por solaz ne por deduit;
Mout li erent li lonc jor cort.
Cel jor qu'il dut venir a cort,
1295 Entre lui et ses compegnons,
Por le deduit des oisellons
Que chascuns fet en son buisson,
De joie ont comencié cest son :

Lorsque li jor sont lonc en mai,
1300 M'est biaus doz chant d'oisel de lonc,
Et quant me sui partiz de la,
Menbre mi d'une amor de lonc ;
Vois de ça embruns et enclins,
Si que chans ne flors d'aubespins
1305 Ne mi val ne qu'ivers gelas.

Fet Nicole, ou mout a solas,
Quant vint a la fin de son son :
« Nos serons par tens en meson ;
« Il m'en convient avant aler
1310 « Por nostre hostel fere atorner. »
Fet il : « Ci ne voi se bien non ;
« Menez o vos .j. compegnon,
« Qui revendra encontre nos.
— Venez ent, » fet il, « moi et vos, »
1315 A un vallet qui ot troussée

f. 75 c

1290 Que il *ms.* Qu'ele.— 1300 *Ms.* Mes biaus.—1303 *Ms.* de ça gens bruns et enduis.—1304 *Ms.* aubespin.—1305 *Ms.* cuivers gelas.

Une coute pointe enversée.
Il ot de grant beauté le los.
Amdui s'en vont les granz galos
Au chastel ou li emperere
1320 Ot sejorné puis qu'il s'en ere
Tornez por le prodome querre.

Onc puis une lieue de terre
Ne s'esloigna por chevauchier,
Ainz se fu fez iloec saignier
1325 A poi de gent et sanz anui,
Et Jouglès toz jors ovoec lui,
Qui li ramentoit cele joie.
Ahi ! Dex ! com il se desvoie
De ce qui plus li touche au cuer !
1330 Cel jor fesoit chanter la suer
A un jougleor mout apert,
Qui chante cez vers de Gerbert :

Dès que Fromonz au veneor tença,
Li [bons] prevoz, qui trestot escouta,
1335 Tant atendi que la noise abessa.
Sor l'arestuel de l'espié s'apuia ;
Ou voit Fromont, pas ne le salua.
« Fromonz, » dit il, « ge sui de ciaus de la.
« Gerberz mis sire, qui a vos m'envoia,
1340 « Par moi vos mande, nel vos celerai ja,
« Que li envoies Foucon que ge voi la,
« Et Rocelin, car amdeus pris les a ;
« Et s'il le nient, bien est qui provera
« En totes cors, la on les trouvera,
1345 « Ou en la toe, se sauf conduit i a. »
Foques rougi. Rocelins embruncha.
Mal soit de cel qui onques mot sona !
Li viex Fromonz forment s'en aïra :
« Par Deu ! provos, qui ça vos envoia

1350 « Mout belement de vos se delivra !
« Se dont vos vit, jamès ne vos verra,
« Et, s'il vos voit, ne vos reconoistra.
« Encor me menbre, ne l'oublierai ja,
« D'un guerredon que me feïstes ja :
1355 « Li rois de France .j. cheval me dona,
« Voiant voz oils ; .c. livres li cousta ;
« Vos l'oceïstes, q'ainc ne se remua.
« A Geronvile, au pié dou pont de ça,
« Uns chevaliers un tel cop m'i dona
1360 « Desor mon heaume que tot le m'embarra.
« Prendre me fist au col de mon cheval. »
Et dit Guirrez : « Fromonz, entendez ça,
« Ce fu mes filz qui a vos s'acoïnta ;
« Mort vos eüst, mès il vos espargna :
1365 « S'il a aaise, encor i referra. »

Queque cil chante de Fromont,
Ez vos le vallet contremont
Le degré, qui ot l'ostel pris
Au gentil chevalier de pris
1370 Ou plus bel de tot le marchié.
Il li avoit bien enchargié :
Au grant pignon, plain de fenestres,
Le biau solier o toz les estres
Avoit fet jonchier de verdure.
1375 Et cil sont si grant aleüre
Venu après qu'il i sont ja
A l'ostel, ou mout grant rage a.
Quequ'il descendoient tuit .iij.,
Ez vos celui devant le roi,
1380 Qui li demande : « Qex noveles ? »
Fet li vallez : « Bones et beles.
— Trovas tu mon segnor Guillame ?
— Oïl, par covent q'el roiaume
« Le roi de France n'a son per.
1385 — Hé ! Dex ! vendra il au souper ?

— Par foi, » fet il, « ainc n'oï tel.
« Je l'ai ja mené a l'ostel
« En ce marchié chiez .j. borjois. »
Lors saut sus Juglez demanois :
1390 « E non Deu, » fet il, « [est il la?]
— Ha! ha! Juglet, or i parra
« Com vos le me saluërez:
« Bien est a droit port arrivez;
« Ce li dites, que ge li mant. »
1395 Cil s'en torne de maintenant.
L'empereres celui apele
En sus de gent, vers la chapele :   *f. 76 a*
« Nicholin, foi que doiz honor,
« Or, di, veïs tu sa seror?
1400 — Tesiez, » fet il, « ne dites mès:
« Nus homs, s'il n'estoit bien confès,
« Ne doit parler de tel merveille.
« Ele fu née sanz pareille
« Et de beauté et de simplece;
1405 « [Et] de son beau chanter par est ce
« Une trés douce melodie;
« Nuls ne l'oit qu'autretel n'en die.
— Et que sez tu? — Je l'ai oïe. »
Ne le feri pas lez l'oïe,
1410 Qui si li loe la pucele.
« Comment, » fet il, « si est si bele?
— Voire, » fet il, « ce n'est pas doute,
« Non d'une chose, mès de toute,
« De braz, de cors, de chief, de vis.
1415 « Aussi passe, ce m'est avis,
« De beauté bele Lïenors
« Totes les autres, com li ors
« Toz les autres metails dou monde.
— Ne fet pas a son biau non honte,

1391 Est il laï *ou autre correction:* ms. et ge la.

« A ce que voi, » fet l'emperere.
« Et que me diz-tu de son frere ?
« Mout le verroie volentiers.
— Ce rest .j. trop biau chevaliers
« A .j. dur piz, a uns forz braz,
« A un chief crespe et aubornaz,
« A .j. biau vis, lonc et tretiz :
« S'a les oils rianz et hardiz,
« Et par reson lées espaulles.
« Tels chevaliers fet l'en en faules ;
« S'il est tels, dont est il faez,
« Ce dirés vos quant le verrez.
« Si tient adès trop riche hostel :
« S'uns bien hauz homs le tenoit tel,
« Si i avroit il parlement ;
« Tant i a chevaliers et gent
« Que l'en n'i puet son pié torner.
— Or va tost, si fai atorner
« A son ostel quanqu'il voudra ;
« N'iere a aise trusqu'il vendra. »
Cil s'en vet, et li rois remaint
Mout hetiez, et par laienz maint
Por feste dou bon bacheler
Que Jouglez devoit amener,
Qui a l'ostel ala poroec.
Se sa suer venist or ovoec,
Dont par fust la joie pleniere.
Si iert liez d'estrange maniere
Li rois qu'il ne puest estre en lieu.
La chançon Renaut de Baujeu,
De Rencien le bon chevalier,
Por son cors plus esleecier,
De joie dou bon bacheler,

f. 76 b

1423 *Ms.* Ce rest a trop.— 1448 *Ms.* qu'il ne puest estre en .j. lieu.

Commença luès droit a chanter :

 Loial amor, qui en fin cuer s'est mise,
1455 N'en doit jamès partir ne removoir ;
 Que la dolor, qui destraint et justise,
 Semble douçor quant l'en la puet avoir ;
 Qui en porroit morir en bon espoir,
 Gariz seroit devant Deu au joïse :
1460 Por ce m'en lo quant plus me fet doloir....

 Or sachiez de fi et de voir
 Qu'il prent toz les maus en bons grez.
 Et Jouglez, qui estoit alez
 Querre le gentil chevalier
1465 Ainçois qu'il entrast el solier,
 Quant il ot montez les degrez
 Del solier, si s'est escriez :
 « Dole ! chevalier ! A Guillame !
 « Ou est li deduiz dou roiaume,
1470 « Li solaz et la grant proece ? »
 Il saut sus : « Ha ! [ha !] Juglet ! q'est ce ?
 « Dont venez vos, biaus doz amis ? »
 Ses braz li a lors au col mis,
 Et si en fet joie trop grant.
1475 Cil li dit luès de maintenant :
 « Que bien puissiez estre venuz,
 « Et si vos mande .c. saluz
 « L'emperere nostre bon sire ;
 « Si vos di que mout vos desire
1480 « A veoir, ce sachiez de voir. »
 Ambedui se vont luès seoir
 D'une part a une fenestre ;
 Lors li a conté tot son estre
 Et la maniere de l'afere,
1485 Comment il fist les letres fere,
 Et coment li rois le manda
 Par le conte qu'il li conta.

« Ne sai que vos deïsse plus,
« Mès vos estes tot au desus   *f. 76 c*
1490 « Et trestoz mestres de la cort. »
Ses biaus braz, qui ne sont pas cort,
Li a luès mis de joie au col :
« Beaus amis, » fet il, « que j'acol,
« Buer vos levastes onc cel jor.
1495 « Mout avomes fet lonc sejor
« Por vos atendre en cest chastel.
— Vostre merci or m'est mout bel,
« De ce que je sai la verté
« Et por qoi li rois m'a mandé.
1500 — Or fetes donqes bele chiere. »
Nicholes rest venuz arriere ;
Si fist atorner le disner,
Hastes et quanq'en pot trover,
Bons vins et gastelez fourrez.
1505 Quant li disners fu atornez,
Il portent amont la viande.
Mis sires Guillames commande
Q'on apiaut son oste et sa fame.
Fet Juglez : « Mandez a la dame
1510 « Q'el amaint ovoec li sa fille,
. . . .
« Et si viegne ovoeques li sire,
« Qui mout bel s'atorne et atire :
« En cest chastel n'a si vaillant. »
1515 Les napes mistrent li serjant
Sor vert herbe, sor biaus coissins ;
Il levent, puis se sont assis
A cel disner a chevalier,
Por atendre le grant mengier
1520 Plus a aise jusq'a la nuit.

1512 *Ce vers est effacé dans le ms., mais il est nécessaire ; il rimait avec un vers qui a été omis.*

Fet Juglès : « Je criem qu'il n'anuit
« L'empereor ceste demeure. »

D'ESCARLATE noir come meure
Ot robe fresche a pene hermine
1525 Mout soef flerant et mout fine :
La vesti luès q'en ot mengié.
« Ha ! » fet Juglès, « Dex ! or voi gié
« Robe de la taille de France. »
Tant i ot il de segnorance,
1530 Li biaus, li prous, li debonaires,
Que li autre orent penes vaires
A sables noires soef flairanz.
Mout fu ore mains acesmanz
Huedes de Rades de Crouci
1535 D'un de cez .iij. que je di ci.
Encor ot il assez avel :
La pucele dona chapel
A chascun d'indes flors trop beles.
Blans ganz et ceintures noveles
1540 Lor aporta li chamberlens.
Queque chascuns vestoit les soens,
On lor amaine lor chevax,
Grans destriers de pris, bons et biax,
D'Espaigne, a lorains de Limoges.
1545 Quequ'il avaloient des loges,
La borjoise se prist bien garde
Que mon segnor Guillame esgarde
Sa fille, qui si ot biau cors.
Mout sambla bien haut home lors,
1550 Quant il fu sor le grant destrier :
« Jouglet, » fet il, « sail ci detriers,
« Frere, si me feras solas. »
Fet la pucele : « Je vos has,
« Juglet, qui ne chantastes puis

f. 76 d

1555 « Qu[e] entrastes dedenz cest huis. »
Mes sires Guillames s'en rit :
« Certes, » fet il, « mout a bien dit. »
Si dit : « Or le me pardonez.
— Volentiers voir, se revenez
1560 « Anquenuit o tot la vïele.
— Volentiers voir, ma damoisele,
« Se nos devons fere caroles. »
Mout les tient de beles paroles,
Tot de front sor le pavement.
1565 Or sachiez bien certainement,
Mout lor furent bel li chapel.
Lor sires ot tret en chantel
Son mantel sor son braz senestre.
Tuit cil de la rue et de l'estre
1570 Le resgardent a grant mervelle ;
Quant Juglet li chante en l'orelle :

Aaliz main se leva.
Bon jor ait qui mon cuer a !
Biau se vesti et para
1575   Desoz l'aunoi.
Bon jor ait qui mon cuer a !
N'est pas o moi.

Einsi s'en vont tote la rue ;
Bien de tant loig com .j. hom rue,
1580 Se levoient les genz encontre :
« Bone aventure et bon encontre
« Vos doint hui Dex ! » font li borjois.
« Ce ne sont pas genz a gabois, »
Font il basset li uns a l'autre.   *f.* 77 *a*
1585 Einsi s'en vont, triez .j. triez autre,
Le petit pas, sor les destriers.
Assez fu qui tint les estriers,
Ce sachiez, quant il descendirent.
Quant li rois et ses genz le virent,

1590 Li chevalier de lor fenestre :
« Par toz sains, » fet il, « bien puet estre
« De celui la ce qe l'en dit.
« Vos ne verrez devant Lendit, »
Fet il au conte de Forois,
1595 « Ne ne veïstes mès des mois
« Chevalier miex samblast prodome. »
A briez moz vos dirai la some :
Que puis le tens Paris de Troie
Ne reçut on a si grant joie,
1600 A une cort d'empereor,
Chevalier a si grant honor :
Bien ait dont qui le deservi !
« Biaus amis, onc mès ne vos vi, »
Fet li empereres Corras ;
1605 « Mout ai desirré voz solas,
« Et s'en ai bien grant faim eüe :
« Por atendre vostre venue
« Ai ci atendu .xv. jors. »
Grant chose est d'amer par amors,
1610 Que l'en en est plus fins cortois.
Main a main s'en vont vers le dois,
Et li autre après, dui et dui ;
L'empereres se vout vers lui
Asseoir, mès nel pot soffrir :
1615 Q'en ne notast en son venir
En lui se cortoisie non ;
Ainz s'assist et si compaignon
Un poi plus bas que l'emperere.
Il li a demandé s'il ere
1620 Point privez dou roi d'Engleterre ;
Mout a eü longuement guerre
Encontre lui noz rois de France.
Icele premiere acointance
Li vint de grant affetement ;
1625 Et si compegnon ensement,

Qui sorent mout bien q'en dut faire,
Se racointierent d'autre afere
As compegnons l'empereor.
Ha! se il osast por honor,
1630 Com il parlast ja volontiers!
Ce ne fust mie de moustiers
Couvrir, ne de chaucies faire,
Mès de la preus, la debonaire
De cui avoit le feu ou cors.
1635 Atant est venuz Jouglez lors,
Qui set mout bien com las bues marge :
« Ne contez pas vostre lignage,
« Mès parlez d'armes et d'amors,
« Car de lundi en .xv. jors
1640 « Iert li tornois a Sainteron.
— E non Deu, Jouglet, nos iron, »
Fet luès droit mis sire Guillame,
« Il ne me faut q'un tot seul heaume ;
« Que j'ai trestout l'autre estovoir
1645 « Qu'il covient chevalier avoir :
« Chauces, hauberc et hauberjon,
« Cheval hardi comme lion,
« Fort et isnel et bien corant. »
Fet Jouglez : « Et ge vos creant
1650 « Que heaume troverons nos bien.
— Je perdi l'autre jor le mien,
« Quant je fui pris a Rougemont. »
Fet luès li mieudres rois de mont :
« Por ce que riens ne vos soufraigne,
1655 « Le mellor de tote Alemaigne
« Vos donrai et le plus fetiz,
« Et si fu il fez a Senliz ;
« Si vos di q'on avroit encor,

f. 77 b

1627 *Ms.* Se racointierent d'autre amor a fere. — 1636 *La fin du vers est corrompue*

« Des pierres q'ens sont et de l'or
1660 « El nasel et ou cercle entor,
« Deniers por fere une grant tor. »
Lors commanda son chamberlenc,
Q'en claime Baudoin Flamenc,
Que li aport le heaume ça
1665 Qui li fu aportez pieça
Ovoec le hauberc de Chambli.
Cil ne l'a pas mis en oubli,
Ainz l'aporte sanz delaier.
Quant il l'ot mis hors dou heaumier,
1670. Si l'essua d'une tovaille :
« E non Deu, cils est biaus sanz faille, »
Fet luès droit mis sire Guillames,
« Il n'a si bel en .ij. roiaumes.
« Ce n'est pas dons de vavassor ;
1675 « Non, ainz est dons d'empereor,
« Qui por tels joiauls doit aquerre   f. 77 c
« Les haus bachelers de sa terre. »
Lors li baille par le nasel :
« Tenez, encor vos donrai el.
1680 — Sire, » fet il, « Dex le vos mire ! »
Chascuns qui l'esgarde s'i mire
Ausi com en .j. mireoir.
« Or ne puet mie remanoir
« Por heaume, » font si compegnon,
1685 « Dou tornoi que nos n'i aillon. »
Fet l'emperere : « Or i parra.
« Dire orrons bien qui i vendra,
« Li qex en portera le pris. »
Li serjanz a le heaume pris
1690 Que il avoit maint jor gardé ;
Quant il l'orent bien esgardé,
Il le ra mis en son heaumier.
Fet il : « Or le portez arrier ;
« Ainquenuit si vos en vendrez

« Ovoec moi ; si l'emporterez,
« Quant je m'en irai a l'ostel. »
Onques ne furent gent en tel,
Come sont cil bon chevalier
Mon segnor Guillame, acointier,
Et ses compegnons ambedeus.
Li serjant envoient as keus
Savoir s'il poent nappes metre :
Il n'i a que de l'entremetre,
Que il ont le mengier tot prest,
Sans alonge, sans plus d'arrest ;
Et dus et contes trusq'a .vj.
Li rois leve, si s'est assis,
Et par delez lui a sa coste
A fait seoir son novel oste,
Q'entr'aus .ij. n'ot que .j. sol conte ;
Ne faz des autres nul aconte,
Por ce qu'il erent de laienz.
Des viandes et des presenz
Ne redoit nuls fere devise,
Que chascuns ot quanqu'il devise,
Sans atendre, sans courroucier.
Et il rot mout a ce mengier
Parlé de ce tornoiement :
Et sachiez bien certainement
Qu'il i ot tex qui plus en dirent,
Ce sachiez bien, que il n'en firent,
Et c'est a prodome mout let.
Mes sire Guillames les let
Entr'euls parler, si ne dit mot.
L'emperere, qui mout l'amot,
Le resgarde, s'aperçoit bien
Qu'il entendoit a autre rien,
Ce li est vis, qu'il ne disoit :
Si fesoit il, car il pensoit
Au tornoi tot vaintre et outrer

f. 77 d

OU DE GUILLAUME DE DOLE 53

Por son novel heaume honorer,
Ou il le comperra mout chier.
Quant il sont levé dou mengier
Et l'emperere ot l'eve eüe,
1735 Et l'escuieraille menue
Et li anuis ist dou palais,
Ou l'en peüst fere .j. eslais.
Lors vindrent li menesterel :
Li uns note, li autres el ;
1740 Cil conte ci de Perceval,
Cil raconte de Rainceval,
Par les rens devant les barons.
Cil Guillames que nos disons
N'estoit mie toz a aprendre,
1745 Ainz savoit mout bien reson rendre
A ceuz a qui devoit parler.
L'empereres, sanz apeler,
Le prent par la main, si l'enmaine,
Non por oïr de Charlemaine,
1750 Ainz s'en vont en .j. lit seoir
Ou il gastent près tot le soir
En demander de ses noveles;
Celes qui plus li fussent beles
N'osa il onqes amentoivre,
1755 Por ce qu'il doute l'aperçoivre
De lui et de ses compegnons.
Et Jouglès lor a dit chançons
Et fabliaus, ne sai .iij. ou iiij.
L'empereres, por lui esbatre,
1760 Le reveut de tant conforter
Qu'il veut ceste chançon chanter :

Mout me demeure que n'oi chanter
La tourtre a l'entrée d'esté,
 Ausi com je soloie ;
1765 Mès une amor me desvoie

Et tient esgaré, ou j'ai mon pensé,
Quel lieu que onqes soie.

  Tant ont sor la coute de soie   *f. 78 a*
Envoisié et fet lor deliz
1770 Que dient qu'iront a lor liz.
Fet li rois : « Ausi irai gié,
« Quant nos avromes pris congié.
« Qu'il fet bon boivre après chançons ! »
Lors hucha l'en les eschançons.
1775 Atant ez vos un chapelain
Qui la coupe tint en la main,
Aussi com une pierre en l'or.
Li freres bele Lïenor
But après le roi premerains ;
1780 Je ne sai qui fu deerrains,
Mès quant tuit ont eü le vin,
Il a fet apeler Boidin,
Qui li a son heaume porté.
Es chevax, qui sont apresté
1785 Au degré, s'en vont main a main.
« Mors soit ne dormira demain, »
Fet li rois, « bone matinée ! »
Ceste parole mout agrée
A ciaus qui erent las d'errer.

1790   Lɪ compegnon firent porter
Juglet a l'ostel la vïele
Por l'amor a la damoisele.
.Ij. et .ij. montent es roncins
Mis sire Guillame et Boidins ;
1795 .I. autres reporta Juglet
A l'ostel, ou l'en s'entremet
D'alumer plenté de tortiz.
S'ont trové la bele Aaliz.

		Il descendent, si vont amont
1800	Ou solier ou li vallet ont
		Bon fruit et bons vins a plenté.
		La dame et sa fille ont esté
		Au mengier a mout grant deduit.
		Mout près dusque vers mie nuit
1805	Ont entr'ex chanté et ragié.
		Quant li chamberlenz prist congié,
		Un sorcot qui fleroit la graine,
		Qui fu fez en cele semaine
		D'escarlate et de vairs entiers,
1810	Li fist li gentils chevaliers *f. 78 b*
		Aporter par .j. sien vallet,
		Si frès et si cler et si net.
		Cil l'a pris qui l'en mercia :
		« Ha ! Dex ! » fet Juglès, « com ci a
1815	« Biau sorcot et net por esté ! »
		Une chape qui ot esté
		Tote fresche o tot le sorcot,
		Qui la graine encore flerot,
		Refet luès son oste aporter ;
1820	Erroment, sanz plus arrester,
		Dona Juglet sa roube hermine ;
		Puis qu'il a tot mis a la mine,
		Je ne sai qu'il en feïst el.
		La bone dame de l'ostel
1825	Dona trop bon fermail a co[s]te :
		« Gardez le bien, » fet il, « bel oste,
		« Qu'il vaut encore .xiij. livres.
		« Ja nuls qui l'ait au col n'iert ivres,
		« S'il bevoit tot le vin d'Orliens. »
1830	Dit li hostes : « Car fust il miens !
		« Ausi boi je trop tote jor. »
		La damoisele ot par amor

1813 *Ms.* L'a cil pris.

Sa ceinture d'argent ferrée
De loier, car el a chantée,
1835 Ovoec Jouglet en la vïele,
Ceste chançonete novele :

C'est la jus en la praele.
Or ai bone amor novele.
Dras i gaoit Peronnele.
1840 Bien doi joie avoir :
Or ai bone amor novele
A mon voloir....

Fet Boidins : « Bien dit Jouglès voir,
« Mon segnor, de vostre maniere.
1845 — Mout nos a moustré bele chiere, »
Fet ses hostes, « en son venir.
« Bien porra encor avenir
« Que bien li ert guerredonée
« Ceste chape de vair fourrée
1850 « Et ciz sables noir come meure. »
Boidins n'i fet plus de demeure,
Ainz s'en vet mout a son bon gré :
Il prent un roncin au degré,
Qui l'a trusq'a la cort porté ;
1855 Il n'a nule part arresté,
Ainz vint devant l'empereor,
Por le prodome fere honor,
Vestu le sorcos qui fu nuès.
Li empereres estoit loès
1860 Entrez en son lit por dormir ;
Erroment qu'il le vit venir :
« Boidin, » fet il, « qui vos dona
Tel sorcot ? — Cil, » fet il, « qui n'a
« Talent de prester a usure ;
1865 « Onqes si gentil creature,

f. 78 c

OU DE GUILLAUME DE DOLE

  « Ce sachiez [bien], ne fu ne si large;
  « Puis que j'alai en cest voiage
  « Ou ge ne voil demorer gaires,
  « A il doné de robes vaires
1870 « Et de joiaus qui vaut .c. livres.
  — Einsi sera par tens delivres
  « De son avoir, s'il ne se garde. »
  Fet l'empereres. — « N'aiez garde,
  « Sire, qu'il en avra assez :
1875 « Mout est au borjois bel et sez,
  « Quant il vient emprunter le lor,
  « Qu'il lor done et fet grant honor,
  « Et si sont bien a point paié.
  — Bien a le sorcot emploié »,
1880 Fet l'empereres ; « si oi bien,
  « Si est rois qui puet doner rien. »

  Atant vont as liz qui miex miex.
  Les paroles et li soumiex
  Fet endormir l'empereor.
1885 Au matin de bien et d'onor
  Se porpensa li gentils rois;
  .V. C. livres de couloignois
  Li envoia tot en deniers :
  Il set bien qu'il li ert mestiers
1890 A ce fere qu'il a empris ;
  De .ij. trop beaus destriers de pris
  Et de .ij. granz coupes d'argent
  Fist a ses compaignons present
  Ainçois qu'il ississent des liz.
1895 Il l'en rendirent les merciz,
  Quant il alerent a la messe.
  Mout vaut .j. biaus dons sanz promesse.

1866 *Ms.* Ce sachiez, ne fu si large.

Et mout fet bien qui s'en porpense.
— Bien avez hui paié vostre ense, »
1900 Fet li bons chevaliers au roi.
« Einsi set Dex prendre conroi
« De ciax qui servent en ma voie.
« Vos avez mestier de monoie   *f. 78 d*
« Sovent, se mes Flamenz ne ment. »
1905 Ez vos Juglet au parlement,
Le mantel d'ermine au col.
« Mout avez tost trové .j. fol, »
Fet l'empereres, « biaus amis.
— Cil est fors de sa robe mis, »
1910 Fet Juglès : « einsi doit on fere ;
« Autant li vaut cele vert vaire,
« Et ceste me ravra mestier. »
Mout ont par loisir ou mostier
Parlé de cest riche present.

1915 Luès q'en ot mengié, erroment
Mis sire Guillames fet fere
A un clerc de letres .iij. paire.
S'en envoie unes sa mere,
Et li mande comment il ere
1920 Toz sires de l'empereor.
Si envoia a sa seror
Une corroie et .j. fermail.
Si ot ovoec en .j. f[r]ambail
.CCC. livres de cel argent,
1925 Por paier la menue gent
Et as borjois cui il devoit.
Sachiez que la mere en avoit
Bon mestier en maintes manieres
Por fere semer ses linieres ;
1930 Qu'a maintenir .j. bon hostel
Covient assez et un et el,

Nuls nel set s'il ne l'a a fere.
Tot son covine et son afere
Fist savoir a ses compaignons;
1935 Si lor prie et mande par nons,
Que se Dex les deffent d'anui,
Qu'il soient tuit encontre lui
A Sainteron sanz nule faille,
Et que chascuns plus bel i aille
1940 Et miex acesmez qu'il porra;
Que s'il vit tant, qu'il i vaudra
Jouster de beles lances paintes.
Les autres letres ont ataintes;
Ses envoie au Liege batant
1945 A .j. borjois qu'il aime tant,
Qui li sieult fere ses creances;
Si li mande que .vi^{xx}. lances
Li face paindre de ses armes,
Et .iij. escuz dont les enarmes
1950 Soient de soie et d'orfrois,
Et si prie mout le borjois
Qu'en chascune ait .j. penoncel.
Il le fist et miex et plus bel
Assez qu'il ne li a mandé,
1955 Si com il li a commandé.
Qui vit cez atornemenz fere,
Les escuz, les lances, l'afere,
Les covertures, les penons
De cendauls et de ciclatons!
1960 Fu tot bien fet ainz .xv. jors.

Et l'empereres, cui sejours
Anuia dès lors en avant,
Por la seson chacier avant
Et por la quinzaine gaster,
1965 Prist talent d'aler sejorner

f. 79 a

       Por le biau lieu a Tref sor Meuse.
       L'en i a tost beü sa heuse;
       Qu'il i a bons vins a devise,
       Et chars tex com l'en les devise.
1970   Venoison, oisiax de riviere,
       Et poisson de mainte maniere :
       Plus bel sejor n'estuet [j]a querre,
       Et si n'a q'uit lieues de terre
       D'iloec jusq'au tornoiement;
1975   Ce sachiez bien certainement.
       Por ce vint il sejorner lors
       Que, se Dex garist le soen cors,
       Bien sachent il qu'il i vendra
       Por veoir qui miex le fera.
1980   Si com il le pensa, si fist;
       Mès je ne sai quanz jors i mist
       A venir de la jusq'a Tré.
       Bien li ont li borjois mostré
       Qu'il sont mout lié de sa venue :
1985   Mout par fu nez souz bone nue,
       Que nuls homs nel voit qui ne l'aint

       Mis sire Guillames et maint
       De la court et conte et baron
       Si envoient a Sainteron
1990   Prendre les ostex qui miex miex;
       Il a commandé sor lor iex
       A ses vallez et a ses genz,
       Dont il avoit des plus sachanz
       Que chevaliers peüst avoir,
1995   Qu'il ne lessent por nul avoir
       Qu'il n'ait le mellor dou marchié.
       Il lor avoit bien encharchié :

1991 *Ms.* sor lor oils

Bien l'en avint, que si ot il,
Q'es granges devers le cortil
2000 Et es estables dou manoir
Porent il, sanz faille et por voir,
A largece et sanz dangier,
Estre cinquante chevalier
Tot a aise o tot lor harnoès :
2005 Il lor ert bien mestier et oès,
Que tant en amenra lor sire,
Se Dex de corrouz le tresvire.
Qu'il se sejorne a grant honor
A Tref ovoec l'empereor,
2010 En biau palès sor la riviere.
Par biaus dons et par bele chiere,
Li moustre bien qu'il nel het mie.
Il li remenbre de s'amie.
Quequ'il sont andui a .j. estre,
2015 Apuié a une fenestre,
Juglet vit devant lui ester ;
Si li fet la chançon chanter :

Contre le tens que voi frimer
Les arbres et blanchoier,
2020 M'est pris talenz de chanter ;
Si n'en eüsse mestier ;
Q'amors me fet comparer
Ce q'onqes ne soi trichier ;
N'onqes ne poi endurer
2025 A avoir faus cuer legier.

Por ce ai failli a amie....

Li bons Guillames ne let mie
S'envoiseüre por la soie ;
Il fist d'un drap d'or et de soie
2030 Au soir covrir son beau porpoint.
L'empereor, qui nel het point,
Cuelle quanqu'il puet son covine ;

       Ja par lui, s'il ne l'adevine,
       Ne savra por rien vent ne voie
2035   De son atour jusqu'il le voie :
       Il n'est pas reson qu'il s'en vant.

       Il prist congié .j. jor devant
       Que li tornoiement dut estre;
       L'emperere ama tant son estre
2040   Q'a grant paine li a doné.
       Tant a fet qu'il en a mené
       De la cort .xxx. chevaliers,
       Toz a armes et a destriers ;
       Mout a de travail .j. prodom.
2045   Ainz qu'il venist a Sainteron,   *f. 79 c*
       Estoit ja venuz ses harnoès :
       L'en li moustre ses escuz loès,
       Covertures, lances, penons :
       « De Deu, » fet il, « et de ses nons
2050   « Soit beneoiz qui vos fist fere ! »
       Li gentils borjois debonere
       Ert dou Liege venuz ovoec.
       Voiant toz ciaus qui sont iloec,
       Li dit que quanqu'il a est soen :
2055   Mout vient a home de grant sen
       Qui fet cortoisie au besoig.
       Chevalier de près et de loig
       Emplent ces ostex par le borc.
       Li siens estoit enmi .j. forc,
2060   Mout bien seanz entre .ij. rues,
       Si que cil ont doubles veües
       Qui sont ou solier as fenestres.
       El pignon paroit li forz estre,

2047 Cf. v. 1859 et 2667 : n'étaient les exemples de loès pour luès qu'offrent ces vers, on pourrait corriger noès, cf. v. 2619, et 2853.

Qui estoit enmi le marchié.
2065 Maint vilain i ot mesmarchié,
Qui musoient a Constantin.

Un diemanche par matin
Vindrent si compegnon de Dole.
Il les bese toz et acole,
2070 Et demande de lor noveles,
Et il dient : « Bones et beles.
« Tuit sont hetié en vo païs.
— Que dient ? que vos est avis ? ».....
Font cil cui il le demanda,
2075 — « Avra il auqes gent de la ?
— Oïl, a cenz et a milliers.
« Il ne remaint bons chevaliers
« En Perche, n'en Poitou n'el Maine;
« Li quens de Champaigne i amaine
2080 « Trestout quanqu'il puet esmovoir.
— Vos ne savez mie de voir
« Se François et Flamenc vendront?
— Nos savons bien qu'il i seront
« (Tant avons oï des paroles),
2085 « Que li sires de Ronqeroles,
« Li Barrois et cil de Couci,
« Et li bons Alains de Roussi,
« Et cil Gauchiers de Chastillon,
« Et [Savaris] de Maulion :
2090 « De ceuz somes tot aseür ;
« Il jurent hier nuit a Namur. *f. 79 d*
— Et vos qui fustes a Leigni,
« Dou bon Gautier de Joegni,
« Qui dut estre morz por s'amie,

2070 *Ms.* et demandent.— 2073 *Il y a sans nul doute une lacune après ce vers.* — 2089 *Ms.* Et un autres de Maulion.

2095 « Oïstes vos s'il vendra mie ?
— Oïl, atornez por jouster,
« Que Dex l'a fet resusciter.
— Certes, » fet il, « g'en sui mout liez. »
Font il : « Ne vos en esmaiez,
2100 « Q'assez en i vient sanz aloigne ;
« Et li quens Renaus de Boloigne
« Jut anuit a Monz en Hainaut. »
Il en lieve ses mains en haut,
De la grant joie que il a.
2105 Dient ses compaignons : « Si a
« Par de ça grant plenté de genz ;
« Vos n'esloignerez voz sergenz
« Por tornoier, demie lance.
« Nos cuidons bien estre a fiance
2110 « Dou bon chevalier de Saissoigne
« Et dou duc, se il n'a essoine ;
« Et s'arons le conte d'Auborc,
« [Le biaus Galeran de Lamborc],
« Et le duc son pere autresi,
2115 « Et contes ne sai .v. ou vi.;
« Et li quens de Bar, cil haut ber,
« Qui fu filz au conte nomper
« De proëce et de hardement,
« Cil i vendra mout richement
2120 « A grant plenté de Loherenz,
« Qui bien sevent cerchier les renz ;
« Et tuit li baron trusqu'au Rin.
« Vos verrez dedenz le matin
« Maint haut home, maint bel ator
2125 « En cest chastel et ci entor,

2105 Si a, *ms.* S'il n'a. — 2112 *Ms.* Et seront. — 2113 *Ms.* Et le mor Garaudel Auborc, *corr.* Et le margrave de Lamborc ? A défaut d'une correction sûre, nous plaçons entre crochets le vers 2357 qui, comme celui-ci, rime avec Auborc.

« Et Hainuiers et Borguegnons.
« Vez la ja par toz cez pignons
« De cest marchié les escuz pendre. »
Il feroit meshui bon entendre
2130 A la viande dou disner
Et lessier venir et aler,
Que ce ne finera huimès.
Des armes a parler vos lès,
Qu'il fet mellor a la viande.
2135 Chascuns i a ce qu'il demande,
Sanz soshedier et sans orer.
Durement bée a honorer   *f. 80 a*
Ciaus qu'il amena de la cort,
Et acole cestui, et court.
2140 Puis a cestui, puis a cest autre :
Se li uns valoit miex de l'autre,
Sil feroit il .c. tanz valoir ;
Mout se set bien as genz avoir
Selonc ice que chascuns ere :
2145 N'est pas deceü[s] l'emperere
Qui tel home honore et tient chier.

Ainz qu'il levassent dou mengier,
Vindrent routes de totes pars,
Qu'en ne cuidoit pas que li quars
2150 Trovast en tels .iij. bors ostel :
Onqes genz ne furent en tel,
Come sont cil bon chevalier
D'ostex atorner et cerchier,
Et metre hors, lez cez goutieres,
2155 Cez enseignes et cez banieres
Por lor compaignons adrecier,
Qui vont par le borc estraier,
Et huchent en haut li uns l'autre :
« Boidin ! Boidin ! » [ou] « Wautre ! Wautre ! »

5

2160 Et Tïes chant[ent] com maufé.
Dex ! tant i ot la nuit gasté
En outrage et en lecherie !
Ainz que la granz chevalerie
Peüst demi estre ostelée,
2165 Jouglès, qui ot la matinée
Dormi a tref come borjois,
Vint sor .j. palefroi norrois,
Après le gentil bacheler ;
Ne li covint pas demander,
2170 Quant il vint ou borc, son ostel :
Qu'il n'i ot si riche ne tel
Ne de chevaliers ne de genz.
Mout avoit de hustin laienz,
De hyraus, de menestereus ;
2175 Ne sai se Deables ou Dieus
Lor avoit dit ou fet songier
L'ostel a cel bon chevalier
Qui tot despent et abandone :
Cel avoir qui vient de Deu done ;
2180 Ja voir ne li doit estre sez,
Car prodom a en poi assez.

Quant Jouglès monta le degré,
Ou il troeve ostel a son gré   *f. 80 b*
Et bacheler a sa devise,
2185 Qui ert en trop bele chemise,
Toz deffublez em pur le cors,
Fors d'un sercot dont li ados
Ert bendez d'orfrois d'Engleterre.
L'en porroit ja assez loig querre
2190 Ainçois qu'en trovast le pareil :

2160 com, *ms.* come.— 2182 Quant, *corr.* Et ? — 2190 *Ms.* la p.

La pene ert d'un cendal vermeil,
S'ert trop bel au col herminée ;
De pesne de boutons dorée
Avoit .j. trop beau chapelet.
2195 « Avoi! » fet il, « Jouglet, Jouglet,
« Bele compegnie est la vostre !
« Or deïssiez ja : Cist est nostre,
« Se fussiez venuz ovoec moi. »
Le biau sorcot li moustre au doi,
2200 Qu'il cuide bien avoir sanz doute.
« Qui vint ovoec toi ? — Une route
« D'Alemanz, qui m'ont mort d'anui.
« Je muir de faim : ne menja[i] hui.
« Çaienz, qui me donra a boire ?
2205 — Voire, deable, Jouglet, voire,
« Alez ovoec voz Alemanz. »
.I. pasté de .ij. paons manz
Fet li a doner en grant haste.
Li alers des vespres le haste ;
2210 Qu'il s'en issent ja qui miex miex,
Que tels i a qui ont fet veus
Qu'il ne voelent armes porter
Por le diemenche honorer ;
Li bers Guillames est de ces.
2215 « Montons, alons en, » fet Juglès,
Qui met l'arçon sor la vïele.
Luez droit i mistrent tante sele
En destriers noirs, sors et baucens,
Qu'en tret hors a mil et a cens
2220 Des hostex sor le pavement.
Assez s'en issi belement.
Uns bachelers de Normendie
Chevauchoit la grande chaucie ;
Commença cestui a chanter,

2193 *Ms.* pesnes. *Ce vers semble corrompu.*— 2219 *Ms.* as cens.

2225   Si la fist Jouglet vïeler :

Bele Aiglentine, en roial chamberine,
Devant sa dame cousoit une chemise.
. . . .
Ainc n'en sot mot quant bone amor l'atise.
2230   Or orrez ja
Comment la bele Aiglentine esploita.

Devant sa dame cousoit et si tailloit;
Mès ne coust mie si com coudre soloit :
El s'entroublie, si se point en son doit.
2235 La soe mere mout tost s'en aperçoit.
         Or orrez ja
Comment [la bele Aiglentine esploita].

« Bele Aiglentine, deffublez vo surcot,
. . . .
2240 « Je voil veoir desoz vostre gent cors.
— Non ferai, dame, la froidure est la morz. »   *f. 80 c*
         Or orrez ja
[Comment la bele Aiglentine esploita].

« Bele Aiglentine, q'avez a empirier?
2245 « Que si vos voi palir et engroissier. »
. . . .
. . . .
         [Or orrez ja
Comment la bele Aiglentine esploita.]

2250 « Ma douce dame, ne le vos puis noier :
     « Je ai amé .j. cortois soudoier,
     « Le preu Henri, qui tant fet a proisier.
     « S'onqes m'amastes, aiez de moi pitié. »

2226 *Ms.* La bele Aiglentine. — 2234 *Ms.* Ele. — 2245 *Ms.* palir et tressuer engroissier. *Ici, comme ci-dessous, vers 2256 à 2266, le copiste a sans doute confondu en un seul deux couplets qu'il a écourtés.*

Or orrez ja
2255 Comment [la bele Aiglentine esploita].

« Bele Aiglentine, vos prendra il Henris ?
— Ne sai voir, dame, car onqes ne li quis.
. . . .
. . . .
2260   [Or orrez ja
Comment la bele Aiglentine esploita.]

« Bele Aiglentine, or vos tornez de ci.
« Tot ce li dites que ge li mant Henri,
« S'il vos prendra ou vos lera ainsi.
2265 — Volontiers, dame », la bele respondi.
Or orrez ja
[Comment la bele Aiglentine esploita.]

Bele Aiglentine s'est tornée de ci,
Et est venue droit a l'ostel Henri.
2270 Li quens Henri[s] se gisoit en son lit.
Or orrez ja que la bele li dit.
Or orrez ja
[Comment la bele Aiglentine esploita].

« Sire Henri[s], velliez vos o dormez ?
2275 « Ja vos requiert Aiglentine au vis cler
« Se la prendrez a mouillier et a per ?
— Oïl, » dit il, « onc joie n'oi mès tel. »
Or orrez ja
[Comment la bele Aiglentine esploita.]

2280 Oit le Henris, mout joianz en devint.
Il fet monter chevaliers trusqu'a .xx.,
Si enporta la bele en son païs
Et [l']espousa, riche contesse en fist.
Grant joie en a
2285 Li quens Henris, quant bele Aiglentine a.

2264 *Ms.* S'il vo prendrai. — 2285 *Ms.* quant la bele.

O flaütes et o vieles,
Por veoir les joustes noveles,
Que des senez n'est or pas contes,
Ovoec princes et ovoec contes
2290 De maintes diverses manieres ;
Si mist devant lui ses banieres,
O bien .lx. compaignons
De grans pris et de grant renons,
Veoir s'il a nului as chans.
2295 N'onqes Viviens d'Aleschans
Ne fist .j. jor tant de sa main,
Com il bée a fere demain,
Et Dex l'en prest bone vertu !
Li biax sercos qu'il a vestu,
2300 Ses clers vis, sa clere feture   *f. 80 d*
Li fist orer bone aventure
A maintes autres damoiseles.
Il oïrent autres noveles,
Luès qu'il orent passé la porte,
2305 Q'uns bons chevaliers lor aporte,
Toz mestres dou duc de Louvain,
Qui venoit tost corant sor frain :
« Que nuls n'ist hors as chans de la !
— Dites nos, » font il, « qu'il i a,
2310 « Biau sire, qu'il ne vos anuit.
— Il est feste ou chastel anuit, »
Fet cil, « dou bon martir saint Jorge. »
En .j. grant champ semé tot d'orge
Se sont luès tret a parlement :
2315 « Il n'i a que dou belement
« Aler arriere, » font li conte.
Et cil a cui le plus en monte
Atant se sont mis ou retor ;

2286 *Il y a sans doute une lacune entre le v.* 2285 *et le v.* 2286.
— 2293 *Ms.* grant p. — 2307 sor, *ms.* son.

OU DE GUILLAUME DE DOLE

Li hauberc ne li bel ator
2320 Ne sont camoissié ne maumis.
Le remegnant dou jor ont mis
A tornoier par lor hostex ;
Et les viandes i sont tex
Com tens le requiert et sesons,
2325 Et d'oiseaus et de venoisons ;
Et li vin sont et aspre et cler.
Quant vint qu'il covint alumer,
Lors sambla qu'e[n] la vile arsist
Li ostex ou Guillames sist,
2330 Com cil qui fu fez a devise ;
Que la clarté qui i fu mise
S'en ist hors par tantes fenestres
Que li granz marchiez et li estres
En estoit toz enluminez ;
2335 Es rues devant, es costez,
Fesoit si cler com endroit tierce.
On ne verra mès voir a piece
Un tel hostel a bacheler.
Vïeles i sonent si cler,
2340 Et fleütes et estrument,
C'on n'i peüst, mien escient,
Oïr Damedeu s'il tonast.
Qui que venist ne qui alast
Par les ostex, sachiez de voir,
2345 Cil ne se voloit removoir,
Ainz veut que chascuns viegne au soen : *f. 81 a*
Ce li venoit moult de grant sen,
Qu'il veut qu'en voie le barnage
En son hostel et la grant rage
2350 Et la grant joie q'en i maine.
Tuit li duc et tuit li demaine
Qui sont as ostex ou marchié

2323 i, *ms.* qui.

Si ont et beü et ragié
C'onqes d'armes n'i ot paroles,
2355 Ainz i sont si granz les karoles
C'on les oit de par tot le borc.
Li biax Galerans de Lamborc,
Qui ne s'envoisa mès pieça,
Ceste chançon i comenca :

2360 La jus desouz l'olive,
Ne vos repentez mie,
Fontaine i sourt serie.
Puceles, carolez,
Ne vos repentez mie
2365 De loiaument aimer.

Ceste n'a pas .iij. tors duré
Quant li fils le conte de Tré,
Qui mout s'en sot bien entremetre,
Commença ceste chançonete :

2370 Mauberjon s'est main levée,
Diorée,
Buer i vig.
A la fontaine est alée.
Or en ai dol.
2375 Diex ! Diex ! or demeure
Mauberjons a l'eve trop...

Un vallez le conte de Los,
Qui de chanter avoit le los,
Chanta après celui de Tré :

2380 Renaus et s'amie chevauche par un pré.
Tote nuit chevauche jusq'au jor cler.
Ja n'avrai mès joie de vos amer.

Einsi s'envoisent cil genvre home.

N'i ot si large, c'est la some,
2385 Cui ceste feste mout ne siece.
Li quens de Bar i fu grant piece.
.I. menesterel l'empere[re]
Li dit la chançon de son frere :

De Renaut de Mousson,
2390 Et de son frere Hugon,
Et de ses compaignons,
Qui donent les grans dons,
Veult fere une chançon
Jordains li viex bordons,
2395 Ou tens de moustoisons ....

Mout i ot parlé de Jordain.   *f. 81 b*
« Faudra mès ce jusqu'a demain ? »
Fet .j. Tyois. — « Ce que sera,
Font il; « qui premiers s'en ira
2400 « Soit li plus cortois de la route. »
A cest mot se departi toute
Cele grant feste et cele noise.
Jamès, en lieu ou nus d'aus voise,
N'orra parler qu'en une nuit
2405 Ait en .j. ostel tel deduit.
Puis recovint parler des liz ;
Mout en i ot de bien garniz
De biaus dras et de covertors ;
Cil qui en sorent toz les tors
2410 Les font sanz noise et sanz dangier ;
Puis si vont lor segnors couchier.

Quant la nuis fu auques alée,
Au matin fu la matinée
Com en esté clere et serie,

2407 *Ms.* Mout i·en ot.

2415 Et quant la grant chevalerie
Fu levée par le chastel,
Cez lances, ou li penoncel
Sont atachié par majestire,
Et ces escuz fist metre en tire
2420 Hors des fenestres sor la rue,
Si que la vile et la veüe
En amenda bien les .iij. pars.
Il ne monta mie soi quars
Quant il dut aler au moustier,
2425 Car bien .lx. chevalier,
Acesmez de riches conrois,
Sont ovoec sor biax palefrois,
.Ij. et .ij. avant et en coste.
Uns vallès qui fu fils son oste,
2430 Qui li baille qanqu'il demande,
Vet après por doner offrande,
Et quant il ont oï la messe,
Q'uns chapelains d'une abeesse
Lor a mout bel chantée et dite
2435 En l'onor de saint Esperite,
Lors s'en revindrent as ostex.
As eschançons font et as keus
Luès demander sanz delaier
Vins et viande a tournoier.
2440 Mout i ot poi mengié et sis,
Quant cez batailles .v. et .vj.
S'en issent ja a granz tropiax ;
Car li hustins et li cembiax
Ert commenciez, grant piece avoit,
2445 Quant mis sires Guillames voit
Ses compegnons et sa mesnie,
Qui tienent bien une traitie
Dou marchié et dou pavement,
Car, por ses lances solement
2450 Porter, sont il .vij^{xx}. vallet ;

f. 81

N'i a celui n'ait chapelet.
Assez i ot des autres genz;
Menesterex et estrumenz
Et flaütes i font grant noise.
2455 « Dex li croisse a foi et aoise
« S'onor! » fet chascuns et chascune.
Cil qui lor baillent une et une,
Dont il i avoit ne sai quanz,
Si donent a chascun blans ganz
2460 Et corroie fresche et novele :
Ceste cortoisie fu bele,
Et s'en parlerent mainte gent.
Il s'atirierent belement,
.Ij. et .ij., tuit li .j. lez l'autre,
2465 La lance painte sor le fautre.
Et ses banieres sont derriere,
Et .iij. destriers d'une maniere,
Chascuns covert de coverture,
Ce sachiez bien, dont la feture
2470 De ses armes et li orfrois
Cousta .c. s. de couloignois.
Après vindrent si bel escu :
Tuit cil qui onqes ont vescu
N'en virent nul a tel honor,
2475 Car .iij. baron l'empereor
Les portent par les piz en haut;
Si ert chascuns en .j. bliaut
Toz deffublez em pur le cors.
Com ce fust cors sains ou tresors,
2480 Ses portoit l'en mout richement.
A tel honor, si fetement,
Ist li prodons de son ostel ;
A tornoiement n'avoit tel
Palefroi com estoit li soens :

2479 Com ce fust, *ms.* Se ce fust.

2485 Qu'il estoit plus blans en toz sens
Que ne soit nule noiz negie.
La sambue estoit detrenchie
De samit vermeil jusqu'en terre : *f. 81 d*
Plus bele riens n'estovoit querre,
2490 Que li blans ert de la rougeur.
Cil qui einsi porchace honor,
S'il l'a, ge ne m'en merveil point
Il n'avoit vestu q'un porpoint
Fors sa cote a armer, desus
2495 Un chapelet de flors sanz plus,
Ce sachiez, qui mout l'amenda.
Il monte, si se commanda
A Dieu, qui le destort de honte !
A grant joie et a grant temonte
2500 S'en vet et ses genz après lui,
Le petit passet, dui et dui,
Come moine a procession.
Et Jouglès chante la chançon
Entre lui et Aigret de Grame :

2505 La gieus desoz la raime,
Einsi doit aler qui aime.
Clere i sort la fontaine.
Ya !
Einsi doit aler qui bele amie a.....

2510 Ainz que ceste chançon faussist,
Dui damoisel qui mout bien sist,
Neveu au segnor de Dinant,
Recommencent el chief devant :

Sor la rive de mer,
2515 Mignotement alez,

2485 blans, *ms.* beaus.

Un baut i ot levé.
Mignoz sui.
Alez mignotement dui et dui..

2520 Mout i avoit genz sans anui
Monté as soliers et as estres;
Sus les portes et as fenestres
Ot dames de grant segnorie;
Qu'en tote la chastelerie
2525 N'avoit dame bele ne jone;
Neis les damoiseles de Done
I sont venues en charretes.
D'autres flors que de violetes
I ot chapelez plus de mil.
2530 « A! Dex! » fet l'une, « qui est cil
« A la cote de mustadole? »
— C'est li biaus Guillames de Dole, »
Fet l'autre, « li bons chevaliers.
« Mout le doit amer volentiers
2535 « Cele qui de lui est amée:
« Mout est dame boneürée
« Qui de si prodome a le cuer!
— Cist a passé Graale[nt] muer, »
Font cil; et celes qui le voient
2540 Des cuers et des iex le convoient,
Tant com la grant rue lor dure.
Or oez estrange aventure,
Que Dex li croist adès honor.
Atant ez vos l'empereor
Qui vient, ferant des esperons,
2545 Et voit la joie et oit les sons
Des flaütes et des vïeles,
Et voit que dames et puceles
Le resgardent de lor biaus iex:
« Mout se puet or cist amer miex, »

f. 82 a

2550 Fet il en son cuer, « que maint autre. »
Il hurte tant, triez .j. triez autre,
Qu'il li gete les braz au col.
Fet il : « Guillame, par saint Pol !
« Bien vos estes vers moi celez ! »
2555 Lors par fu il si honorez
Qu'il n'est rien qui li soffrainzist.
A cele grant honor s'en ist
De la porte lez son segnor ;
Et quant les genz l'empereor
2560 Sont issues de la champaigne
Et li haut baron d'Alemaigne,
Lors veïssiez maint bel conroi
Et maint cheval de grant desroi,
Mainte ensegne, mainte baniere.
2565 Assez plus d'une lieue entiere
En sont tuit li champ emblaé.
Vers une [en]garde, en .j. biau blé
Qui estoit biaus et vers et druz,
Est cil Guillames descenduz.
2570 Si compegnon et sa mesnie,
Chascuns a sa lance fichie ;
Et si sont si bel arrengiez
Que plus dura de .ij. archiez
Li rens de lonc, mien escient.
2575 En .lx. lieus ou en cent,
Veïssiez destrousser somiers,
Et fraimbaus noviaus et entiers
Par terre sor chapes escourre,
Et haubers hors glacier et courre,
2580 Et fetices chauces mout blanches.
Li un aportent fil a manches ;
Cist i ratachent espaullieres.
Et lor segnor endementieres *f. 82 b*
Si s'entrevont entr'acointant ;
2585 Vos i oïssiez dire tant :

Wilecome! et *Godehere!*
Et en .c. lieus crier q'afere
Cengle, sorcengle, laz a heaume.
A armer mon segnor Guillame,
2590 Ce sachiez, ot grant majestire :
Si fu biaus, n'i ot que redire.

Quant il ot son heaume lacié,
Il a en son mis et drecié
.I. penon des armes le roi.
2595 Li quens de Cleve a grant desroi,
Qui se hasta d'aler premiers,
S'en vet ja .c[c]. chevaliers
Assambler toz les granz galoz.
L'emperere et li quens d'Aloz
2600 Aloient cez veoir de la,
Les François, qui venoient ja
Tuit armé, serré, et rengié.
Se ne remaint par lor pechié,
Ou se Dex de gré ne lor nuist,
2605 Ainçois que ce viegne a la nuit,
Erent tuit cil d'armes lassé
Qui a bien fere ont lor pensé ;
Car li aferes s'i atorne.
Cil qui n'a pas la chiere morne
2610 Ne le biau vis caleboté,
Quant si compegnon sont monté,
Et il en .j. de ses destriers,
Covert et devant et detriers
De covertures enterines :
2615 « Or alons veoir lor covines,
« Et s'est bien resons que ge lès
« De mes lances et mon harnès. »
.XXX. en fist prendre, sanz plus, luès,

2588 laz, *ms.* liz.

Et met l'escu au col tot noef
2620 Par la bele guige d'orfrois.
Lors s'en est issuz demanois ;
Si fiert cheval des esperons ;
O tot .lx. compegnons
Toz armez, les heaumes laciez,
2625 Les penons au vent desploiez,
S'en vet vers le tornoiement,
Et hyraut après lui tex .c.,
Quil font a merveille esgarder ;
Et tuit dient : « Car lai aler,   *f. 82 c*
2630 « C'est Guillames de Dole, queles ! »
A flaütes et a freteles
L'ont einsi mené jusqu'au renc.
Il garde, si voit .j. Flamenc
Qui ot por jouster l'escu pris.
2635 Ha ! Dex ! de tant baron de pris
Fu resgardée cele jouste !
. . . .
Ou chief dou renc o sa grant route.
Il a l'escu bouté dou coute,
2640 Et l'enarme li saut dou poig,
Et lesse corre de si loig
Com il le puet as oils veoir.
Or sachiez de fi et de voir
Que cil le feri durement :
2645 Il ne li ront ne ne desment
Le hauberc ne le wambison,
Ainz li met parmi le blazon,
Une toise et fer et fust ;
Se Dex en s'aïde ne fust,
2650 Bien li peüst avoir fet plaie.
Or sachiez bien qu'il li repaie
.I. cop qui n'est pas d'aprentiz :

2648 *Corr.* de fer.

Il le fiert haut enmi le pis
De la fort lance qui est painte;
2655 Si le bouta a cele empainte
Qu'il le porta jus dou destrier.
Fet Juglès : « Dole! chevalier!
« C'est Guillames, aporte bos! »
Et si compagnon corent lors
2660 Tuit ensamble com estornel;
Par force mout fort et isnel
L'ont outré et fet fiancier,
Et lor sire a pris le destrier,
Celui dou Liege le borjois ;
2665 Cil de Valecort et d'Artois
Deschargent trestuit sor cez hoès.
Et cil Guillames remuet loès
A ciauz trestoz a encontrer,
Et fist le cheval tost aler ;
2670 Mès ainz qu'il en ait .j. feru,
Q'en sa testiere q'en l'escu,
L'en fierent ne sai .vij. ou .viij.
Il ne failli mie, ce cuit,
Ainz a son cop bien emploié,
2675 Et fiert en haut a demi pié
Sor le nasel tot le premier,
Q'a terre le fet trebuschier ;
Tant come lance li dura,
Tant granz cops il i endura,
2680 Ainçois qu'il se parlessast prendre.
Il ne le bée mie a rendre,
Ainçois [l']envoie a Sainteron
Chiez son oste tenir prison,
Et Jouglez en ot le destrier.
2685 Mout par sont dur a acointier
Li compegnon celui Guillame.

f. 82 d

2665 Cil, ms. celui. — 2666 Corr. sor ses oes?

Tant i ot escu et tant heaume
Embarré, copé et fendu,
Que par force i ont retenu
2690 Des Artisiens .v. a cel poindre.
Nus nes puet percier ne desjoindre,
Si se tienent serré et clos
Cil chevalier devers Alos,
Cil Walencort et cil Bailluès.
2695 Cil Guillames avoit fet luès
.VIII. joustes trestotes entires,
Si que l'empereres ses sires
Les avoit totes .viij. veües;
Et s'en i ot teuls .vij. eües
2700 Ou il gaaigna .vij. destriers.
Il se tenoit mout volentiers
Tot adès ou cler par dehors;
Mout queroit paraument son los;
Si paroit bien a son escu :
2705 Si l'a si traué et fendu
Qu'il n'en avoit, ovoec la guige,
Plaine paume d'entier, ce quit ge.
Queq'en li rebailloit .j. autre,
Il voit venir, lance sor fautre,
2710 Celui le bon Michiel de Harnes,
Et tint l'escu par les enarmes,
Qu'il n'entent s'a la jouste non.
Il embrace luès le blason,
Et si ra pris lance novele,
2715 Et vet plus tost q'une arondele,
L'escu devant mis en chantel.
Cil Michiex revenoit mout bel
Sor .j. mout biau destrier tot ver,
Qui n'avoit point de poil d'yver;
2720 Mout le portoit grant aleüre.
Cil Michiex le fiert a droiture
Haut en l'escu, parmi la pene, *f. 83 a*

Près dou col a demie espane,
En mout mal lieu soz la forcele.
2725 Espoir tost en vuidast la sele,
Quant la lance froissa en .ij.;
Cil Guillames l'en [re]fiert deus
D'une grosse lance poignal,
Qui ert plus roide d'un tinal,
2730 Parmi l'escu, sor la poitrine :
A lui hurte[nt] de tel ravine
Li chevaliers et li chevax
Que les cengles et li poitrax
Rompent com une viez lasniere,
2735 Si qu'il l'emporta par derriere,
Tot droit en estant sor sa sele.
Mout est ceste aventure bele,
Q'en li torna a mout grant force.
De guenchir erraument s'efforce,
2740 Tant qu'il tint par le frain Vairon;
Sel dona lors a .j. prison
De la meson l'empereor.
« Mout set bien amis et honor
« Purchacier, » fet li emperere
2745 A un baron qui lez lui ere;
« Certes Rollanz nel valut onques :
« C'est li rubiz, li escharboncles
« De toz ciauz que orendroit voie.
« Vez com tuit li vuident la voie,
2750 « Que nus ne puet avant lui vivre. »
Il rendi tot cuite et delivre
Celui Michiel, quant il l'ot pris,
Por croistre s'onor et son pris :
Tot sot quanque prodom dut fere.
2755 Champenois, de si grant afere
Com il sont et de si grant pris,

2744 Ms. li emperres. — 2749 vuident, ms. vuidrent.

Et François, toz les escuz pris,
Se fierent loès droit en l'estor;
Alemanz de trop riche ator,
2760 Et les genz le duc de Saissoigne,
Sanz delai et sanz nule aloigne,
Se refierent de l'autre part.
Hé! Diex! tant granz cops i depart
Cil Guillames entre .ij. routes,
2765 La ou cez batailles trestotes
Vindrent ensamble au poigneïz!
Mout fut granz li abateïz
As durs encontres que il firent; *f. 83 b.*
A prendre ceuz qui i chaïrent
2770 Si ot mainte dure mellée.
Loherenc, tote une valée,
Vindrent criant : *Au bar! au bar!*
Ja, par saint Nicholas dou Bar,
Qui ce ne vit mès ne verra.
2775 Li quens de Boloigne, qui ra
Chevaliers de trop grant atour,
O .vij^{xx}. en vint en l'estor,
Qui tuit crient : As frains! as frains!
Or sachiez que li deerrains
2780 S'amast mout devant as premiers.
Cil Guillames se tint detriers,
Qui bien conoist iteuls paroles;
Il voit celui de Ronqueroles,
Oedin; qui venoit toz premiers.
2785 Hé! Dex! com est durs ciz mestiers,
Et sont sage cil qui l'esloignent!
Cil dui bon chevalier resoignent,
De si loig com il s'entrevoient,
Que les lances froissent et ploient
2790 Dont il se sont entreferru,

2776 *Ms.* granz atours.

Si que chascuns en son escu
Emporte .j. tronçon d'une toise.
Trop feïst la nuit que cortoise,
S'el venist qes desassamblast.
2795 Qui i fust, mout bien li samblast
Que ce fust gieus de charpentiers.
Il ne se lessent pas entiers
Les escuz ne les gamboisons :
Par espaulles et par girons
2800 Les ont derompuz et trenchiez.
Cil cheval, lor frains par les piez,
S'en vont par les chans estraier.
Tant peüst iloec gaaignier
Qui s'en seüst apenser, Diex !
2805 L'en ne vit, puis les Macabiex,
Genz si granz cops doner sor heaume ;
Car de l'empire et dou roiaume
I ert venuz toz li orguieuls.
Après none li biaus soleuls
2810 Tret a vespres, si bessa luès ;
Lors veïssiez a ces hireus
De totes parz mener prisons.
Mout ont gaaignié a fuisons
D'une part, et d'autre perdu.
2815 Si se sont le jor combatu,
Li François a ceuls d'Avalterre,
Q'onc ne porent li .j. conquerre
Sor les autres de terre .j. dor.
Mout i honorerent cel jor
2820 Alemant lor empereor ;
François i ront mout fet d'onor
A la segnorie de France.
Sanz maugré, sans male voellance
Se departirent par la nuit,

f. 83 c

2811 hireus, *ms.* harnuez ; *cf. v.* 2869.

2825 Si com l'en fet de tel deduit,
Li un lié, li autre dolent.
Bien set comment est a tel gent
Cil qui a de tel mal geü.
L'empereres, qui ot veü
2830 Le tornoiement dusqu'as vespres,
Par le conseil de ses granz mestres,
S'en parti por .j. son afere.
Ses hauz cuers li fist la nuit fere
Une honor et une vaillance
2835 Dont ses pris monta mout en France :
Qu'il envoia ses seneschaus
D'une part et d'autre as chevax
Qui portent argent et avoir,
Por fere les gages ravoir
2840 A trestoz ceuls qui[l] voudrent prendre.
N'est or rois qui osast emprendre,
Qui [miex] ne vouzist estre ars,
Que bien cousta .x. mile mars,
Et encor en parole on.
2845 Quar cil haut conte, cil baron
S'en ralerent a lor hosteuls,
Si batu et si dolereus,
Et prison privé et estrange,
Qui la nuit se frotent au lange,
2850 Chascuns un gamboison vestu,
Qu'il orent tot a net perdu
Et lor chevax et lor harnuès.
Cil qui ot les .iij. escuz nués
De Dole, q'en claime Guillame,
2855 Mout lor a chier vendu son heaume ;
Mès il l'a mout chier comparé,
Ce qu'il l'avoit si honoré,
Qu'il en ot bien esté batuz.

2845 Quar, *ms.* Quant.

Quant il fu arriere venuz,
2860 A l'ostel camoissiez et mas, *f. 83 d*
L'en le resgarde de .c. pars;
Q'a Sainteron n'ot remés' ame,
Borjois ne pucele ne dame,
Qui ne fust venuz a la porte
2865 Por veoir que chascuns aporte.
Cil ne raporta se bien non,
Qu'il n'ot q'un povre gamboison ;
Il estoit toz desarmez luès,
Qu'il ot tot doné as hireus,
2870 Et ses armes et ses chevaus.
Alixandres ne Percevaus
N'orent tant d'onor en .j. jor :
« Vez la celui au grant ator,
« Qui ci passa gehui matin, »
2875 Fet l'une; « or vient sor .j. roncin ;
« S'a mout camoissié son biau vis. »
Fet l'autre : « Il m'est bien avis
« Que c'est il, vez la sa baniere. »
Solement por sa simple chiere
2880 L'ont ne sai quantes aamé.
Mout l'ont belement salué
Tuit cil et celes qui l'esgardent.
Il samble que cil hostel ardent
Des tortiz q'en i a espris.
2885 Cil conte, cil baron de pris
Descendirent par cez osteuls
Et lor compegnon ovoec euls,
O tot grant plenté de prisons,
Qui n'ont plus que les gamboisons
2890 De harnois ovoec les chemises.
Il troverent les napes mises
Et les bons vins et la viande

2868-9 *Ces deux vers sont intervertis dans le ms.*

Tele com chascuns la demande,
Ceuz qui a fere l'ont empris.
2895 Eve chaude i fu de grant pris
Por laver les camois des cols,
Ou il ont eü de grant couls,
Et por laver les biaus visages.
Cil Guillames, li preuz, li sages,
2900 Après le laver s'est assis ;
Et si compegnon autresi,
Qui font bele chiere, et si hoste,
Qui voient seoir a sa coste
A cel souper .xv. prisons,
2905 Dont il avront les raençons,
S'il ne sont rendu par proiere.
Mout fu de mains joie maniere
Cele nuit que cele devant;
Tote nuit i sont sorvenant
2910 Chevalier, baron d'autre terre,
Qui lor compegnons vienent querre
Por raiempre ou por ostagier.
Sachiez, li prodoms a plus chier,
De ceuz qu'il a a sa main pris,
2915 Que s'onor i soit et son pris,
Ce sachiez, qu'il les raensist ;
Onques prodom riens ne l'en quist
De ses prisons qu'il n'en feïst :
Au gré de tot le mont en fist.

2920 De Sainteron la matinée,
Mout fust la chose mal alée,
Ne fust li sens l'empereor ;
Que tex s'en parti a honor
Qui s'en alast mout povrement
2925 Lendemain dou tournoiement ;
S'eüst Damedeu renoié,

f. 84 a

Que borjois i sont mal paié,
Et lor osteus raiens et pris;
A grant paine quierent lor pris
2930 Prodome de païs en autre :
Et que volez? ne puet estre autre.
Cis plez a duré longuement.
A celui grant tornoiement
Essauça mout son bon renon
2935 L'empereres, li bons prodom;
Combien qu'il i ait d'avoir mis,
Mout en a conquis hauz amis,
Et de son regne et de l'autrui.
Ne vos avroie conté hui
2940 Coment chascuns ot esploitié.
Par biaus dons, en bone amistié,
Se desparti de ses borjois
Cil Guillames, li trés cortois,
Qu'il nel seüst autrement fere.
2945 Si renvoia a son repere
Et ses genz et ses compegnons,
Riches de gaains et de dons;
Puis est a cort arrier venuz,
A mains d'avoir, et bien batuz,
2950 Qu'il n'en parti le jor devant.
Ne cuidiez pas que il s'en vant
De l'onor qu'il a puis eüe.
Grant joie ont fet de sa venue
Totes les genz l'empereor.
2955 Il li refet si grant honor
Que ne li puet pas estre sez
Chose qu'il li face d'assez,
Tant l'aime il et tant le tient chier.

Au matin sont por chevauchier
2960 Monté, si s'en vont vers Couloigne.

f. 84 b

Ne veut mès fere plus d'aloigne
Qu'il ne li die sa pensée;
Que tant estoit la chose alée,
Qu'il set bien qu'il est trop prodom;
2965 Si set par ceuls de sa meson
Qu'il est trop haus hom de lignage;
S'il n'avoit fors son vasselage,
S'ert il bien dignes d'un roiaume :
« Ça, venez, mon segnor Guillame, »
2970 Fet il, « je voeil a vos parler. »
Il lessent la grant route aler;
Si se sont hors dou chemin tret;
Par mout biauz moz li a retret
De paroles .j. biau sarmon.
2975 Fet il : « Ja m'a dit .j. haus hom
« Que vos avez une seror
« Qui bien est d'une grant honor
« Digne, se Dex li amenoit.
— Sire, » fet il luès, « s'el l'avoit,
2980 « Nuls n'en seroit plus liez de moi.
— Fet li rois : « Par l'ame de moi,
« L'en m'a dit que el est mout bele,
« Et si est encore pucele.
— Sire, certes, » fet il, « c'est mon.
2985 — Dites moi coment el a non. »
Ha! Dex! porq'a il or ce dit?
Ja l'a il si ou cuer escrit,
Le non qui n'en puet issir fors!
Si a non bele Lïenors.
2990 « Certes, » fet l'empereres frans,
« L'amor en est lors plus plesans
« Quant il en oit autrui parler. »
Et por ce ne l'osa nomer,
Por doutance de l'aperçoivre.
2995 « Il n'a si bele jusqu'au Toivre, »
Fet il, « si a non Lïenors.

— Certes, » fet l'empereres lors,
« Je n'oï mès tel non pieça. »
Fet mis sire Guillames : « Ha!
3000 « En mon païs en a assez ! »
Fet l'empereres : « Mis pensez
« Si est a ce mis, tierz jor a,
« Qu'en m'a dit que vostre suer a
« Plus sens que nule damoisele
3005 « Et plus beauté, et s'est pucele,
« Qui mout embelist plus l'afere.
« Or sachiez que g'en voudrai fere,
« Se Deu plest, m'amie et ma feme,
« Et qu'ele iert et roïne et dame
3010 « De totes celes de l'empire.
— N'est gaires ma suer por ce pire, »
Fet cil, « se vos l'avez gabée ;
« Mès se Dex li a destinée
« Ou autre honor ou autre bien,
3015 « Ja n'i perdra par beauté rien
« Ne par hautece de lignage.
« Dex porverra son mariage
« A son plesir, ge n'i pens rien.
« Mès une chose sachez bien,
3020 « Se g'iere tex que mes dangiers
« Vos peüst de riens estre griés,
« Bien sachiez qu'il me greveroit,
« Que vos avez dit orendroit
« Une chose dont mout [me] poise,
3025 « Que, por tant d'or com ele poise,
« Ne porroit il, ce sachiez, estre.
— Por qoi? — Que li prince et li mestre
« Et la hautece de l'empire,
« S'il l'oënt consoner ne dire,
3030 « Il le tendroient a enfance.
« De la fille le roi de France
« Fetes querre le mariage

« Par conseil de vostre barnage ;
« Si lessiez ore l'orfenine.
3035 « Je l'aim plus que tele roïne
« A par le mont, n'en doutez mie,
« C'est m'esperance, c'est ma vie,
« C'est mes joiaus, c'est ma santez.
« De la menor de ses biautez
3040 « Seroit une autre feme liée ;
« Quant ele par est desliée,
« Tot par a ele lors passé. »
Tot a le roi fet trespensé
De ce qu'il en dit tant de bien.   *f. 84 d*
3045 « Or sachiez, » fist il, « une rien :
« Que ne puet estre que ne l'aie,
« Se cil qui tot a en manaie
« Me garde de mesaventure ;
« Si vos dirai en quel mesure,
3050 « Por vos geter de souspeçon,
« Que li haut prince et li baron
« Del roiaume et de l'empire
« M'ont proié .c. foiz et fet dire,
« Por Deu, que ge me mariasse ;
3055 « Que se ge moroie ou alasse
« Outre mer en pelerinage,
« Qu'il eüssent de mon lignage
« Un roi qui regnast après moi ;
« Que s'il avoient autre roi
3060 « Qui ne fust de lor norreture,
« Il lor seroit par aventure
« Plus cruaus que ge n'ai esté.
« Or si ferai lor volenté.
« Por acomplir ceste besoigne,
3065 « Luès que nos verrons a Couloigne,
« Si ferai a mes chevaliers

3055 *Ms.* Que se ge me moroie.

« Fere luès droit chartres et briés
« A toz les barons d'Alemaigne,
« Que hauz ne bas nus n'i remaigne,
3070 « Qu'au premier jor que mais comence
« Qu'il soient trestruit a Maience,
« Encontre moi, a parlement ;
« Si lor proierai belement
« Qu'il me doignent entr'aus .j. don
3075 « Par amors et par guerredon :
« Ge sai bien qu'il le me donront ;
« Et si tost com il le m'avront
« Creanté debonerement,
« Je ferai par lor sairement
3080 « Erroment le don confermer,
« Qu'il n'en porront arrier aler ;
« Puis lor dirai tot mon corage,
« Que je voeil fere mariage
« De moi et de vostre seror,
3085 « Que nule n'est si de l'onor
« Digne por estre empereriz.
— Sire, » fet il, « .v.c. merciz.
« Or voi ge bien que c'est a certes. »
Joinctes ses mains li a offertes ;
3090 Si dit qu'il est a toz jors soenz ;   *f. 85 a*
Qu'il a et de cuer et de sens
La parole bien devisée.
Puis ont la fin de lor jornée
Usée en deduit et en joie.
3095 Onques n'i entrerent en voie,
Ainz s'en vont amdui chans travers.
Fet li rois : « Savez-vos cest vers ?

Mout est fouls, que que nus die,
Qui cuide que aillors bé ;

3090 est, *corr.* ert?

3100   Car miex aim son escondire
       Qu'autres m'eüst cuer doné.
       Et maintes gens serf [en gré]
       Por les felons [toz] plains de tricherie.
          Por ce faz lor volonté
3105   Que ge cuit chascuns la voie.

       Mout lor greva puis poi la voie,
       Jusqu'a l'entrée de Coloigne.
       Uns quens et li dus de Borgoigne
       S'en vont delez l'empereor
3110   Par la cité tot por s'onor.
       Maint prince i ot et maint haut per.
       L'en fist luès fere après souper
       Et les letres et les escriz,
       Et sealer en or massiz,
3115   Q'en envoie par les contrées
       Par garçons qui les ont portées,
       Qui sont plus isnel que cheval.

       Li rois ot .j. sien seneschal,
       Qui tenoit la terre vers Ais;
3120   Il n'avoit esté a cort mès
       Puis que cil Guillames i vint.
       A Couloigne est a plus de .xx.
       Chevaliers venuz, toz de pris.
       L'empereres l'a mout repris
3125   De ce qu'il a fet tel demeure :
       « Seneschal, » fet il, « a tel heure
       « Einsi vienent a cort li autre;
       « En France ot .j. Brocart Viautre,

3101 *Ms.* m'eüst son cuer. — 3105 cuit, *ms.* cuide. — 3118 ot, *ms.* a. — 3123 toz, *ms.* tot.

« Au tens le bon roi Loeïs,
3130 « Qui plus ama, ce m'est avis,
« Venir a cort que vos ne fetes. »
Mout i a paroles retretes
L'emperere entre gieus et ris.
Cil avoit bien ses moz apris,
3135 Qui ne s'en fet se rire non.
Qu'il estoit toz de sa meson *f. 85 b*
Commanderres après le roi ;
Nus n'enprenoit vers lui conroi
Ne de grant fet ne de besoigne.
3140 L'empereres fu a Coloigne,
Et iloec près a ses chastiaus,
.XV. jors ; et li seneschaus,
Toz jors ovoec et sire et mestre,
Mout resgarda la vie et l'estre
3145 Dou prodome et de son segnor,
Qui li porte si grant honor,
Qu'il ne poent s'ensamble non
En champ n'en bois ne en meson :
Toz jors sont ensamble, lor voel.
3150 Cil qui portoit .j. escucel
Des armes Keu le seneschal
En son escu bouclé d'archal
En ot erroment grant envie.
Il fu toz les jors de sa vie
3155 Assez plus fel que ne fu Keus.
Il estoit adés ovoec eus
Por engignier et por deçoivre,
Savoir s'il peüst aperçoivre
Por qu'il i a si grant amor.
3160 Tant les a escouté le jor
Que cil parla de sa seror,
Et qu'il oï l'empereor

3129 roi, *ms.* rois.

Qui li ora bone aventure,
Et si li chanja la ceinture
3165 A une qui soe ot esté.
Quequ'il sont amdui acosté
As fenestres vers un vergier,
Ou il oient, après mengier,
Des oisillons les chans divers,
3170 L'emperere en fit luès cez vers :

Quant de la foelle espoissent li vergier,
Que l'erbe est vert et la rose espanie,
Et au matin oi le chant commencier
Dou roissignol qui par le bois s'escrie,
3175 Lors ne me sai vers amors conseillier,
Car onques n'oi d'autre richece envie
    Fors que d'amors,
Ne riens [fors li] ne m'en puet fere aïe.

Ja fine amors ne sera sanz torment :
3180 Que losengier en ont corroux et ire ;
Ne ge ne puis servir a son talent,
Qu'ele me voelle a son servise eslire.
Je soufferrai les faus diz de la gent
Qui n'ont pooir sanz plus, fors de mesdire
3185   De bone amor,
Ne riens fors li ne me puet geter d'ire.

Ces .ij. vers li fist pechiez dire,
Qu'il en orent puis grant anui :
Li maus en revint par celui
3190 Qui l'ot porchacié et porquis.
Fet il : « De ce sui ge toz fis
« Que n'est pas por chevalerie
« Qu'il li porte tel drüerie ;
« Ce n'est se por sa seror non. »
3195 A lui, que tenoit au felon ?

3194 se, *ms.* que.

Ja n'i perdist il nule rien.
Il desvast s'il veïst nul bien
Avoir autrui, s'il n'i partist.
Par envie s'en departit
3200 D'ovoec euls, si vet a l'ostel.
Onqes lerres ne fu en tel
De porpenser que il fera,
Ne com il les departira,
Ou par engin ou par boisdie.
3205 Il porpensa une folie :
Onques nuls hom ne pensa tel
Por fere traïson mortel.
S'atorne d'aler au plessié ;
De sa gent plus d'une moitié
3210 A il ovoec le roi lessie.
Einsi se paine par boisdie,
Et si i met tot son afere.
Il fist dire il vet por fere
En son païs une besoigne,
3215 Mès il revendra sanz aloigne ;
Et, por Deu, qu'il n'en poist le roi,
Et qu'il feïst prendre conroi
De ses plais, tant qu'il revenist.
Soi tierz de compegnons, s'en ist
3220 Dou chastel mout priveement,
Embesoigniez d'un grant noient.
Ce fet Deables quil charroie.
Il vet pensant tote la voie
Qu'il parlera a la pucele :
3225 Si dira a la damoisele
.V. .c. saluz de par son frere,
Et que ses sires l'emperere
Le rouva parler a sa mere
Por savoir comment il li ere

3210 lessie, *ms.* lessiee. — 3222 quil, *ms.* qui le.

Et s'ele voloit nule rien ;   *f. 85 d*
Qu'il voloit autretant son bien
Come son filz en .j. endroit.
Por teuls moz aprendra luès droit
Tot lor covine et tot lor estre,
Ou il puet auques certains estre ;
Il cuide avoir bien esploitié.
De .x. jors tote la moitié
I mistrent jusqu'au fort manoir
Ou cele sejornoit por voir
Qui vaint les autres de beauté,
Ausi come li jor d'esté
Font cez d'iver plain de froidure.
Chevauchié ont grant aleüre
Tant qu'il vindrent près dou plessié.
Il envoie, tot eslessié
Sor .j. roncin rade et movant,
Un de ses escuiers avant
Dire a la dame qu'il venoit.
Li vallez vint au plessié droit,
Sor le roncin, les granz galos,
Qui n'estoit dolousez ne clos.

La dame estoit devant la sale,
Qui n'ama onques chainse sale ;
Si apeloit ses paonez.
En la court descent li vallez :
Si let son roncin estraier ;
Il vet vers li sanz deslaier,
Come cil qui est preuz et sages :
« Dame, » fet il, « ge sui messages
« Au seneschal l'empereor,
« Qui, por vostre filz fere honor,

3245 *Ms.* tot le bessié.

« Vos vient orendroit veoir ci.
— Frere, la soe grant merci, »
Fet la dame, « de ce sui lie.
3265 « Or tost, » fet ele a sa mesnie,
« Atornez par la sus cez liz. »
Lors veïssiez geter tapiz
Sor ces liz, et granz coutes pointes,
A escuciax beles et cointes,
3270 De qoi il i ot grant plenté.
La dame a a son col geté
.I. grant mantel gris a porfil,
Dont l'atache n'est pas de fil,
Mès l'escarlate en est en paine.
3275 Et cil cui ses Deables maine
Descent soi tierz enmi la court. *f. 86 a*
Li plus de la mesnie i cort
Erroment por les chevax prendre.
La dame ou il n'ot que reprendre
3280 Vet encontre tot le biau pas;
El le salue en elle pas,
Et dit que bien soit il venuz.
« Dame, je vos aport saluz
« De par mon segnor tot avant,
3285 « Et puis après dou miex vaillant
« Chevalier c'onques portast mere.
— Sire, beneois soit l'emperere,
« Et vos, et tot quanqu'a lui monte,
« Et Damedex le gart de honte,
3290 « Com le mellor prince de terre! »
Et envoie chevaliers querre,
Qui de li partirent adès
Por aler joer as eschès
En la vile, chiez .j. provoire.
3295 El ne li offre pas a boire,
Qu'el entent qu'il soit herbergiez.
En bel ostel qui ert jonchiez

Le mena par la main seoir,
Devant .j. lit, sor .j. seoir
3300 Q'en i a fet de coffiniaus.
« Fetes herbergier cez chevaus.
— Dame, » fet il, « ce ne puest estre ;
« Que tuit li bailli et li mestre
« De la terre de Besençon
3305 « Seront por une grant tençon
« Le matin devant moi a plet ;
« Mès g'i eüsse honte et let
« Et si en fusse a cort blasmez,
« Se ge fusse par ci passez
3310 « Et si ne tornasse çaienz ;
« Vostre fils en fust mout dolenz,
« Qui est li mieudre hom qui puist estre.
« Il est toz sires et toz mestre
« De mon segnor, tant a vescu.
3315 « Moi et lui, portons .j. escu,
« Et si somes compegnon d'armes. »
Ele plore de joie o lermes,
Et dit que ç'a ele mout chier.
« Sire, car vos plese a mengier.
3320 — Certes, dame, je ne porroie ;
« Mès, s'il vos plesoit, ge verroie
« Vostre fille, ma damoiselle. *f. 86 b*
— Ce cuit ge bien. — Et ou est ele ?
— En sa chambre o sa pucele.
3325 — Et, por Deu, dont ne vendra ele ?
— Nenil, c'e[n] sui ge mout dolente.
« Ne cuidiez pas que ge vos mente,
« Certes, sire, ainz vos di voir,
« Que nuls hom ne la puet veoir,
3330 « Puis que ses freres n'est çaienz.
— Dame, de ce sui je dolenz,

3322 *Ms.* Ma damoiselle vostre fille.

« Mès il le m'estuet a soufrir.
« Por vostre amor, que ge desir
« A avoir tant com ge vivrai,
3335 « Dame douce, si vos lerai
« Cest mien anel par drüerie. »
La dame nel refusa mie,
Qu'il l'en tenist a mainz cortoise.
S'el le meïst en une poise,
3340 Si pesast li ors .v. besanz;
Et la pierre en ert mout vaillanz,
Que c'estoit uns balais rubiz.
« Sire, » fet ele, « granz merciz,
« Ce sachiez que ge l'ai mout chier. »
3345 Ainz qu'en montast por chevauchier,
Lez son cheval qu'en tint au soeil,
Li ot ele dit a conseil
Tot son estre et son covine :
Uns beaus dons a mout grant mecine,
3350 Qu'il fet maint mal plet dire et fere.
Si li a conté tot l'afaire
De la rose desor la cuisse :
Jamès nuls hom qui parler puisse
Ne verra si fete merveille
3355 Come de la rose vermelle
Desor la cuisse blanche et tendre;
Il n'est merveille ne soit mandre
A oïr, ce [n']est nule doute;
La grant beauté li descrit tote
3360 Et la maniere de son grant.
Mout en est li lerres en grant
De tot enquerre et encerchier.
Quant il n'i ot mais qu'empeschier
Q'en peüst par reson savoir,
3365 Por oïr dire sanz veoir,

3346 Lez, *ms.* Le.

Lors dit a la dame : « Il est tart. »
La dame lesse, si s'en part,
Et dit qu'il ert a toz jors soens. *f. 86 c*
Chetive vielle hors dou sens
3370 Si mar vit cel jor et cele heure !
Ou palefroi noir come meure
Monta, quant il ot pris congié :
« Dame, » fet il, « or m'en vois gié,
« Com cil qui ert a toz jors vostre.
3375 — Biau sire, a S. Pierre l'apostre
« Voisiez vos et vo compegnon! »
Aussi s'en vet com a besoig
Li traitres lerres murtriers.
Ci après vient granz encombriers
3380 A son hoès et a hoès autrui.

Or feroit bon savoir meshui
Comment li bons rois se contint.
Queque ciz lerres ala et vint,
Il sejorna a ses chastiaus,
3385 A desduit de chiens et d'oisiaus,
Et a plenté de chevaliers;
Et si ooit mout volentiers,
A son couchier, menestereuls.
Un petitet, un mervelleus
3390 En avoient si chamberlenc,
Et s'ert plus tendres d'un herenc;
Si l'apeloit on Cupelin.
Il li notoit chascun matin :

Quant je li donai le blanc peliçon,
3395 Ele amast mout miex le biau Tierrion.
Hé! hé! ge disoie bien
Que la pastorele ne m'en feroit rien.

Mout ama li rois le garçon

De Braie Selve vers Oignon
3400 I vint Hues a cele cort.
L'empereres le tint mout cort
Que li apreïst une dance
Que firent puceles de France
A l'ormel devant Tremeilli,
3405 Ou l'en a maint bon plet basti.
Cest vers de bele Marguerite,
Qui si bel se paie et aquite
De la chançonete novele,
Li fet chanter en la viele :

3410 Cele d'Oisseri
Ne met en oubli
Que n'aille au cembel.
Tant a bien en li
Que mout embeli
3415 Li gieu soz l'ormel.
En son chief ot chapel
De roses frès novel.
Face ot fresche colorie,
Vairs oils, cler vis, simple et bel.
3420 Por les autres faire envie, *f. 86 d*
I porta maint bel joel.

Fet chascuns : « Ceste i vet mout bien.
— Celes ne l'en doivent de rien, »
Fet li rois, « se le[s] volez dire. »
3425 Einsi se contient li bons sire,
Tant que li seneschaus revint.
Cele nuit devant que ç'avint
Que cil lerres fu reperiez,
Onques n'avoit esté plus liez
3430 Li bons rois ne plus enchantez.
Puis que cil Guillames fu nez,
N'ot si bon siecle a nul sejor.
A grant joie atendoit le jor

Et l'assemblée de Maience ;
3435 Tote sa pensée ere en ce,
Por son grant bien qu'il i espoire.
Je cuit qu'il li covendra boivre
Ainçois d'un mout amer bevrage ;
Qu'il n'a mie de son lignage
3440 Noient ne sa grant segnorie ;
Ja sa bone chevalerie
Ne li avra mestier de rien.
Ha! Dex! com ciz plez avient bien,
Quant uns hom atent une honor,
3445 Qu'il en a tant paine et dolor,
Q'a paines i puet il monter !
Ha! Dex! que cuida conquester
Cil qui cest mal li a bracié ?
Onc puis le tenz Robert Macié,
3450 Tele traïson ne fu fete.

Que que l'empereres s'enhete,
Et li seneschauls fu venus
A la court, ou il fu veüs
Mout volentiers de ses amis,
3455 Li rois l'a en paroles mis
Ainçois qu'il le puist saluer :
« C'est dou venir et de l'aler,
« Seneschal, » fet il, « ce me samble. »
Quant il furent amdui ensamble,
3460 Si li fet lors .j. parlement
De paroles ou il li ment :
Por passer les chievres, les chous,
Sachiez qu'il n'estoit mie fous ;
Puis li sot bien trere par l'oel
3465 La plume. — « Seneschaus, ge voel

3463 Qu'il, *ms.* que il.

« A vos parler mout a loisir.
— Sire, » fet il, « a vo plesir,
« Je sui toz près. — Or i parra;
« Orendroit ja plus n'i avra
3470 « Delaiement ne mès aloigne. »
Des autres chevaliers s'esloigne;
Si vont amdui a une loge.
« Seneschaus, » fet li rois, « ja loge
« Que nos nos traions vers Maience :
3475 « La kalende de mai commence;
« Qu'il m'i estuet estre sanz doute;
« Que la hautece i sera tote
« De mon empire en mai entrant.
« Vos m'aliez antan moustrant,
3480 « Et vos et mi autre baron
« Me disieez tuit a bandon,
« Por Deu, que ge me mariasse :
« G'i ai pensé une grant masse;
« Si ai veü en mon afere
3485 « Que c'est resons et biens a fere,
« Car ge suis mès bien de l'aage.
« Se j'ai eü le cuer volage,
« Ç'a esté enfance et jonece;
« Ou a folie ou a parece
3490 « Le tendroit on desoremès.
« Une foiz est bien que ge lès
« Mon voloir por fere le lor.
— Sire, vos dites vostre honor.
« Et, sachiez, ce vos fet Dex dire.
3495 « Se li baron de vostre empire
« Le savoient ore de voir,
« Que vos vouzissiez feme avoir,
« Il n'est riens si les feïst liez.
« Est si vostre cuer apoiez

3473 fet li rois, *ms.* fet il.

3500 « A une feme plus qu'a autre ?
— Autant com pierre de la Bautre
« Vaut miex que li quarriax de Rains,
« Autant valent les autres mains
« De celi que j'aim, sanz doutance.
3505 — Dont est ele dame de France,
« Ou fille le roi, ou sa suer ?
(Ahi ! com le gete ore puer
De ce qu'il cuide bien savoir !)
« Prendrez vos i terre ou avoir,
3510 « Ou amis, ice i prent on ? »
— Bien prent terre et avoir li hom
« Qui la prent bone et sage et bele *f. 87 b*
« Et de bon lignage et pucele.
— De tex n'en est il ore gaires, »
3515 Fet li crueuls, li deputaires.
Dit li rois : « Ce puet mout bien estre.
« Mès quant [Dex] a fet celi nestre,
« Et il li a toz ses biaus dons
« Doné de grace, porqoi donc
3520 « N'est ele aussi digne d'un regne
« Com[e] la fille au roi qui regne
« Ou en Escoce ou en Islande ? »
Li seneschaus luès li demande
(S'il le porroit nul home dire,
3525 Car quant il avra son empire
Assamblé, si le savra l'on)
Qui est ele et com el a non.
— « Par foi, » fet il, « ce sera mon.
« C'est la suer a mon compegnon,
3530 « De Dole le bon chevalier.
« Qui le veïst a cheval hier,
« Il deïst bien : « Cist est vassaus !
— Chevalier, » fet li seneschaus,
« Est il trop bons, ci n'a que dire :
3535 « A tout le mellor de l'empire

« Le poez mout bien aatir.
« Ne d'acesmer ne de vestir
« Ne se prent nule a seror ;
« Et se biautez puet a honor
3540 « Aidier nule feme a avoir,
« Or sachiez de fi et de voir
« Que ceste avroit tot de gaaig.
« Mès il i a autre mehaig
« Par qoi la chose ne puet estre :
3545 « Car se li prince et li mestre
« De vostre regne le savoient,
« Por nule grant chose qu'il voient,
« Ne seroient il a ce mis
« Que vos, qui estes ses amis,
3550 « L'eüssiez a feme n'a per.
— Porqoi ? L'en la tient a nonper
« De biauté, de cors et de vis. »
Fet li seneschaus : « C'est avis
« A ciaus qui sont ovoecques li. »
3555 — Fet li rois : « Por l'ame de mi,
« Si ne poez nul bien voloir,
« Quel essoine i puet or avoir ?
« El est assez et preus et sage
« Et s'a assez anz et aage,
3560 « Lïenor la bele orfenine. »
Quanque cist chante, ciz define
Qui en mal a s'entention.
« Je n'i sai barat n'ochoison
« Porqoi g'i mete ja respit ;
3565 « Ge ne l'ai pas por ce en despit,
« S'el n'est suer au roi d'Engleterre ;
« J'avrai assez avoir et terre,
« Tant com j'avrai el cors la vie.
« Seneschaus, ce vos vient d'envie,
3570 « Ou ce vos fet maleürtez,
« Que vos toz jors vos ahurtez

f. 87 c

« Dou tot a la poior partie.
« Se l'avieez de moi partie,
« Vos avrieez fet grant pechié. »
3575 Tant l'a par parole encerchié
Qu'il li a dit par son outrage
Qu'il a eü son pucelage;
Et por ce que croire l'en puisse,
De la rose desor la cuisse
3580 Li a dit mout veraie ensaigne.
Li rois s'esbahist et se saigne,
Et dit dolanz a chief de piece :
« Onques mès rois ne perdi fierce,
« Ainçois que ses gieus fust assis;
3585 « Or souffrerons la chose einsi,
« Quant Dex ne veut q'autre puisse estre.
« Gardez que son frere, son mestre,
« N'en sache ja ne vent ne voie.
« Je voudrai aler tote voie
3590 « Vers Maience demain matin. »

Sachiez qu'il se mist au chemin
Erroment que l'aube creva,
Et que durement li greva
Ciz jors a fere grant jornée.
3595 « Dex ! « fet il, « com fu ore née
« De fort eür la damoisele !
« Celui qui m'a dit la novele
« De sa perte et de son domage
« Hairai ge mès tot mon aage.
3600 « Il n'a pas .ij. mois et demi
« Que ne cuidai qu'il fust einsi;
« Que de tot ce ne m'iert il rien ! »
Mout par het cil fel autrui bien,

3602 rien, *ms.* miex.

Qui li toli son pucelage.
3605 Maintes genz i avront domage
Prochainement, sanz nule doute.

Le chemin let et la grant route;
Si s'en vet chans travers toz seuls,
Mout dolenz et mout angoisseus,
3610 Tenant sa main a son arçon.
Des bons vers mon segnor Gasson
Li sovient, qui li font grant bien :
Que prodom ne gaaigne rien
En fere doel, qui riens ne vaut.
3615 Un petit le commence en haut :

Je di que c'est granz folie
D'encerchier ne d'esprover
Ne sa moullier ne s'amie,
Tant com l'en la veut amer;
3620 Ainz s'en doit on bien garder
D'encerchier par jalousie
Ce qu'en n'i voudroit trover.

Sanz deduit et sans sejorner,
Erra tant qu'il vint a Maience.
3625 Grant honor et grant reverence
Li porterent li citoien.
N'i covint pas saint Julien
As roiaus por avoir hostel;
Que chascuns l'ot si bon et tel
3630 Com il li plot a sa devise.
L'emperere a mout en gré prise
L'onor que ses genz li ont fete;
Mès tote la cort se deshete
De ce qu'il ert si deshetiez.

3619 com, *ms.* come. — 3622 qu'en, *ms.* que l'en.

3635 Ha! Dex! cele grant amistiez
Qu'il avoit au bon chevalier,
N'ot encore que .iij. jor[s] hier,
Qu'il l'a fete si endurcir!
S'il s'osast de tant enhardir,
2640 Il li demandast l'ochoison;
Qu'en lui a tant senz et reson
Qu'il i cuidoit mout el q'amor.

L'empereres estoit .j. jor
En son palès a poi de gent;
3645 Il apela le biau, le gent
Mon segnor Guillame de Dole,
Cui nature polist et dole
De biauté, de sens et de pris :
« Venez en, » dit il, « biaus amis,
3650 « En ce vergier o moi deduire. »
Main a main, cui qu'il doie nuire,
I vont, voiant le seneschal.
Il tasta a son affichal,
Si se commença a sousrire.
3655 Fet li empereres ses sire :
« Par la foi que vos me devez,
« Or me dites dont vos riez.
— Je me ri d'une profetie
« Qui ert mout par tens averie ;
3660 « Et ce n'est mie granz merveille,
« Que nule riens que Dex ne voelle
« Ne doit avenir par reson.
« L'autrier avint par mon renon
« Me mandastes par vo seel,
3665 « Ou il avoit paint a cisel
« .I. beau roi desor .j. cheval ;

f. 88 a

3637 .iij., *ms.* tiez.

« Ma suer m'en dona cest fermal,
« Et ge li donai cest seel ;
« Si me dit en riant trop bel :
3670 « Biau doz frere, or sui ge mout lie
« Quant j'ai .j. roi de ma mesnie. »
— Fet l'empereres : « Mout dit bien,
« Et, sachiez, ja n'en doutez rien,
« Près s'est alé qu'el ne dit voir ;
3675 « Je la cuidai a feme avoir,
« Mès or voi que pas ne puet estre.
— Vos me fesieez herbe pestre
« En fere acroire tel folie,
« Et, sachiez, c'est grant vilonie
3680 « De gaber une gentil feme.
« La hautece de cest roiaume
« Ne s'i acordast a nul fuer.
« Dex ne l'a pas getée puer,
« Ainz a tot son bon porveü ;
3685 « Encor a ele assez eü
« Trusque ci et bien et honor. »
Mout a grevé l'empereor
De ce qu'il le voit si dolent.
« La chose vet tot autrement, »
3690 Fet il, « voir, que vos ne cuidiez ;
« Ses pris est mout desavanciez
« De mainte gent qui sont alé
« Entor li, tant qu'el a folé.
— Coment ! dervée et marvoiée !
3695 « Ele n'a pas esté liée
« Ne bertaudée ne tondue ;
« De tant l'avoit Dex bien veüe
« Qu'el a la crigne blonde et bele! *f. 88 b*
— J'en sai bien certaine novele
3700 « Par tel home qui bien la set ;
« Ne sai s'il l'aime ou s'il la het,
« Mès mout prise la damoisele,

« Fors de tant qu'el n'est pas pucele.
— Vos li metez sore la rage !
3705 « Si me vendez vo mariage,
« Qui me honissiez a veüe,
« Et de chose qui n'est seüe
« Alevez blasme ma seror !
« Se Dex li eüst ceste honor
3710 « Ne destinée ne pramise,
« Ele n'est de riens si malmise,
« Empirée ne violée,
« La mere Deu en soit loée,
« Qu'el i eüst ja point de perte ! »
3715 — Savez qui fet la chose aperte ?
« Qu'el a sor la cuisse la rose ;
« N'onques nule si bele chose
« Ne fu en rosier n'en escu. »
A cest mot l'a li rois veincu ;
3720 Si se gete li rois de blasme.
Mout près s'en va qu'il ne se pasme
Par la destrece de cest mot :
Il cuidoit nus n'en seüst mot,
Fors sa mere et il solement.
3725 Il tret sor son chief erroment
Son mantel, qui estoit toz frès ;
Si vet a son hostel manès.

L'EMPERERES, mout angoisseus,
S'en revint el palès toz seuls ;
3730 Qu'il ne se set en quel maniere,
Par biau parler ne par proiere,
Il s'en peüst bel deporter.
Il li covient a deporter,
Qu'il n'i a point de recovrier.
3735 S'il se peüst d'amors vengier,
Il ne s'en preïst s'a li non

Qui la damoisele au biau non
Li fist amer por oïr dire.
Sospirant, plorant et plains d'ire,
3740 Com de traïtor et felon,
Se plaint es vers de sa chançon :

Por quel forfet ne por quel ochoison
M'avez, amors, si de vos esloignié
Que de vos n'ai secors ne garison,
3745 Ne ge ne truis qui de moi ait pitié ?
Malement ai mon service emploié,
C'onqes de vos ne me vint se max non.
    Mès or m'en plaig gié,
Et di que mort m'avez sans achoison.

3750 Or sachiez bien que cil haus hom,
Cil empereres, cil haus sire,
Pensis et dolanz, s'en consire
De l'amor a la damoisele ;
Qu'encor l'en tient soz la mamele
3755 Li maus, que nel let rehetier,
Et le doel dou bon chevalier,
Qui se debat et fiert ses mains :
« Ha ! la mort que ne me prist ains, »
Fet il, « que ce fust avenu ! »
3760 Si compegnon sont tuit venu
Entor lui, et sa granz mesnié
Qui mout estoit desconseillie,
Que chascuns ne set que il face.
Il descire sa bele face,
3765 Et se claime dolerous ! las !
Voirement, de si haut, si bas,
Desoremès le puis bien dire,
N'[en] est si durs, s'il l'oïst dire,
Cui il n'en pr[es]ist granz pitiez,

f. 88 c

3749 di, *ms.* dit.

3770 Li plus biaus, li miex affetiez;
Que nus nel voit qui trop nel plaigne.
« Ahi ! » font ses genz d'Alemaigne,
De qui ot fet la dessamblée.
« Dex ! il se muert, vez com il bée
3775 « La bouche come marvoiez ! »
.I. sien niés, qui est reperiez
Des chans de jouer a cheval,
Quequ'il vint la grant rue a val,
Il oit en son ostel la noise;
3780 Ne cuidez pas que il s'aoise :
Erroment qu'il i est venuz,
Si tost com il est descenduz,
Il vient devant lui maintenant.
En autre guise q'en riant,
3785 Li demande de son convine :
« Ja nuls, voir, s'il ne l'adevine,
« N'en savra par moi nule rien. »
Li vallez s'aperçoit luès bien
Que c'iert ou d'ami ou d'amie,
3790 Que si prodons ne feïst mie
Ne por perte ne por avoir
Tel doel : « Oncles, dites me voir,
« A vos mandé nule novele
« Ma dame ne ma damoizele ?
3795 « A il nul mort de noz amis ?
— Niés, « fet il, « en tel doel m'a mis
« La vieus, la jaianz, [la] jaieus.
— Por les .v. plaies Deu, la quieus ?
— Lïenors, la vils bordeliere,
3800 « Qui s'est trete d'onor arriere,
« Et a rebours ciaus en avant,
« Qui a moi erent attendant. »
Fet il luès : « Dites moi comment. »

f. 88 d

3773 *Ms.* De quex genz estes dessamblée.

Il li a conté l'estement,
3805 Comment el les avoit honiz :
Ele dut estre empereriz
Le premier jor de mai entrant;
Tot l'afere li va moustrant,
Coment ses sires l'emperere,
3810 Por la beauté qui en li ere
La devoit avoir a moullier.
Sa dolor li fesoit moullier
Des lermes dou cuer son visage :
« Si a perdu son pucelage,
3815 « Dont ciz granz doels ou cuer me maint;
« Ciz mariages ne remaint
« Solement que por ceste chose.
— Coment le sot il? — Par la rose
« Qu'il me dit qu'ele a sor la cuisse.
3820 « Si ne sai comment ge m'en puisse, »
Fet il, « vengier s'en plorant non.
— Oncles, ci a grant ochoison
« Par qoi l'en la doit bien destruire ;
« S'el ne se haste qu'ele muire,
3825 « Je l'ocirai a mes .ij. mains.
« Femes getent adès dou mains
« Por fere honte a lor amis.
« Puis que Deables s'i est mis,
« Ne li chaut de chose que face,
3830 « N'il n'est chose qu'ele tant hace
« Com honor contre son voloir.
« Vos i poez grant honte avoir,
« Quant vos l'avez si en gros pris.
« Si prodom et de si haut pris
3835 « Com vos estes, n'en deüst onques
« Fere samblant, biaus gentils oncles.
« Ne fetes d'un domage .ij. :

3804 estement, *ms.* estrement.

« Que diroit on, biau sire Diex !
« Se vos morieez por itel oevre ?
3840 « Or fet ele bien qui se proeve
« Come vils et comme raïs :
« Ses sornons par est bien sienis,
« Que g'en ai grant honte dou dire.
« Je m'en vois por vos geter d'ire
3845 « Et por amender ceste honte. »
Il vint au roncin et tost monte,
Sanz plus reprendre la parole.
Tot le chemin s'en vet vers Dole,
Iriez de l'oncle q'a lessié,
3850 Dont il fera mout au plessié
Grant doel quant i iert venuz ;
Que plorant est de l'uis issuz,
N'onques ne commanda a Deu
Li niés l'oncle, n'il le neveu.
3855 Cil s'en vet, li oncles remaint.
L'empereres et autre maint
L'aloit visiter mout sovent.
Si joel et si bel present,
Sachiez bien, n'ierent pas oiseus :
3860 Chascun jors une foiz ou .ij.
Envoioit savoir qu'il fesoit ;
Sachiez, mout li embelissoit
Quant l'en l'en dit bone novele.
Un jor li sovint de la bele
3865 Qui porte le sornon de Dole ;
Qu[e] il l'ooit tant par parole,
Onqes ne la virent si oeil.
Des bons vers celui de Sabloeil
Mon segnor Renaut li sovint ;
3870 De grant cortoisie li vint

3841 raïs, *corr.* mautris? *Cf. v. 3911.* — 3842 *et* 3843 sienis (*ou* sievis), Que, *corr.* si vis Que ? — 3864 sovint, *ms.* sorvint.

Qu'il les commença a chanter,
Por sa dolor reconforter :

Ja de chanter en ma vie
Ne quier mès avoir corage ;
3875 Ainz voeil miex q'amors m'ocie,
Por fere son grant domage ;
Car jamès si finement
N'iert amée ne servie :
Por ceu chasti tote gent,
3880 Q'ele m'a mort et li traïe.

Las ! j'ai dit par ma folie,
Ce sai de voir, grand outrage ;
Mès a mon cuer prist envie
D'estre legier et volage.
3885 A ! dame, si m'en repent !
Mès cil a tart merci crie
Qui atent tant que il pent :
Por ce ai la mort deservie.

Encor l'en ert li feus el cors :
3890 « Ha ! » fet il, « belé Lïenors !
« Com m'a traï li seneschaus !
« Touz li pechiez et toz li maus
« Est de vos et de vostre frere ! »
Or sachiez que li emperere
3895 La desirast mout a avoir ;
Mès or ne l'ose mès voloir,
Qu'il set bien que ne porroit estre.

A ! Dex ! tant val et tant haut tertre
Cil passa qui va au plessié,
3900 Tant a son roncin angoissié
Et erré par nuit et par jor
Qu'il est la venuz sanz sejor,
Et est en la cort descenduz.

Uns vallez i est lors couruz,
3905 Qui mout est liez de sa venue.
Il a trete l'espée nue,
Et s'en vet grant pas vers la sale.
Dex doint q'aucuns encontre saille,
Qu'il ne face comme desvez!
3910 Il s'est sor le sueil escriez :
« Ou est la jaians, la mautriz,
« Qui fust dame et empereriz
« Se sa ribaudie ne fust? »
Il s'est abuissiez a .j. fust,
3915 Si qu'il chaï o tot s'espée.
Un serjans, qui ot espïée
Une jante entre .ij. mallars,
Qui n'iert ne foibles ne coars,
Li vient erroment, si l'embrace ;
3920 Or n'a il pooir que il face
Trop grant mal se n'est de parole ;
.I. autres li saut, si l'acole ;
Si le tienent amdui mout cort.
S'antain erroument i acort,
3925 Mout esbahie et esmarrie,
Disant : « Dame sainte Marie,
« Vostre biaus filz soit hui o nos !
— Vielle, male honte aiez vos,
« Vos deüssiez estre lardée, »
3930 Fet il, « si mal l'avez gardée !
— Biaus niés, » fet ele, « por Deu, qui?
— Celi voir que j'ocirrai hui
« A mes .ij. mains, se ge la truis. »   *f. 89 c*
Il s'adrece a force vers l'uis
3935 De la chambre por enz entrer.
Sa cousine l'oï crier ;
Ele oevre l'uis et si saut fors :

3916 espié, *ms.* espaée.

« Ahi ! desloiaus Lïenors, »
Fet il luès droit, « je vos querroie,
3940 « Car le lïons d'une corroie.
— Sachiez que il est forsenez, »
Dit li vallez. — « Vos i mentez.
« Je sai mout bien que ge me di.
« Il n'avra que .vij. jors mardi
3945 « Que ge me parti de Maience,
« Ou ge lessai mon oncle en ce,
« Ou il est morz ou il se muert.
« A foi, la male morz acuert
« La desloial qui l'a honni,
3950 « Abessié et avileni !
« Qu'ele a perdu cele hautece.
« C'est cele la, a cele trece
« Que je voudroie avoir tondue
« A ceste espée tote nue.
3955 — Dites, biaus niés, en quel maniere,
« Comment ma bele fille chiere,
« Ou en fist ele la deserte.
— Trop i a fete lede perte,
« Car la grant vaillance son frere
3960 « Avoit tant fet vers l'emperere,
« Et li renons de sa biauté
« L'avoit mis en tel volenté
« Qu'il la devoit prendre a moullier ;
« Mès ce l'en a fet esloignier
3965 « Qu'il a dit qu'el n'est pas pucele. »
Quant la mere l'oï et cele,
Qui sevent bien que c'est noianz,
Des biaus oils et des cuers dolanz
En ont ploré a chaudes larmes :
3970 « Niés, » fet ele, « de males armes
« Puisse estre mes cors despeciez,
« Et li siens devant moi noiez,
« S'onques oï[s]tes tel noient.

— Ja mar en ferez sairement :
3975 « Trop par est seüe la chose,
« As entrêsaignes de la rose
« Qu'el a devers la destre hanche,
« Desor la cuisse grasse et blanche,
« Que male flambe puisse ardoir ! *f. 89 d*
3980 — Je, » fet la mere, « en doi avoir
« Tot[e] la honte et tot le blasme. »
Ele clot les oils, si se pasme
Por la destrece de son fil
Que il lessa en tel peril
3985 Et entre la mort et la vie,
Com Deables a grant envie,
Quant il voit nului fere bien.
Li vallez voit qu'il ne puet rien
Gaaigner en fere mellée :
3990 Si ra mis el fuerre s'espée ;
Qu'il a grant pitié de s'aiole,
Qui sa mere bese et acole,
Quequ'ele gist en pasmoisons :
« Diex ! selonc ce que nos avons, »
3995 Fet ele, « fet et bien et mal,
« Entre nos et le seneschal,
« Donez a chascun sa deserte.
« Ja li avoit ma mere fete
« Si bone chiere et tel samblant !
4000 « Qui se gardast ça en avant
« Que maus nos en deüst venir ? »
La mere geta un sospir,
S'ouvri les oils toz plains de lermes :
« Lasse ! » fet ele, « or est li termes
4005 « Que je m'en vois dolente a fin :
« Li seneschaus m'a mort enfin,
« Cui je dis ma confession.

3993 *Grande initiale au ms.* — 4007 Cui. *ms.* Que.

« Je n'i entendi se bien non,
« Quant je li contai de la chose ;
4010 « Si a mis vilaine parclose,
« En ce qu'il me dit l'autre jor
« Qu'il m'amoit de si grant amor,
« Quant il me dona son anel.
« Trop le m'a vendu son joel,
4015 « Se ge pert Guillame mon fil !
— Bele mere, ainz la fin d'avril,
« Qui ja est mout près de l'issue,
« Avrai ge tote aconseüe
« Sa vilonie et sa mençonge ;
4020 « Tot li ferai tenir a songe
« Quanqu'il a fet le roi cuidier.
« N'a garde cui Dex veut aidier.
« Ne ge ne dout riens se lui non
« Que j'aie fete mesprison,
4025 « Ou j'aie perdu en avant. »   *f. 90 a*
Quequ'ele fet si biau semblant,
S'est ele ou cuer mout desconfite ;
Mout prie le saint Esperite
Qu'il consaut et li et sa mere
4030 Et sa grant mesnie, qui ere
Mout dolante de son domage.
S'ele pert le grant segnorage
Si come d'estre empereriz,
Bien les a toz morz et traïz
4035 Par son engin li seneschaus.
« Dame, fetes querre chevaus :
« S'irai a cort veoir mon frere ;
« Onques si prodom com il ere
« Ne morut por si fet domage.
4040 « Li siecles l'a pieça d'usage,
« Q'en dit ainz le mal que le bien.
« Or sachiez de fi une rien :
« Ge m'en revendrai tote lie,

« Que cil qui reput sa mesnie
4045 « De .v. pains et dè .ij. poissons,
« Au grant droit que nos i avons,
« Nos i sauvera noz honors. »
Lors fist querre .ij. vavassors,
.II. prodomes q'ele enmenra.
4050 Par son grant sens ravigora
Sa mere et toz ceuz de l'ostel.
Ses niés, qui ot esté en tel
Et si durs a adomeschier,
Prist le jor a aharneschier
4055 Son oirre, et se mist en grant paine.
De la soe robe demaine
Furent tuit plain dui mout bel coffre :
Onqes nule damoisele orfe
Tant n'en ot ne tant bel joel ;
4060 Qu'el avoit ja tot son trossel
Atorné por son mariage.
Onqes n'en fu nule si sage,
Si li parra et apparut.

Au matinet quant ele mut,
4065 I ot mout besié et ploré :
« Bele fille, a saint Honoré
« Commant ton cors, quel part qu'il aille.
— Bele mere, Dex vos i vaille,
« Ou ge ai tote ma fiance ! »
4070 Nus ne fust a la dessevrance,
Quant la pucele dut monter,
S'il deüst lermes emprunter,
Qu'il ne convenist que plorast.
Ainçois qu'ele s'en paralast,
4075 Par fu trop la dolor commune.
En plorant chascun et chascune
Commande par son non a Deu.

La mere en a mout son nevou
Prié, si com ele miex puet.
4080 D'unes chaudes lermes li pleut
L'eve qui li descent des iex.
A! Diex! com venist ore miex
Que li seneschax fust a nestre!
Mout dolant s'en partent de l'estre
4085 Li dui chevalier qui l'enmainent.
La mere en ont cil qui remaignent
Par les braz menée en .j. lit.
Sa joie cuide et son delit
Avoir perdue a toz jors mès :
4090 « Or n'en iert mie aportez mès,
« Que la damoizele l'emporte, »
Font les genz qui jusqu'a la porte
La convoierent dou plessié.
Onques mès n'ot tel doel lessié
4095 En vile com ele i lessa.
A Deu, qui mout bien en pensa,
La commanderent, e ele euls.
Or s'en vet, or la consaut Diex!
Si fera il, gel sai de voir.

4100 Or referoit mout bon savoir
Comment ses freres se contint.
De nule chose ne li tint,
Ne de nul solas que il oie.
Chascun jor i vet ou envoie
4105 L'empereres por conforter ;
De tot le fet amonester,
Qu'il pense qui bien li puist fere.
Li bons rois et li debonere
.I. soir i vint après souper ;

4080 Pleut, *ms.* peut. — 4093 La, *ms.* le.

4110 Onques n'ot compegnon ne per
Q'un sol chevalier et Juglet;
S'oïrent chanter .j. vallet
La bone chançon le vidame
De Chartres; onques mès nule ame,
4115 Ce li sambla en chevauchant,
Miex ne dist cest vers ne cest chant :

Quant la sesons del douz tenz s'asseüre, *f. 90 c*
Que biaus estez se raferme et esclaire,
Et tote riens a sa droite nature
4120 Vient et retrait, se n'est trop de mal' aire,
Chanter m'estuet, car plus ne m'en puis taire,
Por conforter ma cruel aventure,
Qui m'est tornée a grant mesaventure....

A ma dolor n'a mestier coverture;
4125 Si sui sospris que ne m'en puis retrere.
Mar acointai sa trés douce feture
Por tel dolor ne por tel mal atrere,
Qui ce me fet que nus ne puet deffere,
Fors ses fins cuers, dont vers moi est si dure
4130 Q'a la mort sui se longuement m'i dure.

Fet li rois : « Juglet, a droiture
« Fu ciz vers fez por moi sanz doute. »

Jor avant autre, passa toute
Cele quinzaine deerraine
4135 D'avril, que li baron dou regne
Durent estre a Maience tuit.

4117 *Ms.* Quant li douz tens et la seson s'asseure. — 4120 se, *ms.* ce. — 4129 *Ms.* Fors ses durs cuers, qui.

S'i furent il a grant deduit;
Bien i parut a la mervelle,
De maintenant a la sorvelle,
4140 De l'envoiseüre qu'il firent.
Tuit li citoien s'en issirent
Mie nuit por aler au bos.
La cité en avoit le los
D'estre toz jors mout deduianz.
4145 Au matin, quant li jors fu granz,
Et il aporterent lor mai,
Tuit chargié de flors et de glai
Et de rainsiaus verz et foilluz :
Onc si biaus mais ne fu veüz
4150 De gieus, de flors et de verdure;
Parmi la cité a droiture
Le vont a grant joie portant,
Et dui damoisel vont chantant :

  Tout la gieus sor rive mer,
4155   Compaignon, or dou chanter.
  Dames i o[n]t bauz levez :
   Mout en ai le cuer gai.
  Compaignon, or dou chanter
   En l'onor de mai.

4160 Quant il l'orent bien porchanté,
Es soliers amont l'ont porté,
Et mis hors parmi les fenestres,
Dont ont embeliz toz les estres;
Et getent partot herbe et flor
Sor le pavement, por l'onor
4165 Dou haut jor et dou haut concire.
Qui la fu, il pot mout bien dire
C'onques, en lieu ou il alast,
Ne vist tant de richece a gast
4170 Aler, com il a la alé :

f. 90 d

Les rues de lonc et de lé
Sont portendues de cortines;
De cendaus, de penes hermines,
De baudequins, de ciglatons,
4175 Ont toz les pignons des mesons
Fet par richece encortiner;
L'en n'i pooit nul lieu trover
Nule part se richece non.
Et la damoisele au biau non,
4180 Qui vient dou plessié mout dolente,
A mout en autre lieu s'entente
Que cil n'ont qui font cele joie.
Tant a erré, qu'a la monjoie
Vint de Maience mout matin.
4185 Cel jor, en romanz sanz latin,
Parla a ses .ij. chevaliers :
« Je vousisse mout volentiers,
« Se vos le vousissiez amdui,
« Que mes niés s'en alast meshui, »
4190 Fet ele, « avant por l'ostel prendre,
« Et si li voel de ci aprendre
« Que de la ou mes freres maint
« Et ses oncles, qu'il m'en esloint
« Plus qu'il porra en sus d'iloec.
4195. — Dame, » font il, « dont voist ovoec
« Uns de cez autres escuiers,
« Por revenir, qu'il est mestiers,
« Encontre nos, li qex que soit. »
Li niés atant s'en partissoit
4200 De s'antain mout tost, et .j. autre,
En la cité qui n'estoit autre
Que la plus riche et la plus bele,
Por prendre ostel de la pucele.
S'en vont par les rues d'encoste.

4193 Ses, *ms.* mes. — 4203 ostel, *ms.* l'ostel.

4205 Damedex lor dona .j. hoste
La plus vaillant que jamès voient :
De .ij. borjoises qui venoient
D'oïr la messe matinel,
L'une l'enmaine a son hostel,
4210 Qui plus ert sage que vilaine.
En une rue auqes foraine
Ert sa mesons mout aaisiée;
La chambre bele et envoisiée
Lor moustra, et puis les estables; *f. 91 a*
4215 Mout ert li ostex delitables,
Qu'il i avoit jardins et puis :
« Segnor, » fet ele, « je ne puis
« Moustrer hostel autre qu'il est.
— Dame, quanque mestiers i est
4220 « I a; que bon jor vos doint Dex ! »
Luès droit est montez li uns d'euls
Por aler encontre lor genz.
Li ostex est et biaus et genz
A mout poi d'embelissement.
4225 Li vallez, einsi fetement
Com il issoit hors de la porte,
Encontre ceuz qui il reporte
Bones nouveles de l'ostel :
Qu'il lor ont pris si bon et tel
4230 A devise com il rouverent.
Li dui chevalier i menerent
La gentil pucele honerée,
Embrunche et enchaperonée.
Il la descendent en la court :
4235 La borjoise as degrez li court
Encontre sa bone venue;
Par la main, qu'el ot blanche et nue,
La maine en sa chambre tot droit.

4238 La, *ms.* Le.

El li a demandé luès droit
4240 Porqoi cele grant aünée
Estoit en la vile assamblée
Le premier jor de mai entrant.
La borjoise li vet moustrant
Ce qu'ele set par oïr dire,
4245 Que li empereres lor sire
Devoit parler de prendre fame;
Si a mandé par son roiame
Et assamblé les haus barons;
Por ce qu'il est droiz et resons,
4250 Si s'en conseillera a euls.
Fet la bele : « Or l'en conselt Diex,
« Si com il set qu'il est mestier! »
Mout parveïsse volentiers,
Se ce ne fust piteuse chose :
4255 Lermes plus cleres d'eve rose
Li couroient aval le vis,
Car c'est torz, ce li est avis.
Se Dex n'i fet miracle aperte,
I puet a double estre la perte
4260 Et de s'onor et de son frere.   *f. 91 b*
Li cuers li dieult trop de sa mere,
Par coi cez larmes issent lors.
Ele apela son nevou fors
Et ses chevaliers a conseil :
4265 « Segnor », dit ele, « je vos voeil
« Demander que vos m'ensegniez
« Li qex est li miex affetiez
« De voz vallez et li plus sages,
« Qui me puist porter mes messages
4270 « En cele cort a .j. prodome. »
Li uns des chevaliers li nome
.I. soen vallet, sage et recuit.
« Or, sachiez bien », fet il, « je cuit
« Qu'il fera bien vostre besoigne. »

4275 El le fist luès droit, sanz aloigne,
En la chambre a lui apeler;
S'en fist son neveu hors aler
Et ses chevaliers et sa gent.
Fet el au vallet bel et gent :
4280 « Vos m'en irez au seneschal ;
« Si porterez cest affichal,
« Cest tiessu et ceste aumosniere;
« Tot est brodé d'une maniere,
« Et si a dedenz .j. anel
4285 « A une esmeraude mout bel;
« Et gardez bien que nuls nel voie.
« Si li direz que li envoie
« La chastelaine de Dijon :
« Por li i sont cil oisillon
4290 « Ou tiessu et cil poissonet.
« Biaus amis », fet el au vallet,
« Entendez bien que je vos di :
« Dites vos tornaste[s] mardi
« De Dijon, por venir a lui.
4295 « Buer vos ajorna ciz jors hui
« Se vos fetes bien la besoigne;
« Se Dex garist mon cors d'essoine,
« Ja mar en douterez de rien ! »
Fet la pucele : « Je sai bien
4300 « Qu'il l'a proiée longuement;
« Onques nul acreantement
« Ne li vout fere de s'amor;
« Or se porpensa a .j. jor
« Qu'ele en fesoit trop que vilaine.
4305 « Si li mande la chastelaine
« Que s'il jamès veut qu'el le voie,
« Que cest tiessu que li envoie
« Ceigne a sa char soz sa chemise.
« Se vos veez qu'il l'i ait mise,
4310 « Si dites que par cest anel

f. 91 c

« Qu'ele trest de son doi manel,
« Qu'ele se rent en sa merci,
« Et qu'el a mout le cuer nerci
« De ce que tant l'a escondit :
4315 « Une pucele le me dit,
« Qui en porta mout les messages.
« Biau[s] douz amis, or soiez sages :
« S'il vos met de plus en parole,
« Dites q'el ne vos rouva ore
4320 « Plus dire rien a cele voie,
« Fors tant tart li est qu'el le voie ;
« S'en prendra par tens bon conroi.
« A l'ostel ou devant le roi
« Le troverez a parlement.»
4325 Fet il : « N'en doutez de noient,
« Gel querrai tant que ge l'avrai.»
Atant s'en torne sanz delai,
Et Dex le conduie et ramaint !

La dame en qui chambre ele maint
4330 Revint a ciex qu'el apela ;
As chevaliers dit qu'il n'i a
Que de vestir les robes vaires,
Qu'el lor fist achater nagaires
D'une escarlate violette ;
4335 Blans ganz et une ceinturete,
Broudée d'or a escutiaus,
A doné a chascun de ciaus,
En l'onor des robes noveles,
Mout envoisiées et mout beles.
4340 La soe robe appareille
Ses niez, qui est bele a mervelle,
D'un samit inde a pene hermine :

4338-39 *Le ms. place le vers 4339 avant le vers 4338.*

Onques si blanche ne si fine
Ne fu nule ne miex ouvrée.
4345 Sor chemise blanche aflourée
Ot vesti la coste, en pure ert,
Mès el estoit d'un cendal vert,
Tote forrée et cors et manches;
El ot .j. poi basses les hansches
4350 Et grailles flans et biau le pis;
Un poi fu plus haus li samis
Desus la mamelete dure:
Mout i ot bien ouvré nature,
Queque li seneschaus ait dit.
4355 Se Deu plest et saint Esperit,
Que toz maus l'en vendra par tens!
Li couls fu lons et gras et blans,
Par reson sanz gorme et sanz fronce.
Onques damoisele, selonc ce
4360 Qu'ele estoit triste et dolente,
Ne sot plus bel metre s'entente
En li acesmer et vestir.
Por sa gorge parembelir,
Mist .j. fermail a sa chemise,
4365 Ouvré par grande majestrise,
Riche d'or et bel de feture,
Basset et plain doi d'overture,
Et si que la poitrine blanche
Assez plus que n'est noif sor branche
4370 Li parut, qui mout l'amenda.
Queq'ele se ceint et lia
De sa guimple et de sa ceinture,
Dont li ors de la forreüre
Valoit plus de .xx.v. livres,
4375 Li vallés, qui n'est fous ne ivres,

f. 91 d

4346 Ms. En..... en puret? — 4354 Le ms. commence le vers par une grande initiale. — 4367 et, corr. a?

Ne s'est en nul lieu delaiez.
Celui ou il fu envoiez
Trova enmi le parlement.
Il l'arresna mout cointement,
4380 Si com par communes paroles;
Mout sagement l'enmena lores
Hors dou palès lez .j. haut mur.
Quant il vit [qu'il] fu aseür
Et qu'en nel vit de nule part,
4385 Le mantel de son col depart,
Com cil qui estoit outre sages :
« Sire, » fet il, « ge sui messages
« A la plus sage et mains vilaine;
« Sachiez que c'est la chastelaine
4390 « De Dijon, dont ge sui venuz,
« Qui ne me sui arresteüz
« A granz jornées puis mardi.
« Ele vos mande, et gel vos di,
« Qu'ele se rent en vo merci
4395 « Par .j. sien anel que j'ai ci,
« Et si vos envoie .j. tiessu. »
Quant li jouel furent issu
Dou drapel ou il furent mis :
« Ma dame, » fet il, « biaus amis,
4400 « Doint Dex joie et bone aventure ! »
Le fermail, l'anel, la ceinture
Esgarda mout et l'aumosniere;
Mout en est d'estrange maniere
Esbahiz, et mout s'en mervelle
4405 Se c'est miracles ou mervelle,
Que li est de lui souvenu;
Mès, comment que soit avenu,
Mout aime et prise les joiaus;
Or en demaine ses aviaus
4410 A ses oils et entor son chief.
Mout en sot bien venir a chief

f. 92 a

De la mençonge dire et faindre;
Tant li a dit qu'il li fist çaindre
Emprès sa char soz la chemise :
4415 Si li a si a destroit mise
Que la char tot entor le flanc
L'en est avivée de sanc;
Puis veut affichier le fermail.
Cil en fist luès .j. fol baail,
4420 Por ce qu'il ot talant de rire.
Fet il : « Ele me rouva dire,
« Qu'il remainsist en l'aumosniere,
« Que nus por aucune meniere
« A vostre col ne l'enterchast,
4425 « Cui li cuers d'envie en perçast.
— Ele dit que preuz et que sage,
« Biaus amis, » fet il au message.
« As tu encore point d'ostel ?
« Tu vois bien, nos somes en tel
4430 « Que je ne puis a toi entendre.
« Si puissé ge Deu l'ame rendre,
« J'aim les joiaus plus de .c. livres!
« Anquenuit quant g'iere delivres,
« Si parlerons de mon afere;
4435 « Mès or va; si fai robe vaire,
« Bon mantel et cote et sorcot :
« Bien iert qui paiera l'escot,
« S'il i avoit .c. sols ou plus.
« Ne sai que ge te die plus,
4440 « Mès or va, si pense de toi,
« Et ge irai devant le roi. »

La departie fu tost fete;
Li escuiers mout s'en rehete
De ce qu'il est si amusez :
4445 N'a pas ses moz en vain usez;

Ainz s'en reva mout tost arriere;
Sa dame trueve en tel meniere
Qu'il n'en est or nule si bele.
« Or ça, mes amis, quel novele
4450 « Me direz vos de cele court?
— Maint Tyois i a lonc et cort,
« Et de barons presse trop grant. »
Ahi! com el est plus en grant
De savoir qu'il a raporté !
4455 A conseil li a cil conté
Comment il avoit esploitié.
Il a miex fete la moitié
La besoigne q'el ne rova ;
Ses doz cuers toz li sousleva
4460 Erroment ou ventre de joie :
« Ja Dex ne doigne que je joie
« Ne de moi ne d'ami que j'aie,
« Se je recoif mie en manaie
« Ceste bonté ne cest servise !
4465 « Que fet m'avez a ma devise
« Tel chose dont ge mout vos pris. »
A ceuz qui furent bien apris
D'estre a cort ovoec les barons,
A dist : « Segnor, car en alons
4470 « Veoir cele grant assamblée;
« Se ceste nos est hui emblée,
« Nos ne verrons tele des mois. »
Li vallet ont luès demanois
Les biaus palefrois amenez.
4475 Li siens fu ferrans pomelez;
Si ot la crigne bien assise;
Li lorains fu biaus a devise,
Et la sambue jusqu'en terre
D'une escarlate d'Engleterre;

4466 pris, *ms.* prise.

4480 S'iert d'un cendal jaune forrée;
L'escarlate ert defferetée,
Si qu'en vit bien parmi le jaune;
Li arçon ne furent pas d'aune,
Ainz sont d'ivoire a esmax fet :
4485 Sor .j. harnois .j. poi plus let
Puet l'en bien monter au besoig.
Je ne sai pas por coi j'aloig
L'afere, ainz dirai plus briement
Q'ainz q'ele fust au parlement,
4490 L'esgarderent plus de .c. genz;   *f. 92 c*
Li palefrois fu biaus et genz,
Et li harnois mout avenanz.
Ainz qu'ele montast, la vaillanz,
Fist ele que fine cortoise,
4495 Qu'ele dona a la borjoise,
Por s'onor et por ses hostez,
.I. anel a .II. castonez;
S'ot en chascun une esmeraude.
Puis que Berte as granz piez ne Aude
4500 Morut, qui fu suer Olivier,
Ne fist feme tant a proisier,
Ne ne fu de si bon endroit.
Li chevalier pristrent lués droit
D'un de lor mantiax .j. ator;
4505 S'ont monté bele Lïenor,
Et puis erroment si monterent;
Tot a cheval, li atornerent
Sa robe, q'onc ne s'enmesla.
Si vos di q'ele salua
4510 Son oste quant el s'en issi.
Bien puet .j. pucele einsi
A cort aler devant .j. roi,
A tel harnois, a tel conroi,

4510 el, *ms.* ele.

Si aperte, si ademise.
4515 Li chevalier l'ont entr'aus mise,
Si qu'il vont d'une part et d'autre.
Toutes les genz, et un et autre,
Li vont orant bone aventure.
Tant avoit desouz la ceinture
4520 Descovert le piz et le cors,
Et s'avoit andeus les acors
De son mantel par devant li;
Et savez qui mout l'abeli?
Qu'el ot descovert son visage.
4525 S'ot mise une main a s'atache,
Et si tint a l'autre sa resne.
Et sachiez, cil cui ele arresne
Dient por voir qu'el a vois d'angre.
Tuit li riche borjois dou Change
4530 Se sont encontre lui levé :
Mout ont tuit en lor cuer loé
Sa simplece et sa contenance.
Font il : « Ou roiaume de France
« Ne troveroit ceste sa per. »
4535 L'en porroit les borses couper
A ceuls qui vont emprès musant. *f. 92 d*
Li lorain son[t] bel et sonant
As chevaliers qui la menerent.
Et cez hautes dames, qui erent
4540 Es loges en vair et en gris,
Amassent mout .j. de ses ris.
Quequ'ele les vait saluant :
« Que vet l'empereres querant, »
Font cez borjoises, « qui veut feme ?
4545 « He! Dex! car pregne ceste dame! »
Por ce q'el ne crient q'el n'i faille,
Sachiez de voir sanz devinaille,
En est .j. poi en esmaiance.
Si vos di por voir c'a Maiance

4550 Fu aportez li premiers mais.

Or refet bon savoir huimès
Quel vie il mainent el palais.
[Lors] i chante[nt] et sons et lais
Li menestrel de mainte terre,
4555 Qui erent venu por aquerre.
De Troies la bele Doete
I chantoit ceste chançonete :

Quant revient la seson
Que l'herbe reverdoie,
4560 Que droiz est et reson
Que l'en deduire doie,
Seuls aloie, si pensoie
As noviaus sons que ge soloie.
Touse gaie o ses moutons
4565 Trovai sanz compegnons,
Ou s'esbanoie a ses chançons.
Gente ert sa façons;
Chevex que venz baloie
Avoit sorez et blons...

4570 Et uns autres de Chaalons,
Qui ot vestu .j. biau drap vert,
Rechante d'autre part cest vers :

Amours a non ciz maus qui me tormente;
Mès n'est pas teuls com les autres gent l'ont.
4575 S'est bien resons que li miens cuers s'en sente,
Qui set mout bien coment on l'en respont.
Et ge dis las! mi mal quant fineront?
Ne ja Jhesus finir ne mes consente,
S'après les mauls li bien gregnor n'en sont!

4553 *Ms.* L'en i chante.

4580 D'une chambre ou li baron sont,
Oï l'empereres cez vers ;
Com ses pensers estoit divers
De ciaus qu'il avoit assamblez,
Si li est ses solaz emblez ;
4585 Qu'il ne set qu'il die ne face.
Si li pert mout bien a sa face
Qu'il n'amenda, .xv. jors a.

f. 93 a

La damoisele se segna,
Quant el est en la cort entrée.
4690 Tex .ccc. l'ont au doit moustrée,
Qui ne sevent pas son esmai,
Ainz dient tuit : « Vez mai, vez mai,
« Que cil dui chevalier amainent! »
Tot entor li grant joie mainent.
4595 Quequ'ele descent au perron,
Il li corent a l'esperon
Et damoisel et escuier :
Plus en i ot bien d'un millier
De chevaliers de hauz lignages ;
4600 Et des loges et des estages
Avalent dou palais marbré,
Tuit esbahi et esmarbré.
« Tex puceles soelent venir
« Ça en arrier, por esbaudir,
4605 « A la court le bon roi Artu, »
Font cil qui tienent a vertu
Ou a mout bel enchantement.
Li chevalier mout belement
Menée l'ont ou grant palès.
4610 El ne vit, ce cuit, onques mès
Tant de si beles genz ensamble.
Toz li monz cele part assamble,
Ou li chevalier l'ont assise.

Cil plès et cele grant assise
4615 Li ramentoivent son biau frere,
Qui, por le grant pris dont il ere
De proece et de hardement,
Ot li sires tel parlement
Assamblé por lui fere honor,
4620 Et si l'amoit de tel amor
Qu'il la voloit prendre a moullier :
Por ce li fet les oils moullier
De chaudes lermes la pitiez ;
Ele s'encline vers ses piez,
4625 De foiz a autre si sospire.
Uns granz bars, li sires de Pire,
Et maint autre en ont pitié.
Si vos di que por s'amistié
En i plorerent plus de cent.
4630 L'eve qui des iex li descent
Ne la faisoit s'embelir non.
Cil chanteor ne lor chançon
Ne la poent escleecier.
Si oï ele commencier
4635 Iceste chançon auvrignace.
Se ne fust cil cui Diex mal face
Qui la cuida desloiauter,
Mout seüst bien cest vers chanter :

    Bele m'est la voiz altane
4640 Del roissillol el pascor,
    Que foelle est verz, blanche flor,
    Et l'erbe nest en la sane,
    Dont raverdissent cil vergier,
    Et j'oi m'amor tel mestier
4645   Que cors me garist et sane.

A poi que li rois ne forsane
En l'autre sale ou il estoit ;

Nule riens ne le confortoit
Qu'en li die, n'en fet, n'en chant.
4650 Il oit les barons tïeschant
Qui sont devant lui a concire,
Ne de ce qu'il lor cuida dire
Ne lor osoit soner .j. mot.
Or sachiez que pas ne l'amot
4655 Cil qui li a fet tel anui !
Il s'atendoient tuit a lui
Qu'il lor desist ou .j. ou el,
Ou feïst dire a son mortel
Traïtor qui ce li ot fet.
4660 Quequ'il estoit en tel dehet,
Mout dolenz et mout desconfiz,
Seant soz .j. grant arc voutiz,
Ez vos le segnor de Nivele
Qui li aporte la novele :
4665 « Sire, » fet il, « vos ne savez ?
« Puis cele heure que Dex fu nez,
« Neïs au tens le roi Artur,
« Ne sai se c'est par vostre eür,
« N'avint ausi bele aventure,
4670 « Ce cuit, de nule creature
« Com il a la fors avenu.
— De qoi ? que il i a venu ?
— Une mervelle tote droite,
« La plus bele et la plus adroite,
4675 « Ne sai se c'est ou fée ou fame,
« Mès ou marchié n'a remez ame,
« Ainz l'ont tuit a procession
« Amenée d'une meson
« Dusqu'en cest grant palès la hors. »
4680 Quant l'empereres l'oï lors,
Il ne fust si liez por mil mars :

f. 93 c

4662 soz, *ms.* sor.

« Ne sai se c'est ou voirs ou gas,
« Mès il le feroit bon savoir
« S'il a menti ou il dit voir. »
4685 Fet li seneschaus : « Alons i. »
Oez dou deable anemi,
Com il vet chaçant sa grant honte !
Fet li rois ou li toz en monte :
« Je lo bien que nos i aillon. »
4690 Il ne queroit fors ochoison
Que li parlement remainsist.
De la se leva ou il sist ;
S'en vet grant pas vers le palès,
Et tuit li haut baron après.

4695 Si dolente, si esplorée
Com ele ert, la preuz, la senée,
Que por soi que por son bon frere,
Erroment que li emperere
Issi dou conseil de la chambre,
4700 Cele qui n'ert torte ne chambre,
Avisa bien li qex c'estoit.
Por l'usage qui tex estoit,
Ele prent dou mantel l'atache ;
Quequ'el l'oste dou col et sache,
4705 Si l'enconbra si li mantiaus
Que le hurte as premiers cretiaus
Qu'ele avoit fet en sa tovaille ;
Li hordeïz et la ventaille
Enporta jus o tot le heaume,
4710 Voiant les barons dou roiaume,
Si que sa crigne blonde et sore
Son biau samit inde li dore
Par espaulles et près dou col.
Dès le tenz mon segnor Saint Pol,
4715 Ne fu plus bele por solas.

Ele haoit tant son solas
Que ne li chaloit de trecier;
Mès, por ses chevols adrecier,
Ot drecié sa greve au matin
4720 D'une branche de porc espin,
Et si ot fet front de heaumiere;
S'ot chapelet a la maniere
As puceles de son païs ; *f. 93 d*
S'ot flocelez aval le vis
4725 De ses biaus chevex ondoianz;
Li chapelez li fu aidanz,
Qui li fu un poi loig des iex,
Et nature, por veoir miex,
Son biau front li ot tret arriere.
4730 Si desconfite en tel maniere,
Se let cheoir as piez le roi
Cele qui ne savoit son roi;
Si li crie : « Por Deu, merci !
— Ha ! bele, levez vos de ci, »
4735 Fet l'emperere, « or m'avez mort.
— Non ferai voir, n'a droit n'a tort;
« Ainçois i serai trusqu'a none,
« Se sor l'onor de la corone
« Orendroit ne me creantez
4740 « Que vos droiture me ferez,
« Orendroit cau pié maintenant.
— Bele, » fet il, « ge[l] vos creant.
« Ja ne voudrez que ge ne face. »
Lors li preste sa bele brace,
4745 Si l'aïde a lever sus;
Ele se tret un poi en sus
De lui, si fist auqes que sage.
Devant les barons dou barnage,
Se demente a Deu et complaint.
4750 De pitié en ont ploré maint,
De lermes qui son biau vis muelle,

Qu'el ot bel et simple a mervelle,
Et le col plus blanc que n'est nois.
Si vos di, s'ele fust as lois
4755 .V. anz toz plains sanz removoir,
Ce sachiez de fi et de voir,
Je ne sai por coi ne coment
Ele peüst plus belement
Son claim dire ne son afere.
4760 Fet la gentils, la debonere :
« Gentils emperere honorez,
« Por Deu, biau sire, or m'entendez !
« Si m'aït Dex, que mestiers m'est !
« Il fut .j. jors, qui passez est,
4765 « Que cil la, vostres seneschaus
(Lors le mostre as emperiaus),
« Vint en .j. lieu par aventure
« Ou ge fesoie ma cousture ;
« Si me fist mout let et outrage, *f. 94 a*
4770 « Qu'il me toli mon pucelage,
« Et après cele grant ledure,
« Si m'a tolue ma ceinture
« Et m'aumosniere et mon fermal ;
« Et ce demant au seneschal,
4775 « Et m'onor et mon pucelage
« Et de mes joiaus le domage. »

Atant se test, si ne dit mot.
L'emperere, qui mout l'amot,
Si resgarde le seneschal
4780 Qui tot ce ne prisoit .j. ail,
Ainz le tient a borde et a songe,
Com ce qui tout estoit mençonge
(Ce savoit ele plus que nus).
Fet l'emperere : « Il n'i a plus,
4785 « Seneschal, or vos en alez

« Consellier, ou vos responez
« Orendroit ci selonc son claim.
« Onques mès voir n'oï reclaim
« Que vos feïssiez tel outrage. »
4790 Fet il, oiant tot son barnage :
« Je n'en irai ja a conseil.
« Jamès Dex ne me doint cest sueil
« Passer, se onques mès la vi !
« Et sachiez bien que ge li ni
4795 « Que onques n'oi son pucelage
« Ne ses joiaus a son domage,
« Ne ceinture ne affichaus. »
— Oez que dit li seneschaus »,
Fet l'emperere, « il le vos nie.
4800 — Certes, sire, c'est vilonie.
« Miex li venist dire tot el.
« Ja n'istra hors de cest ostel
« Que il ira tot autrement,
« Se vostre cort ne se desment :
4805 « Bons rois, por Dieu, ne vos griet mie.
« Vos dites ci qu'il le me nie,
« Qu'il onqes n'ot mon pucelage,
« Et dit c'onques a mon domage
« N'ot mon joial ne ma ceinture :
4810 « Savez vos de quele feture
« Cele ceinture estoit ouvrée ?
« El estoit de fin or broudée
« A poissonez et a oisiaus;
« Et sachiez que li affichaus
4815 « Valoit encore bones nois;   *f. 94 b*
« Il i a un rubi balois,
« Qui vaut encore .xiii. livres.
« N'est pas encore toz delivres
« Li seneschaus, bien le sachiez ;

4807 mon, *ms.* son.

4820 « Mès or alez, et si sachiez
 « Ses draz amont et sa chemise ;
 « Si verrez qu'il l'a ceinte et mise
 « Tot nu a nu emprès sa char.
 « Se ce n'est veoir, fetes .j. char
4825 « Tornoier pardessus mon cors.
 « Si verrez m'aumosniere entors,
 « Ce sachiez, au tiessu pendue. »
 Par tens avra mestier d'aïue
 Li seneschaus, ce m'est avis ;
4830 Or li taint et palist le vis
 Por sa parole qui empire.
 « Dex ! » font li baron de l'empire,
 « Com est mal bailliz, se c'est voirs !
 « Certes, ce fu granz estrelois,
4835 « S'il en puet estre pris provez.
 — Sire, sor ce que vos m'avez
 « Creanté a fere droiture,
 « Fetes garder a la ceinture,
 « Si me delivrez sans aloigne. »
4840 Li arcevesques de Couloigne
 Estoit la ou cils claims fu fais :
 « Pieça que mès nuls autez plais,
 « Sire, n'avint en vostre cort ;
 « Il covient cest respit mout cort
4845 « Por essaier s'el a voir dit. »
 Sanz delai et sanz contredit,
 Ou bien li poist ou mal li sache,
 Uns chevaliers li tret et sache
 La robe amont et la chemise,
4850 Que chascuns vit qu'il l'avoit mise
 Et çainte estroit a sa char nue :
 Si fu la chose coneüe
 Qu'il n'i convint champ ne bataille.
 « Gardez le bien, qu'il ne s'en aille, »
4855 Fet l'empereres, « sor voz iex ! »

A .x. barons sages et viex
Le commande, sor quanqu'il ont,
Dou garder si chier com il ont
Et lor vies et lor avoirs.
4860. « G'en sui toz dolanz, » fet li rois,
« Por ce que il m'a bien servi.
— Ha! se Deu plest, » font si ami,
« Si li parra a son besoig. »
N'est mie mestiers que j'aloig
4865 Cest afere de moz oiseus.
Mout en sont les genz angoisseus,
Li baron, de cele ceinture;
Font li un : « De tele feture
« En porroit l'en assez trover;
4870 « Nuls ne savroit par ce prover
« Que il deüst estre destruis.
« Non fust il, ne fust li anuis
« De la honte et dou pucelage,
« Que des joiaus et dou domage
4875 « Peüst il bien venir a chief. »
Tuit li baron de chief en chief
En vont proier l'empereor.
« Ja n'en voudrez, sauve l'onor
« La pucele, que ge n'en face.
4880 — N'est pas reson qu'en le defface, »
Font il, « por itel achoison. »
— Fet li rois : « Tot ce n'a foison.
« Je n'en prendroie d'or mil mars
« Qu'il n'en fust traïnez ou ars !
4885 « Est or ma terre abandonée?
« Ne li avoie pas donée
« Por tels joiaus seneschaucie ! »
La damoisele l'en mercie,
Qu'ele oit bien qu'il li fera droit.

f. 94 c

4856 A, *ms.* As.

|4890| Au seneschal revont tot droit;
Si li dient qu'il se conseilt.
« Mal de la cort ou l'en ne let, »
Fet il, « .j. home parjurer!
« Je li feroie ja jurer,
|4895| « S'il voloit, a .c. chevaliers,
« Que ciz maus et ciz encombriers
« M'est venuz par enchantement,
« Car ge ne sai certainement
« S'ele fu soe la ceinture.
|4900| « Mès por Deu et por norreture,
« Por ma deserte et por m'amor,
« Me face encore tant d'onor
« Que de ce que je mis en ni
« Que onques mès jor ne la vi,
|4905| « Ne ne quis honte ne outrage,
« Ne ne forçai son pucelage,
« Qu'il m'en let purgier par juïse,   *f. 94 d*
« En guerredon de mon servise.
« Et se ge ce, sanz plus atendre,
|4910| « Eschieve, si me face pendre :
« Ice li mant par vos et pri. »
Mout le regretent, a haut cri,
Si compegnon et sa mesnie.
« Ha! lasse gent desconseillie! »
|4915| Font il entr'ax, « que ferons nos?
« Mout somes mort quant nuls de nos
« Nel puet deffendre par son cors!
« Ses vairs, ses griz, ses granz tresors
« Nos ert toz jors abandonez;
|4920| « Les destriers qu'il nos a donez
« Li ont cousté plus de .m. mars.
« Or sera traïnez ou ars
« Cil qui ne l'a pas deservi! »

4891 Si li, *ms*. Sil li. — 4909 se ge, *ms*. se g'en.

Onc mès en .j. ostel ne vi
4925 Por .j. home tant gent dolente ;
Nez la pucele s'en demente,
Qu'el i cuide avoir grant pechié,
Por ce q'el l'avoit porchacié.

Li baron sont venu arriere,
4930 Tot en plorant font la proiere,
Le seneschal a genoillons.
Font il : Por Deu et por ses nons,
Face por auls ce qu'il diront,
Parmi tot ce, qu'il garderont
4935 Sa segnorie et sa droiture ;
Mès onques de tele aventure
Nus d'iax n'avoit oï parler.
Li oeil en pristrent a larmer
A l'empereor de pitié,
4940 Por ce qu'il l'avoit sanz faintié
Mout bien servi et longuement
« Segnor, n'en doutez de noient, »
Fet l'empereres, « mès sachiez,
« Miex vousisse estre alez nuz piez
4945 « Outre mer, qu'il fust avenu. »
Ce por qu'il estoient venu
Li distrent a cors moz briement :
Qu'ele par son enchantement
Li tresgeta cele ceinture ;
4950 Et tant en est de tel feture
Q'en en troeve par tot assez.
« Si ne seroit pas vostre sez
« Que por ce le deffeïssiez ;
« Si vos prions que souffrissiez
4955 « Dou premier ni qu'il fist orains :
« Qu'il onques, ne devant ne ains
« Fors cest jor, ne l'avoit veüe,

f. 95 a

« N'en atoucha a sa char nue,
« Dont ele fust pas empirie ;
4960 « Si seroit la chose esclairie,
« S'il s'en espurjoit par juïse :
« En guerredon de son servise
« Ice vos prie et nos por lui.
— Ge nel feroie por nului
4965 « Se n'estoit por la damoisele. »
Tuit l'en vont lors au pié, que ele
Et por Deu et por auls en face
Tant qu'el ait lor cuer et lor grace ;
Tuit l'en tendent les mains amont :
4970 « Ha ! dame, mal fet qui confont
« Ce dont il puet estre au deseure ! »
Tant li prient et corent seure
Qu'el lor otroie bonement,
Et prie Deu, si fetement
4975 Com el n'i a deservi perte,
Qu'il i face miracle aperte ;
Par laienz dient tuit *Amen.*
L'empereres mout durement
S'en esjoï de cest otroi,
4980 Et tuit li compegnon le roi.
Puis n'i ot onques point d'arrest :
Li juïses fu luès tot prest
Au moustier mon segnor S. Pierre,
Qui ert coverz de fuelle[s] d'ierre.
4985 Tuit i vienent, prince et demaine,
Et li seneschauls q'en amaine ;
Et la pucele vint ovoeqes,
Par le conseil des arcevesques,
Por veoir la bone droiture.
4990 A grant honte, par sa ceinture,
Fu li seneschaus esgardez.

4990 par, *corr.* por ?

Luès droit qu'il fu laienz entrez,
En l'eve qui estoit segniée,
Luès droit plus tost q'une coigniée,
5995 S'en vet au fons trestoz li cors,
Si que la bele Lïenors
Vit qu'il fu sauz, et tuit li autre
Qui furent d'une part et d'autre
Entor la cuve atropelé. *f. 95 b*
5000 Li clerc en ont mout Deu loé
En lor chanz et en sains soner.
A grant joie fu remenez
Devant l'empereor arriere,
Qui s'en est d'estrange meniere
5005 Esjoïz, et trestuit li autre.
La pucele, triez .j. triez autre,
Si est ou palès revenue.
Mout est bien la chose avenue,
Si com el l'avoit proposée.
5010 El ne s'est nès point reposée,
Ainz vet devant l'empereor,
Qui est liez de la grant honor
Que Dex a au seneschal fete.
A ce que chascuns se rehete,
5015 Sachiez, ne pensoit ele point,
Més a la dolor qui la point
Au cuer por l'amor son biau frere.
« Damoisele, » fet l'empere,
« Or est li seneschaus delivres. »
5020 — Cil dont li clerc chantent es livres, »
Fet la gentils, la debonaire,
« Set bien tels cortoisies fere,
« Et aidier ciaus qui a bien tendent.
« Or proiez voz genz qu'il m'entendent.
5025 « Por Deu, sire, oiez la parclose :
« Je sui la pucele a la rose,
« La suer a mon segnor Guillame

« Qui l'onor de vostre roiaume
« M'avoit quise par sa proece. »
5o3o A ce dire ot mout grant destrece,
Que toz li vis li cort de larmes.
« Et cil qui soit de males armes
« Despeciez, si que ge le voie!
« Si fist au plessié une voie,
5o35 « Par qu'il deçut ma bone mere,
« Qui li dit tot coment il ere
« De la rose desor ma cuisse.
« Biau sire Dex, ausi en puisse
« Ge cest jor venir au deseure!
5o4o « Q'encor nel savoit a cele heure
« Que mon frere et ma mere et gie.
« N'est mervelle se ge marvie,
« Qui vos racont ici ma honte.
— Biaus sire Dex! » font dont cil conte.
5o45 Tex i ot cui mout en pesa. *f. 95 c*
« Mervelle fist qui ce pensa
« De fere teuls desloiautez.
« Si vint, li desloiaus provez,
« Qui onques n'ama mon lignage.
5o5o « Si vos a dit par son outrage
« Que je n'estoie pas pucele :
« Cil qui fist mere de s'ancele
« Si m'en a auques delivrée.
« G'en serai voir tote honorée,
5o55. « Se Deu plest, ainz que ge m'en aille,
« Se vostre cort ne me fet faille;
« Car, quant il nia ma ceinture,
« S'en li eüst lors fet droiture,
« Quant il en fu trovez sesiz,
5o6o « Il fust luès penduz et honiz,
« Com cil qui toz estoit jugiez;

5o55 *Ms.* Se Deu plest voir ainz q.

« Mès as barons en prist pitiez,
« Qui firent tant par lor proiere
« Que toz li plès revint arriere
5065 « A ce qu'il ot nié et dit,
« Qu'il onques mès jor ne me vit,
« Ne ne me fist descovenue.
« Par qoi honte me soit creüe.
« Si m'aït Dex, ce ne fist mon.
5070 « Ce ont bien veü li baron,
« Que li juïses l'en sauva
« Et moi et lui, et qu'il ne m'a
« Despucelée ne honie.
« Se l'onor et la segnorie
5075 « De cest regne m'est destinée
« Ceste lasse, ceste esplorée,
« Quant ele fet n'a la deserte,
« Por quel reson i avra perte ?
« De ce demant a la cort droit. »
5080 Lors dit l'empereres luès droit :
« Estes vos ce, mes cuers, m'amie ? »
Lors dit cele : « N'en doutez mie,
« Ce sui ge bele Lïenors. »
Il saut sus, voiant ses genz lors,
5085 Si l'acole en sa bele brace ;
Les biaus oils, le vis et la face
Li a plus de .c. foiz besiée.
Fet il : « Or soiez envoisiée,
« Que grant honor vos a Dex fete ! »
5090 De la joie qui l'en rehete,
Li est ciz chans dou cuer volez :   *f. 95 d*

  Que demandez vos,
   Quant vos m'avez ?
  Que demandez vos ?
5095   Dont ne m'avez vos ?
  — Ge ne demant rien,
  Se vos m'amez bien.

Et li autre en ont tuit chanté :

Tendez tuit voz mains a la flor d'esté,
5100   A la flor de liz.
    Por Deu, tendez i.

Ce fu *Te deum laudamus*.
Fet l'emperere : « Or n'i a plus,
« Or est la chose revelée
5105 « Por qoi ceste granz assamblée
« I ert hui fete o vos çaienz :
« Maint jor vos ai veü dolenz
« De ce que ge n'avoie feme ;
« Vos doutïez de mon roiaume,
5110 « Qu'il n'eschaïst a autre roi
« Qui ne seüst pas si son roi
« De vos honorer et servir
« Com faz. Bien peüst avenir ;
« Non feïst il par aventure :
5115 « Ce qu'en aprent de norreture
« Est auques legier a tenir.
« Onques certes de vos servir
« N'oi tel talent come j'ai or,
« Si me gart Dex m'ame et mon cors,
5120 « Quant gregnor mestiers m'en sera ! »
Or ot dur cuer qui ne plora,
Quant il ot dit ceste parole.
« Renomée, qui partot vole,
« Si m'amentut ceste pucele :
5125 « Par verité, vos di, c'est cele
« Qui j'ai destiné ceste honor,
« Se vos por moi et por m'amor
« Volez soufrir qu'ele soit dame
« Et roïne de mon roiaume.
5130 « Vos estes mi seignor, mi mestre.

5113 *Ms.* Com ge faz.

« Si ne voel pas ne ne doit estre,
« Encor i soit ma volentez,
« Que se vos ne la creantez,
« Qu'il aviegne n'a tort n'a droit. »
5135 A cest mot les a toz luès droit
Conquis a fere son voloir ;
Chascuns qui son gré veut avoir
Se haste dou dire : « Gel voeil. »
Sanz plus parler et sanz conseil,
5140 S'i acorda li communs toz.   *f. 96 a*
Lor bons sires, li pieus, li douz,
Lor en rent .c. mile merciz.
« E non Deu, or sera gariz, »
Fet il, « li gentils chevaliers. »
5145 Lors veïssiez corre as destriers
Ciaus qui le vont dire son frere ;
Ou vergier son hoste ou il ere
Le troverent tot desconfit.
Mout par li fist poi de delit
5150 Li rossignols qui li chantoit.
La bone novele qu'il oit
Li tolit luès tot son anui.
Font ses genz : « Il n'i a meshui,
« E non Deu, fors de feste faire. »
5155 Il oste luès sa robe vaire,
Sor quil avoit ploré mil larmes ;
A biaus escutiaus de ses armes
En vesti une de samis ;
S'en avoit par devers le pis
5160 Les ensegnes et sor les bras ;
Ele fu fete a grant solas ;
Onqes n'avoit vestue esté ;
Mout fu legiere por esté,
Que la pene en estoit d'oiseaus.
5165 Ha ! Dex ! com il refu tost biaus
A si petit d'acesmement !

Il monte, et chevaliers bien cent,
Por s'onor, sor les biaus destriers,
Qui vont devant lui et detriers.
5170 N'orent pas chevauchié grant piece
Quant un niés l'euvesque dou Liege,
Qui mout se set biau deporter,
Commença cestui a chanter :

Or vienent Pasques les beles en avril ;
5175 Florissent bois, cil pré sont raverdi ;
Cez douces eves retraient a lor fil ;
Cil oisel chantent au soir et au matin :
Qui amors a nes doit metre en oubli,
Sovent i doit et aler et venir.
5180 . . . .
 . . . .
Ja s'entr'amoient Aigline et li quens Guis.
Guis aime Aigline, Aigline aime Guion.

Souz un chastel q'en apele Biaucler,
5185 En mout poi d'eure i ot granz bauz levez.
Ces damoiseles i vont por caroler,
Cil escuier i vont por bohorder,
Cil chevalier i vont por esgarder ;
Vont i cez dames por lor cors deporter.
5190 La bele Aigline s'i est fete mener.
Si ot vestu un bliaut de cendel,
Qui granz .ij. aunes traïnoit par les prez.
Guis aime Aigline, Aigline aime Guion.

Ceste n'ert pas tote chantée,
5195 Uns chevaliers de la contrée
Dou parage de Danmartin
Commença cest son poitevin :

Quant voi l'aloete moder
De goi ses ales contre el rai,

5194 n'ert, *ms.* n'est.

5200 Que s'oblie et lesse cader
Par lo douçor q'el cor li vai,
En si grant envie m'en prent,
De ce que je voi [jauzion]!
Miravile est que vis del sens
5205 Dont dès[ir]ier nom fon.

Alas! tant cuidoie savoir
D'amor, et point n'en sai!
Pas onc d'amar nom pou tenir.
Celi dont ja prou n'en avrai
5210 Tol mei lou cor et tol meismes
Et soi meesme et tol le mont,
Et portant el ne m'oste ren
Fors des[ir]ier et cor volon.

Quant ces .ij. furent bien fenies,
5215 Des bons vers Gautier de Sagnies

5200 Que s'oblie et, *ms.* que so bete. *Vers correspondant de la chanson provençale (de Bernard de Ventadour) dont celle-ci est la transcription (Chrestomathie de Bartsch, 4ᵉ édit., col. 64)* :

  Que s'oblida es laissa cader.

5201 cor, *ms.* cors. *Voici les quatre derniers vers du premier § de la chanson provençale, qui ont été mal lus ou mal compris et mal traduits :*

  Ailas! quals enveja m'en ve
  De cui qu'eu veja jauzion!
  Meravilhas ai, quar desse
  Lo cors de dezirier nom fon.

5202 m'en prent, *ms.* m'est pris. — 5203 *Le ms. omet la fin du vers.* — 5204 *Vers inintelligible.* — 5205 nom, *ms.* non. — 5207 amor, *ms.* onor. — 5208 nom, *ms.* non. — 5209-5213 *Chanson provençale* :

  Celleis don ja pro non aurai
  Tout m'a mon cor e tout m'a se
  E mis mezeis e tot lo mon;
  E quan sim tolc, nom laisset re
  Mas dezirier e cor volon.

5212 *Ms.* Et postant el ne m'osterent.

Resovint .j. bon bacheler.
Si les comença a chanter :

 Lors que florist la bruiere,
 Que voi les prez raverdoier,
5220 Que chantent en lor maniere
 Cil oisillon el ramier,
 Lors sospir en mon corage,
 Quant cele me fet irier
 Vers qui ma longue proiere
5225 Ne m'i pot avoir mestier.

 Celui aim d'amor entiere
 Dont j'ai le cuer d'ire plain.
 Las! ce m'i fet estre en paine
 Dont j'ai le cuer d'ire plain.

5230 Trop vilainement foloie,
 Qui ce qu'il aime ne crient,
 Et qui d'amors se cointoie,
 Sachiez qu'il n'aime nient :
 Amors doit estre si coie,
5235 La ou ele va et vient,
 Que nuls n'en ait duel ne joie,
 Se cil non qui la maintient.

 Celui aim.......

 A la cort s'en vont a grant joie.
5240 Font les gens qui sont en la voie :
 « Diex! c'est li freres la roïne
 « Qui ceste voie ci chemine. »
 Quant il vint la sus ou palès,
 Font il : « N'i entrera huimès
5245 « Plus bel ne meillor de cestui.
 — Com buer m'ajorna ciz jors d'ui, »
 Fet il, « quant ge voi ma seror
 « Cui mis sires fet tant d'onor,
 « Qui l'a assise lez sa coste ! »

5250 De son biau col son mantel oste,
Sil vet saluer a genouls :
« Mes biaus freres, mes cuers, mes douz, »
Fet ele, « bien soiez venuz. »
Il puet mout bien a tels saluz
5255 Aucune lerme avoir plorée;
Mout l'a com sa dame honorée.
Et si voel que vos sachiez bien
C'onqes a lui de nule rien,
Fors de parole, n'atoucha :
5260 Si vos di que mout conticha
A ceuz qui garde s'en sont pris ;
Ses granz senz li a ja apris
Que la hautece de l'onor
Li deffendoit de sa seror,
5265 Et la hautece et le solaz.
Il a bouté parmi les laz
De son mantel son braz senestre.
Mout ert mès damoisiaus et mestre
Et de la cort et des barons.
5270 Fet l'emperere : « Il est saisons
« Que ge paroil de mon afere.
« Loez vos que j'atende a fere
« Mes noces a l'Ascension ?
— Ja, se Deu plest, » font li baron,
5275 « N'i avra mès respit n'aloigne.
— Sire, » fet li dus de Saissoigne,
« Mès en l'eure que Dex fu nez,
« Fetes ce que fere devez.
« Se chascuns s'en vet en sa terre,
5280 « Grant anui sera dou requerre ;
« Nos somes ci or assamblé. »
Fet l'arcevesques : « Ce me samble
« Qu'il vos done mout bon conseil. »

5266 Il, ms. El.

— Fet l'empereres : « Et gel voeil,
5285 « Quant chascuns de vos s'i acorde. » *f. 96 d*
Ahi! plus tire cus que corde :
Ja ne veut il tant nule rien.
« De par Deu, » fet il, or va bien,
« Puis qu'il est a vos volentez.
5290 « Or alez, si vos atornez,
« Sire », fet il a l'arcevesque.
Lors s'en va, et bien .x. euvesques,
Revestir a l'arceveschié.
Puis que Dex fu nez sanz pechié,
5295 Ne fu vile si estormie,
Quant la novele fu oïe
De la pucele qui venoit
Orainz a cort, que Dex avoit
Promis cele bon' aventure.
5300 L'en manda luès, grant aleüre,
Dames par tote la cité,
Dont il i ot a grant plenté,
Hautes femes a chevaliers,
Qui mout i vindrent volentiers
5305 Por li acesmer et vestir.
Puis q'Alixandres fist a Tyr
Le saut dont il ot tant de pris,
N'ot au cuer, ç'ai ge bien apris,
Tant de joie com il ot la.
5310 D'un drap que une fée ouvra
Fu vestue l'empereriz :
Il n'iert ne tiessuz ne tresliz,
Ainçois l'ot tot fet o agulle
Jadis une roïne en Puille,
5315 En ses chambres por son deduit;
El i mist bien .vij. anz ou .viij.,
Ainz que l'oevre fust afinée :

5292 va, *ms*. ala.

Einsi com Helaine fu née,
I estoit l'istoire portrete ;
5320 Ele meïsme i fu retrete,
Et Paris et ses frere Hectors,
Et Prians li rois et Mennors,
Li bons rois qui toz les biens fist,
Et si com Paris la ravist,
5325 I sont d'or fetes les ymages ;
Et si come li granz barnages
Des Grieus la vint requerre après ;
Si i fu aussi Achillès,
Q'ocist Hector, dont granz diels fu ;
5330 Et si com cil mistrent le fu
En la cité et el donjon,
Q'en avoit repost a larron
Es chevax de fust et tapis
En ce qu'il jut sor les tapis ;
5335 Desroubée fu la navie
Des Grieus pl..... Or n'est en vie
Hom que si biau drap seüst faire ;
La pene n'iert grise ne vaire,
Ainz ert soef fleranz et fine,
5340 De noirs sebelins et d'ermine,
Tot ondoiant de l'un en l'autre.
Mout se pot bien consirer d'autre
Robe vestir, qui cele ot.
Nus ne la voit qui ne la lot,
5345 Que trop en ert l'ouvraigne chiere.
Mès chascuns prise plus sa chiere
Et sa biauté que son harnuès.
A mout grant joie l'en ont luez
Menée au moustier li baron.

f. 97 a

5336 *Ms.* Des Grieus pl...ere, *p.-é.* pleniere. *Il semble que le copiste n'ait pu déchiffrer le mot qu'il avait à transcrire et qu'il ait gratté ce qu'il avait tout d'abord écrit.*

5350 Tant baudequin, tant ciglaton,
Tant bon diaspre, tant samit,
Onques nuls ensamble ne vit,
Tant rubiz de plusors façons,
L'un a oiseax, l'autre a poissons,
5355 L'autre partie par quartiers.
Les sebelins bons et entiers
Ont es mantiax jusques a cors.
De l'iglise touz li tresors
Vint encontre a procession :
5360 Saintuaire de grant renon
I ot, ge ne sai dont il vint ;
Si ot ceptre, et quanque convint
I ot, sanz longues demorer,
A l'empereor coroner.
5365 Mout ot chascuns riche corone,
Et l'arcevesqes les corone
Luès droit emprès l'espousement.
Lors lor fist on segnorelment
Quanqu'en dut en fet et en dit,
5370 En l'onor dou saint Esperit,
Et chanta de la Trinité.
Li serjant orent si hasté,
Chascuns endroit le sien mestier,
Que luès droit qu'en vint dou moustier,
5375 Qu'en mit les napes sor les dois.
Je ne sai pas por qoi j'acrois
La matiere de moz oisiaus ;
Mès après l'eve fist on ciaus
Asseoir lez l'empereriz
5380 Que hautece i ot esliz :
Ce furent duz et arcevesques
Et autre[s] baron[s] et euvesques,
Assis par cez tables dormanz.
Mout en i a des mervellanz
5385 Ou la trés grant biautez fu prise

L'empereriz : « Bien ont a prise, »
Font il, « tendu si biau samblant,
« Qui vont as genz le cuer emblant,
« Mès ce n'est pas en roberie.
5390 « Bien doit haïr sa loberie
« Li seneschaus, » font il entr'aus.
Or deüst servir ovoec ciaus
Qui sont fievé d'anceserie,
Qui servent por lor segnorie,
5395 Que lor sires porte corone.
De tex mès com lor fiez lor done
Servi chascuns au dois le jor
Por honorer l'empereor,
Mout acesmé et embeli.
5400 « A ce a li seneschaus failli, »
Font li autre, « par sa deserte. »
Il n'en puet mès aler sanz perte,
Car il le tient pire q'escoufles.
Il fu en aniaus et en moufles
5405 De fer orainz mis en la tor :
S'il puet eschaper a cest tor,
Dont savra il mout de Renart.

Uns chanterres de vers Tonart,
Qui estoit au segnor de Hui,
5410 Pensoit mout poi de son anui.
Ausi fesoient ne sai quant,
Qui s'en vont par laienz chantant :

C'est la gieus, la gieus, q'en dit en ces prez.
Vos ne vendrez mie, dames, caroler.
5415 La bele Aeliz i vet por joer,
    Souz la vert olive.
Vos ne vendrez mie caroler es prez,

5386 *ms.* Bien a a prise. — 5403 pire, *ms.* pires.

Que vos n'amez mie.
G'i doi bien aler et bien caroler,
5420 Car j'ai bele amie.

Fet .j. quens : « Or ne voi ge mie
« Qe nus doie si cesti dire,
« Com fet l'empereres mis sire.
« Voire, et cesti, » refet il l[u]ès,
5425 « Qui vaut .j. mauvès entremès :

C'est la gieus enmi les prez.
J'ai amors a ma volenté.
Dames i ont bauz levez.
Gari m'ont mi oel.
5430 J'ai amors a ma volenté,
Teles com je voel.

Ceste li rest bone sans doute ;
Or la puet chanter, qu'il a toute
Honor et joie a cest mengier.
5435 Ne sont pas a conter legier
Li mès, tant en i ot divers
De cenglers [et] d'ours et de cers,
Grues, jantes, paons rostis.
Li serjant n'ont pas cez hounis,
5440 Qui orent porrée au mouton,
Qui por le mai ert en seson ;
Et gras buef et oisons peüz,
Vins blans et vermeils ont eüz,
Itex come chascuns amot.
5445 Mout se saola bien et pot
En esgarder son grant barnage
L'empereres, et le visage
De sa nouvelle couronnée.
Buer l'ont ses genz si esgardée,
5450 Qu'il les en aime miex et prise.

Ses biaus freres si a bien prise
Sor lui grant part de cele joie.
Jamès ne quit que nus hom voie
Plus gent chevalier qu'il ert lors,
5455 Quequ'il servi, em pur le cors,
Au dois devant l'empereor.
Diex! s'or veïst a cele honor
La bone mere ses enfans,
Toz les jors qu'ele fust vivanz,
5460 En fust assez plus en santé.
Ha! Dex! com l'en a cieus hasté
Qui li vont la novele dire!
Li fil as barons de l'empire,
Luès droit q'en a napes ostées,
5465 Ont les touailles aportées
Et les bacins plains d'eve clere.
Erroment que li emperere,
Qui si ot esté bien serviz,
Ot lavé, et l'empereriz,
5470 Et l'arcevesques tot avant,
Lors comença de maintenant
La grant feste tote la nuit.
En bohorder et en deduit
Mistrent le remegnant dou jor.
5475 Tant garnement, tant riche ator
I ot doné ainz l'endemain :
Nus ne s'en vet a vuide main
Qui i fust venuz por avoir.
Li baron qui voustrent avoir
5480 Le bon gré de l'empereor
I donerent tant por s'amor
Chapes, sorcos, cotes, mantiaus,
Qui eüst tant de blans burriaus,
S'en peüst on vestir .iij. ans

f. 97 c

5483 *ms.* borriaus.

5485 Les renduz d'Igni et d'Oscans;
Mout i en ot doné plenté.

Je ne vos ai mie conté
Quel siecle li rois ot la nuit :
Se nus hom puet avoir deduit
5490 A tenir s'amie embraciée,
En biau lit la nuit anuitiée,
Donc pot on bien savoir qu'il l'eut.
Quant Tristrans ama plus Yseut,
Et il s'en pot miex aaisier
5495 Et d'acoler et de baisier
Et dou sorplus qu'il i covint,
Et Lanvax et autretex .xx.
Amant, com cil orent esté,
Ce sachiez vos de verité,
5500 Ne peüst on aparellier
Lor siecle a cestui de legier.
Si i parut bien au lever;
C'onqes nus ne li vout rouver
Riche don qu'il ne li donast.
5505 Ainz que li haus bers s'en alast
Ne que la granz cors departist,
Sachiez que il lor despartit
Ses biaus joiax a grant plenté,
Ensi com il orent esté
5510 En s'onor et en son servise.
Tuit ensamble li ont requise
La merci por le seneschal.
« Por tant d'or com il a d'archal
« A Hui, ou l'en fet les chaudieres
5515 « (Si m'en poise por voz proieres),
« Ne remaindroit que n'en fust fete
« La justice. » Or s'en dehaite
Li dus de Savoie et li autre;

Desus le pavement de Bautre
5520 Se sont tuit couchié a ses piez :
« C'est por noient. Or vos dreciez,
« Qu'il a tot au siecle parti,
« Li desloiaus qui me menti,
« Qui vout honir la gentil fame.
5525 « Tote la plus preus dou roiaume
« Dut avoir traï par envie ;
« Certes mout doit haïr sa vie,
« Qu'il i morra o tot sa honte.
— Et de ce q'a ma dame monte,
5530 « Biaus sire, peseroit vos il
« Si nos li pri[i]ons ? — Nenil,
« Bien en face ce qu'ele veut. »
Il se repenti qu'il les eut
Au premier mot si escondiz ;
5535 Qu'il en avoit esté serviz
Mout bien et a lor grant despenz.
De grant sens lor vint cil porpenz,
Qu'il l'en sont luès alé proier.
Li uns li a sanz deslaier
5540 Por aus touz dite la parole :
Que s'il i muert ou l'en l'affole,
El i avra mout poi conquis ;
Et s'avra a toz jors aquis
Lor cuers, s'ele fet lor proiere.
5545 Mout estoit en bele meniere
Vestue, acesmée et trecie.
Que ne l'avoit pas si blecie
La nuit, Deu merci, l'emperere,
Que de ce dont la proiere ere
5550 Qu'ele n'en seüst bien respondre,
Sanz vilonie et sanz esgondre
.I. sol mot de ce qu'il li distrent.
Enmi la requeste li distrent
Que bien seüst ele une rien :

f. 99 a

5555 Que l'empereres voloit bien
Qu'ele feïst tot son voloir.
« Huimès en porrai ge avoir, »
Fet ele, « male volenté,
« Se vos m'avez dit verité,
5560 « Que mis sires l'ait mis sor moi.
« Je ne voeil pas, ne ne le doi,
« Encor atrere en Alemaigne,
« Que Dex et la gent ne s'en plaigne,
« Qu'il n'apartendroit pas a nos :
5565 « Or m'en conselliez entre vos
« Quele justice on en puet fere   *f. 99 b*
« Sanz mort reçoivre et sanz deffere :
« Por ce q'autres ne s'i amorde,
« Je ne voeil pas qu'il s'en estorde
5570 « Sanz fere longue peneance.
— Fetes li Alemaigne et France
« Vuidier ; si s'en voist outre mer.
— Ge nel doi mie mout amer,
« Qu'il nel vout onques deservir.
5575 « Or s'en voist au Temple servir,
« Se mes sires le veut einsi.
— Oïl, dame, gel vos affi.
— Gel lo bien, por Deu et por vos.
« Dame, et de Deu et de nos
5580 « En aiez voz grez et merciz !
« Certes or nos avez gariz
« Et geté de mout grant soussi. »
L'empereor le vont einsi
Reporter com ele avoit dit.
5585 Fet il : « De par saint Esperit,
« Je n'i metrai ja contredit.
« Mout a ore baé petit
« A l'outrage le seneschal ;
« Ne li rent mie mal por mal,
5590 « Qui l'en lait a tel point venir.

— Sire, tout ert a avenir.
« Por Deu, » font il, « lessiez ester ;
« L'en nel doit jamès recorder,
« Q'assez en a honte et anui.
5595 « A foi, bon jor li doint Dex hui,
« Por cui nos en somes a tant !
— Or alez, » fet li rois, « batant,
« Sel fetes geter des aniaus.
« Or se gart bien li damoisiaus
5600 « Qu'il viegne croisiez a ma cort !
« C'iert en l'eure que li chiens cort
« Qu'il i sera jamès amez. »
Toz croisiez i fu amenez,
Plorant, devant l'empereriz,
5605 Rendre les grez et les merciz
De la bonté qu'el li ot fete.
Si vos di que tex s'en deshete
Qui pensa poi a son movoir.
Puis voudrent le congié avoir
5610 Li baron de l'empereriz ;
A cours moz et par mout biauz diz *f. 99 c*
Lor dona debonairement,
Et l'empereres ensement.
Puis departi la cours einsi,
5615 Et ralerent en lor païs,
Ou chascuns ot assez a fere.
Mout est li siecles de mal' aire,
Que tote joie fine en doel :
Ja ne queïssent mès, lor voel,
5620 Departir, mès il le covint.
L'empereres et barons .xx.
Remesent o l'empereriz.
Mout amez et mout segnoriz
Est li bons Guillames, ses frere.
5625 L'empereres fist de sa mere
Mout grant joie, quant ele vint :

L'empereres bien la maintint
Dedenz la cité de Maience.
L'arcevesques par reverence
5630 En fist metre en escrit l'estoire.
Bien le devroient en memoire
Avoir et li roi et li conte,
Cel prodome dont on lor conte,
Por avoir de bien fere envie,
5635 Ausi com cil fist en sa vie,
Por cui l'en chante et chantera,
Tant com li siecles durera,
Qui ne finera mie encore.

Er cil se veut reposer ore
5640 Qui le jor perdi son sornon
Qu'il entra en religion.

Explicit li romans de la Rose.

GLOSSAIRE

(Les mots ou les sens marqués d'un astérique ne se trouvent que dans les morceaux étrangers cités dans le texte. Les mots provençaux n'ont pas été admis.)

Aatir, *v. mettre en comparaison*, 3536.
abuissier (s'), *v. se heurter*, 3914.
acesmement, *s. m. ornement*, 5166.
acesmer, *v. orner, parer*, 233, 959, 1940, 2426, 3537, 4362, 5399; acesmant, *élégant*, 240, 1533.
achoison, *voyez* ochoison.
acointance, *s. f. action de faire connaissance avec quelqu'un*, 1623.
acointier, *v.* *rencontrer*, 292, 4126; *rencontrer à main armée*, 2685; s' — a, *se rencontrer avec quelqu'un*, 1363; *infin. pris subst.* action de faire connaissance, 1699.
aconsivre, *v. p. p.* aconsëu, *atteindre, percer à jour*, 4018.
aconte, *s. m. mention*, 1711.
acor, *s. m. pan de vêtement*, 4504 (*éd.* ator), 4521.
acreantement, *s. m. promesse*, 4301.
ademis, *adj. enclin (à une chose)*, 81, 4514.
ademise, *s. f. retard*, 863.
adès, *adv. aussitôt*, 2702, 3826; qui partirent —, *qui venaient de partir*, 3292.
adeviner, *v. deviner*, 2033.
adomeschier, *v. apprivoiser*, 4053.

ados, *s. m. partie du vêtement qui couvre le dos,* 2187.
afere, *inf. pris subst. préparation, appareil,* 1957.
aferir, *v. ind. prés.* afierent, *ind. imp.* aferoit, *condit.* afferroit, *convenir,* 29, 52, 833.
afferroit, *voyez* aferir.
affetement, *s. m. politesse,* 1624.
affetié, *p. p. soigneusement préparé,* 338; *propre à une besogne,* 4267.
affichal, *s. m. fermail,* 3653, 4281, 4797, 4814.
affichier, *v. attacher,* 4418.
affier, *v.* 1re *pers. sing. prés. ind.* affi, *affirmer,* 5577.
afierent, *voyez* aferir.
aflouré, *p. p. brodé de fleurs,* 4345.
aharnaschier, *v. préparer un équipage de voyage,* 1054, 4054.
aigret, *s. m. verjus,* 480.
ainçois, *adv.* — que, *avant que,* 2605.
ainquenuit, anquenuit, *adv. cette nuit,* 679.
aiole, *s. f. tante,* 3991.
*aire, *s. f.* de mal' — *de mauvaise nature,* 4120; *cf.* deputaire.
ajorner, *v. luire, paraître (du jour),* 4295.
alever, *v. faire naître, causer;* — blasme, *calomnier,* 3708.

aloigne, *s. f. retard,* 2100, 2761, 2961, 3215, 3470, 4275, 4839, 5275.
alonge, *s. f. retard,* 1705.
amblëure, *s. f. amble,* 432.
amender, *v. embellir,* 2422, 2496; *empêcher:* tant com je le puisse —, *s'il dépend de moi de l'empêcher,* 1156.
amentoivre, *v. parf.* amentut, *rappeler, nommer,* 1754, 5124.
amordre, *v. subj. prés.* s'amorde, *se laisser séduire, attirer,* 5568.
amuser, *v. tromper,* 4444.
ancele, *s. f. servante,* 5052.
ancesserie, *s. f. ancêtres, lignée;* d' — *par droit d'héritage,* 5393.
anquenuit, *voyez* ainquenuit.
anui, *s. m. foule gênante,* 1736.
aoire, *v. ind. prés.* aoisent; *subj. prés.* aoise; *augmenter,* 380, 2455; *orner, enrichir,* 1254; s'aoise, 3780, *corr.* s'acoise (?).
apens, *s. m. réflexion, supposition,* 829.
apenser, *v. réfléchir;* s'en—, *y songer,* 2804.
apert, *adj. adroit,* 81, 4514.
apertir (s'), *v. prés.* s'apertist; *se mettre en train,* 959.
apiaut, 3e *pers. sing. prés. subj.* d'apeler, 1508.
apoier, *v. incliner,* 3499.
aprendre, *v. subj. prés.* apregne; *connaître,* 6.

apresser, *v. approcher*, 416.
aprismer, *v. ind. prés.* aprisme, *s'approcher, venir*, 232.
archal, *s. m. laiton*, 5513.
archié, *s. m. portée d'arc*, 2573.
arer, *v. labourer*, 902.
*arestuel, *s. m. extrémité* inférieure, ferrée, *du bois de la lance*, 1336.
arresnier, *v. prés.* arresne, *p. p.* arresnié; *adresser (des discours à quelqu'un)*, 134, 4527.
arrier, *adv. en arrière;* ça en —, *jadis*, 4604.
asseoir, *v. trans, subj., impf.* asseïst, *assiéger*, 115.
assez, *adv. pris subst. : beaucoup de personnes*, 1587.
atache, *s. f. fermail, broche*, 248, 4525, 4703.
ataindre, *v. p. p.* ataint, *rédigé (?)*, 1943.
atirier, *v. parf.* atirierent, *p. p.* atirié; *orner, vêtir*, 1101; s' —, *se mettre en rangée*, 2463.
ator, atour, *s. m. costume*, 2035, 2124, 2319, 2776, 2873, 5475. — [4504 lire : acor].
atorner, *v. donner*, 275 ; s' —, *se vêtir*, 904, 5290.
atour, *voyez* ator.
atrere, *v. amener, causer*, 4127, 5562.
aubornaz, *adj. blond foncé (de la chevelure)*, 1425.

auctorité, *s. f.* mettre en —, *mettre en crédit, considérer*, 61.
aucube, *s. f. sorte de tente*, 139.
aünée *s. f. réunion, assemblée*, 4240.
*aunoi, *s. m. plantation d'aulnes*, 1575.
auques, *adv. un peu*, 2075, 3235, 4211, 4747.
aus, *s. pluriel de* ail, 480.
auvrignace, *adj. fém. auvergnat, provençal (d'une chanson)*, 4635.
* aval *adv. le long de (de haut en bas)*, 1187.
avant, *adv.* — lui, *plus que lui*, 55.
avel, *s. m. accus. plur.* aveaus, aviaus ; *désir, convoitise*, 4409 ; *objet désiré*, 228 ; *profit, gain*, 1536.
averté, *s. f. avarice*, 62.
aviaus, *voyez* avel.
avoier, *v. guider*, 184.

Baail, *s. m. action d'ouvrir la bouche*, 4419.
baer, *v. prés. ind.*, 3e pers. bée ; *p. p.* baé; *désirer*, 2681, 3099, 5587;—a, *s'efforcer de*, 2137, 2297; *ouvrir la bouche*, 3774.
baillie, *s. f. pouvoir, emploi*, 583.
*bal, *s. m.* (baut, 2516) *plur.* bauz; *danse*, 2516, 4156, 5185, 5428.
balais, balois, *adj.* rubi —,

rubis de couleur claire, 3342, 4816.
bandon, s. m. à —, librement, franchement, 3481.
barné, s. m. l'ensemble des qualités d'un baron, 551.
batant, p. pr. rapidement, tout de suite, 1944, 5597.
baucent, adj. tacheté blanc et noir (de robe de cheval), 2218.
baudequin, s. m. étoffe de soie brodée, 235, 4174, 5350.
baut, voyez bal.
bé, bée, voyez baer.
bender, v. border, galonner, 245, 2188, bendé, p. p. pris subst. en bendez, 203.
bertauder, v. tondre, 3696.
bien, adv. pris subst.; bonheur, bonne chance, 1602.
blason, blazon, s. m. écu, 2647, 2713.
bliaut, s. m. vêtement de dessus, d'homme, 2477; * de femme, 5191.
bloi, adj. blond, 694.
* bohorder, v. jouter avec des bouhourts, ou lances grosses et courtes sans fer, 5187.
boisdie, s. f. méchanceté, ruse, 3204, 3211.
boissoner, v. parcourir les bois, chasser, 179.
borde, s. f. plaisanterie, 4781.
bordeliere, s. f. femme débauchée, 3799.
* bordon, s. m. celui qui fait la basse, le bourdon, 2394.

borrel, voyez burel.
bos s. m. bois, 165, 176, 217, 4142; bois de lance, 2658.
bouclé, adj. muni d'une boucle : escu —, 3152.
bouter, v. frapper fortement, 2639, 2655.
buer, adv. heureusement, 816, 1494, 2372, 4295, 5246, 5449.
buisiner, v. sonner de la buisine, sorte de clairon, 427.
burel, s. m. chape de bure, 5483 (ms. borrel).

Caleboté, adj. semblable à du lait caillebotté, couvert de boutons, 2610.
camois, s. m. souillure produite par le contact de l'armure, 2896.
camoissié, p. pé. souillé par le contact de l'armure, 2320, 2860, 2876.
carole, karole, s. f. ronde, 509, 1562, 2355.
* caroler, v. danser en rond, 515, 2362, 5186, 5414, 5417, 5419.
castonel, s. m. chaton d'une bague, 4497.
cembel s. m. nom. cembiax, lutte, engagement; 2443, au figuré, * 3412.
cendal, * cendel, s. m. étoffe de soie, 1959, 2191, 4480, 5191.
cerchier, v. — les renz, attaquer, 2121.
chaiere, s. f. chaise; au fig.

siège d'honneur, puissance, 582.

chainse, chainze, *s. f.* *vêtement de femme qui se porte par-dessus les autres,* 197, 302, 3253.

* chamberine, *s. f. chambre,* 2226.

chantel, *s. m.,* en — *de côté,* 1567, 2716.

* chargié, *p. p. chargé de fleurs (d'un arbre),* 1209.

charriere, *s. f. route,* 188.

charroier, *v. conduire en char, au fig.* 3222.

chatel, *s. m. capital,* 600.

chaucie, *s. f. chaussée,* 1632, 2223.

chiere, *s. f. visage,* 712, 2609, 2879; *accueil,* 2011; moustrer bele —, *bien accueillir,* 1845.

chieus, *mot altéré* (?) 5601.

ciclaton, ciglaton, *s. m. étoffe de soie,* 1959, 4174, 5350.

cler, *s. m. adj. pris subst., l'espace libre,* 2702.

clop, *adj. nom sg.* clos, *boîteux,* 3251.

coellir, *v.* — les napes, *enlever les nappes,* 1258.

coffinel, *s. m. panier, malle,* 3300.

cointe, *adj. habile, rusé,* 1126; *bien fait, élégant,* 3269.

cointement, *adv. habilement, ingénieusement,* 4379.

* cointoier (se) *v. se montrer fièrement, se pavaner,* 5232.

comparer, *v. fut.* comperra; *payer,* 1732, 2022, 2856.

concire, *s. m. réunion, assemblée,* 4165, 4651.

conin, *s. m. lapin,* 1243.

conquest *s. m. intérêt (de l'argent),* 600.

conroi, *s. m. équipage,* 4513; enprendre —, 3138, prendre —, 3217, 4322, *prendre des arrangements, prendre soin.*

consellier, *v. prendre conseil,* 4786, 4891.

consirer (se), *v. se priver d'une chose, y renoncer,* 3752, 5342.

consoner, *v. répéter,* 3029.

contichier, *v. plaire,* 5260.

contremont, *adv. de bas en haut (en montant un escalier),* 1367.

convine, *voyez* covine.

coron, *s. m. angle (d'une table),* 1034.

cort, *adj.,* tenir —, *presser,* 3401.

cortil, *s. m. jardin,* 1999.

cortine, *s. f. tapis,* 1149, 4172.

coste, *s. f.* a sa —, *à son côté,* 1708.

coste, *voyez* cote.

cote, coste *s. f. tunique (d'homme et de femme),* 873, 4346, 4436, 5482.

coue, *s. f;* — de violette, *queue de violette,* 289.

coup, *s. m. plur. rég.* couls, coups, 2897.

courre, *v. courir (se dérouler)* 2579.
coute, *s. f. coude*, 2639.
coute, *s. f. couverture de lit*, 230, 339, 1127, 1316, 1768.
covent, *s. m. manière ;* par — *que, tellement que, si bien que*, 1383.
covertor, *s. m. couverture*, 213.
covine, convine (3785), *s. f. préparatif, appareil*, 2615 ; *projet*, 2032 ; *état d'esprit, préoccupation*, 3785 ; *situation*, 3234, 3348.
covoitous, *adj. cupide*, 825.
crespe, *adj.*, chief —, *tête à chevelure frisée, bouclée*, 1425.
cresse, *s. f. graisse;* cers de —, *cerfs gras*, 415.
cretel, *s. m. cran (propremt. créneau)*, 4706.
croistre, *v. augmenter*, 2753.
croupoier, *s. m. paresseux*, 168.
cuit, *p. p. brûlé, embrasé*, 792.

Daintié, *s. f. bon plat, régal*, 1246 ; *morceau de gibier*, 418, 485.
dangier, *s. m. difficulté, embarras*, 2002, 3020.
debrisier, *v.* se — d'armes, *se fatiguer à porter des armes*, 191.
deduire, *v. s'amuser*, 1223.
— *p. pr.* deduiant, *gai*, 4144.
deduit, desduit, *s. m. joie, plaisir*, 1296, 1803, 3385 ; *objet qui fait plaisir, amusement*, 182, 186, 1266 ; par —, *agréablement*, 484.
deffere, *v. subj. prés.* defface, *subj. imp.* deffeïssiez ; *supplicier*, 4880, 4953, 5567.
deffereté, *adj. ouvré à jour, découpé*, 4481.
dehet, *s. m. tristesse*, 4660 ; *malheur, désastre*, 647.
dehetier, deshetier (se), *v. prés.* deshete, dehaite ; *p. p.* deshetiez ; *se lamenter*, 5517 ; *s'attrister*, 3633, 3634, 5607.
deïssiez, 2ᵉ *pers. plur. imp. subj. de* dire, 2197.
delivre, *adj. justifié (d'une accusation)*, 4818, 5019 ; *dépouillé (de richesses)*, 1871.
delivrer, *v. libérer, justifier*, 4839.
demaine, *adj. propre*, 4056 ; pris subst. *vassal direct, homme lige*, 2351.
demanois, *adv. sans retard*, 1389, 2621, 4473. — *Voyez* manois.
demener, *v. montrer* 4409.
dementer (se), *v. se désoler*, 4926.
demeure, *s. f.* fere —, *être en retard, négligent*, 3125.
departir, *v. séparer, brouiller (des amis)*, 3203 ; se —, *se séparer*, 3199.
deporter, *v. supporter avec patience*, 3733 ; s'en —, *y faire bonne contenance*,

3732; — son cors, * se réjouir (?), 5189.
deputaire, s. m. coquin, gredin, 3515.
derver, desver, v. perdre la raison, 3197; p. p. desvé, qui se conduit comme un fou, d'une manière inconvenante, 3694.
desconfit, adj. défait, 4730.
desduit, voyez deduit.
deserte, s. f. récompense méritée, 3997; faute, crime, 5077, 5401.
deservir, v. prés. desert, p. p. deservi, mériter, 568, 4923, 5574.
deseure adv. au-dessus; estre au —, triompher, vaincre, 4971; venir au —, même sens, 5039.
deshetier, voyez dehetier.
deslier, v. estre desliée (d'une femme) avoir la tête débarrassée de la guimpe qui l'entourait d'ordinaire, 3041.
despecier, v. mettre en pièces, 5033.
despendre, v. prés. despent, dépenser, distribuer, 2178.
desroi, s. m. élan, 2563, 2595.
dessamblée, s. f. séparation, congé, 3773.
destorber, v. troubler, 613.
destorner, v. sauver (de honte), 2498.
* destraindre, v. prés. ind., destraint, tourmenter, 1456.
desver, voyez derver.
desvoier, v. prés. se desvoie, se détourne, se distrait, 1328.
detrenchier, v. tailler, 2487.
detriers, adv. derrière, 1551, 2781, 5169.
devise, s. f. partage, 1714; a —, à souhait, 876, 1968, 2184, 2330, 3630, 4477.
deviser, v. — la parole, arranger, imaginer (une proposition), 3092; décrire, 721; — (une chose) la désirer, 1715, 1969; ordonner, 877.
devoir, v. ne l'en — de rien, n'être inférieur en rien (à une personne), 3423.
diaspre, s. m. drap de soie, 5351.
* dioré, adj. orné, paré, 2371 (voy. Romania, XIV, 274).
distrent, 3ᵉ pers. plur. parf. de dire, 5552, 5553.
doig, 1ʳᵉ pers. sing. prés. de doner, 820.
dois, s. m. table, 1611, 5375, 5397, 5456; a haut —, à la plus haute table, 354.
doler, v. raboter, au fig., travailler avec soin, 3647.
dolousé, p. p. souffrant, malade, 3251.
dor, s. m. la largeur de la main fermée, 2818.
dormant, adj. posé sur des pieds fixes (d'une table), 5383.
doutance, s. f. crainte, 2994.
druërie, s. f. amitié, affection, 3193, 3336.

duit, adj. instruit, exercé, 902.
Elle pas (en), voyez pas.
em pur, voyez pur.
embarrer, v. enfoncer, 1360, 2688.
embesoigné, p. p. préoccupé, 3221.
emblaer, v. semer, 2566.
embrunc, fém. embrunche, adj. tête basse, 1303, 4233.
*embrunchier, v. baisser la tête, 1346.
empainte, s. f. coup, 2655.
enarme, s. f. courroie pour porter l'écu, 1949, 2640, 2711.
*encerchier, v. examiner, rechercher, 3617, 3621.
encharchier, v. recommander, ordonner, 1997.
encorder, v. dresser avec des cordes, 138.
encortiner, v. draper, 4176.
endementieres, v. pendant ce temps, 2583.
endroit, adv. environ (telle heure du jour) 2336; — soi, de sa personne, 688; pris subst. de bon —, de bonne nature, 4502;
engarde, s. f. élévation de terrain, 2567.
*engroissier, v. être enceinte, 2245.
enhaitier, voy. enhetier.
enharneschier, v. costumer, orner, 209.
enhetier, enhaitier (s') v. prés. ind. enhete, prés. subj. en-

hait, se réjouir, 378, 3451.
ense, mot altéré, 1899.
ensement, adv. de même, 1625.
ente, s. f. jeune arbre, 1288.
entechié, p. p. doué, orné (de dons de l'esprit, de bonnes mœurs), 41, 751, 1256.
entente, s. f. intention, 220, 4181, 4361.
enterchier, v. imp. subj. enterchast; reconnaître, 4424.
entor, adv. en, 856.
entr'acointier (s'), v. faire connaissance, se saluer, 2584.
entremetre, v. s'en —, s'occuper d'une chose, la connaître, 120, 2368; il n'y a que de l' —, il n'y a qu'à faire une chose, l'exécuter, 1703.
entrepris, adj. embarrassé, 700.
entresaigne, s. f. signe, 3976.
enverser, v. renverser, 1316.
enviz, s. m. a —, de mauvais gré, 1039.
envoiseüre, s. f. gaîté, joie, 75, 381, 2028, 4140.
envoisier (s'), v. ind. envoise, parf. envoisa; se divertir, 379, 2358, 2383; p. p. envoisié, orné, joli, 1100, 4339.
envoudre, v. parf. envoudrent, enrouler, 404.
erraument, erroment, adv. immédiatement, 396, 857, etc.
esbaudir, v. égayer, 4604.

escarlate, *s. f. drap fin,* 1809, 3274, 4334, 4479, 4481.
eschever, *v. prés.* eschieve, *fuir, éviter,* 4910.
eschif, *adj. nom. masc.* eschis, *évitant, peu favorable,* 587.
escondire, *v. refuser, repousser,* 4314.
escot, *s. m. dépense,* 4437.
escoufle, *s. m. sorte de milan,* 5403.
escourre, *v. faire tomber en secouant,* 2578.
escucel, *s. m. acc. plur.* escuciaus, (éd. escutiaus); *blason, armoiries,* 3150, 3269, 4336, 5157.
escuieraille, *s. f. foule des serviteurs,* 1735.
escutiaus, *voy.* escucel.
esgondre, *mot altéré,* 5551.
eslès, *s. m. élan,* 1737.
eslessier, *v. s'élancer;* tot eslessié, *au grand galop,* 222, 3245.
esmai, *s. m. émoi,* 4591.
esmaiance, *s. f. défaillance,* 4548.
esmaier (s'), *v. perdre courage,* 2099.
espane, *s. f. empan,* 2723.
espaulliere, *s. f. armure couvrant les épaules,* 2582.
espin, *voyez* porc espin.
Espir (le S.), *le S. Esprit,* 676.
espoir, 1ʳᵉ *pers. prés. ind.* d'esperer, *prise adv. peut-être,* 2725.
esprendre, *v. p. p.* espris; *allumer,* 2884.

essaucier, *v. élever, agrandir,* 784, 2934.
essillier, *v. détruire, mettre à mort,* 615.
essoigne, essoine, *s. f. excuse,* 1018; *empêchement, obstacle,* 2111, 3557; *danger,* 4297.
essorber, *v. aveugler,* 614.
estement, *s. m. état de choses, affaire,* 3804.
estormi, *adj. bouleversé, étonné,* 5295.
estovoir *inf. pris subst. nécessité,* 1053; *appareil nécessaire,* 1644.
estraier, *adj. errant, vagabond,* 2157, 2802, 3256.
estre, *v. imp.* ert, erent, *fut.* iert, *parf.* fu; s' — a gris, *s'habiller de gris,* 765; *inf. pris subst. nature, caractère,* 2039, 3144.
estre, *s. m. galerie,* 1373, 1569, 2014, 2063, 2333, 2520, 4084, 4163.
estreloi, *s. outrage,* 4834.
ez vos, *loc. adv. voilà,* 2543.

Faé, *adj. doué de facultés surnaturelles,* 1430.
faillir, *v. imp. subj.* faussist, *manquer, cesser,* 2510.
faintié, *s. f. feinte,* 4940.
fanon, *s. m. manipule,* 1133.
faule, *s. f. fable,* 656.
fautre, *s. m. garniture de feutre sur laquelle on appuyait la lance pour charger,* 2465, 2709.

ferrant, *adj. de couleur gris de fer (couleur de cheval)*, 4475.

feste, *s. f.; por — dou bon bacheler, pour faire fête au bon bachelier*, 1442.

fetement *adv.* einsi — com, *comme*, 4225.

fetiz, *adj. bien fait, beau*, 1656, 2580.

feture, *s. f. façon*, 4810.

fi, *adj, nom. masc., fis; certain, sûr*, 3191; de fi, *certainement*, 16, 672, 1117, 2643, 3541, 4042.

fiance, *s. f. certitude;* estre a — de, *être certain de*, 2109.

fierce, *s. f. reine du jeu d'échecs*, 3583.

* fil *s. m. courant (d'eau)*, 5176.

filiere, *s. f. peloton de fil*, 275.

flaon, *s. m.* — de let, *flan, tarte au lait*, 1241.

flaüte, fleüte, *s. f. flûte*, 2286, etc.

flerier, *v. répandre une odeur*, 239, 1043, 1525, 1532, 1807, 1818.

fleüte, *voyez* flaüte.

flocelet, *s. m. petit flocon*, 4724.

forc, *s. m. bifurcation du chemin*, 2059.

forcele, *s. f. clavicules*, 2724.

forchié, *s. m. bâton (pour porter le gibier tué à la chasse)*, 417.

forré, fourré, *p. p. doublé*, 4480; *farci*, 1504.

forsjugier, *v. juger injustement*, 85.

fourré, *voyez* forré.

fraimbail, frambail, *s. m. coffre*, 1923; *écrin du heaume*, 2577.

frain, *s. m. frein;* corir sor —, *courir à bride abattue*, 2307; as frains, *exclam. en avant*, 2778.

frambail, *voyez* fraimbail.

fretele, *s. f. chalumeau*, 2631.

fronce, *s. f. ride*, 4358.

fu, *s. m. feu;* mengier a —, *prendre ses repas près du feu*, 43.

fuer, *s. m. taux*, 794; a nul —, *à aucun prix*, 3682.

Gaber, *v. railler*, 3012, 3680.

gabois, *s. m. raillerie;* genz a —, *hommes risibles, gens de rien*, 1583.

* gaer, *v. mouiller, tremper dans l'eau*, 1839.

gamboison, *voyez* wamboison.

garson, *s. m., nom. gars; sot.* 828.

gast, *s. m.;* aller a —, *être gaspillé, dépensé*, 4169.

gaster, *v. passer le temps*, 1964.

gehui, *adv. aujourd'hui*, 2874.

genvre, *adj. jeune*, 2383.

genvrece, *s. f. jeunesse*, 136.

gesir, *v. p. p.* geü; — d'un mal, *souffrir d'une maladie*, 2828.

geter (se), *v.* se — hors de, *se délivrer de*, 3720.

gieu, *leçon fautive pour* glai, 4150.

* gieus, *adv.* la —, = la jus, là-bas, 329, 513, 2505, 4154, 5413, 5426.

glacier, *v.* glisser, 2579.

glai, *s. m.* glaieul, 845, 4150, (*l.* glais *pour* gieus).

* glaioloi, *s. m. champ de glaieuls*, 329.

godehere, *exclam. mon bon seigneur*, (= *néerl.* goede here), 2586.

gorme, *s. f. goître*, 4358.

graine, *s. f. teinture pour étoffes*, 8, 511, 1807, 1818.

grant, *adj. pris subst.* grandeur, 3360; estre en —, *s'efforcer, se mettre en peine*, 3361.

greve, *s. f. raie dans les cheveux*, 4719.

grisan, *s. m. drap gris*, 429.

guenchir, *v. se détourner, fuir*, 2739.

guerredon, *s. m. récompense*, 4962.

guerredoner, *v. récompenser un bienfait*, 1848.

guige, *s. f. baudrier soutenant l'écu*, 2620, 2706.

guile, *s. f. tromperie*, 786.

Harnuès, *s. m.* armure, 2852; vêtement, 5347.

haste, *s. f. broche à rôtir*, 1503.

hautece, *s. f. haute dignité*, 5380; *l'ensemble des grands personnages*, 3477.

heaumier, *s. m. étui où l'on enferme le heaume*, 1669, 1692.

heaumiere, *s. f.* front de —, *sorte de coiffure*, 4721.

herbe, *s. f.* vos me fesieez — pestre, *vous vous moquiez de moi*, 3677.

hericié, *adj. hérissé, en désordre*, 428.

heuse, *s. f. botte, guêtre*, 431, 947; boire sa —, *dépenser à boire tout ce qu'on possède*, 1967.

heuser (se) *v. mettre ses guêtres*, 904.

hireut, *voyez* hyraut.

hoès, *forme fautive pour* oès 3380 (*peut-être aussi* 2666, *voir note*).

hordeïs, hourdeïz, *s. m. palissades qui recouvrent le sommet des murailles*, 113; *au fig. nom d'un détail de coiffure de femme*, 4708.

huchier, *v. appeler en criant*, 1774, 2158.

huimès, *adv. désormais*, 840, 2132, 5557.

hurter, *v. éperonner*, 2551.

hustin, *s. m. bruit*, 2173, 2443.

hyraut, hireut, *s. m. héraut*, 2174, 2627, 2811, 2869.

Ille, *s. f. île*, 262.

inde, *adj. bleu, violet*, 271, 1538, 4342, 4712.

isse, *3e pers. sing. subj. prés. d'issir*, 421.

Jaiant, s. f. femme perdue, 3797, 3911.
jaiel, s. f. femme perdue, 3797.
jante, s. f. oie sauvage, 3917, 5438.
joie, 1re pers. sing. subj. prés. de joïr, 756, 4461.
*justisier, v. dompter, frapper, 1456.

Laienz, adv. là-dedans, 1712.
laerai, 1re pers. sing. fut. de laissier, 535.
lange, s. m., étoffe de laine; se froter au —, loc. prov., être dans une grande détresse, 2849.
lasniere, s. f. lanière, 2734.
lever, v. subj. prés. liet, se lever, 899.
lez, prépos. à côté de, 1092.
lieu, s. m. estre en —, se tenir en place, 1448.
liniere, s. f. plantation de lin, 1929.
lit s. m. jusqu'as liz, jusqu'au coucher, 548.
loberie, s. f. tromperie, 5390.
loès, voyez luès.
loge, s. f. galerie, 3472, 4600.
loier, s. m. récompense, 1834.
lorain, s. m. harnachement de cheval, 1100, 4477, 4537.
*losengier, s. m. médisant, envieux, 3180.
luès, loès, adv. aussitôt, 187, etc.

* Main, s. pris adv., au matin, 318, 531, 541, 1572, 2370.
mains, adv. moins : geter dou —, se soucier peu, 3826.
majestire, s. f. arrangement savant, 2418.
majestrise, s. f. art, bon arrangement, 4365.
maleürté, s. f. fatalité, 3570.
mallart, s. m. canard sauvage, 3917.
manaie, s. f. protection, bonne grâce, 4463 ; domination, 3047.
manel, adj. doi —, annulaire, 4311.
manès, manois, adv. immédiatement, 142, 3727.
mans, adj., apprivoisé : paons —, 2207.
* marchier, v. marcher sur, piétiner, 544.
marge, mot altéré, 1636.
marvoier, v. être hors de soi, 5042 ; p. p. marvoié, fou, 3775 ; d'une conduite insensée, coupable, 3694.
mat, adj. abattu, épuisé, 2860.
maufé, s. m. diable, 2160.
maugré, s. m. haine, 2823.
mautriz, adj. prostituée, 3911.
mecine, s. f. vertu, qualité, 3349.
mehaig, s. m. malheur, obstacle, 3543.
menesterel, menestrel, s. m. chanteur, 2174, 2387, 2453, 3388, 4554.
mes, adv.—que, excepté que, 725.

mesese s. f. misère, 489.
meshui, adv. dès aujourd'hui, 3381, 2129, 4189, 5153.
mesnie, s. f. suite, entourage de serviteurs, 1007, 3277, 3671, 3761, 4030, 4913 ; la foule (qui suivait le Christ) 4044.
metre, v. — en parole, interroger, 4318.
meure, s. f. mûre, 1523, 1850, 3371.
*mignot, adj. gentil, élégant, 2517.
mignotement, adv. élégamment, gracieusement, 2515, 2518.
mine, s. f. sorte de jeu, 501 ; metre a la —, gaspiller, dépenser, 1822.
mois, adj. nigaud, niais (?), 1103.
mon, particule affirmative, fere — 787, 5069, estre —, 2984, 3528.
monjoie, s. f. endroit situé sur une hauteur, 4183.
monter, v. concerner, 5529.
morir, v. 1re pers. sing. subj. prés. muire, 446.
mort, adj. — soit ne dormira demain, mort à celui qui ne dormira pas demain, 1786.
morterel, s. m. sorte de mets, coulis, 481.
moufle s. f. chaînes, menottes, 5404.
moussi, p. p. moisi, 1046.
*moustoison, s. m. fabrication du moût, 2395.

muer, mot breton signifiant grand, épithète consacrée de Graelent, 2537.
muire, voyez morir.
muser, v. — a Constantin, regarder en l'air, marcher distraitement, 2066.
mustadole, s. f. sorte d'étoffe, 2530.

Nasel, s. m. pièce du heaume qui protège le nez, 1660, 1678, 2676.
neis, nes, adv. même 67, 2525.
ni, s. m. négation, 4903, 4955.
noiant, s. m. chose non réelle, mensonge, 3221, 3967, 3973.
noise, s. f. bruit, 1335, 2402, 2454, 3779.
norreture, s. f. première éducation, première enfance, 3060, 5115.
noter, v. jouer sur un instrument, 3393.

O prépos. avec, 1577 ; 2638 ; locut. o tot, plur. o toz, avec, 1373, 1560, 1817, 4709, 5528 ; ot tot (forme vicieuse), 941.
oan, adv. cette année, 430.
ocheson, ochoison, achoison, s. f. occasion, 156, 280 ; raison, 3563, 3640, 4881.
oès, s. m. profit, 2005, 2666 (?), 3380.
oïr, v. fut. orrons, entendre, 1687 ; par oïr dire, 4244.
oirre, s. m. voyage, 1268.

onor, *s. m.* por s' — *pour lui faire honneur*, 3110.
orains, orainz, *adv. tout à l'heure*, 4955, 5298.
orendroit, *adv. de suite*, 3262, 4741.
orer, *v. souhaiter*, 3163.
orfe, *adj. orphelin*, 4058.
orfrois, *s. m. broderie d'or*, 1158, 1163, 1950, 2188, 2470, 2620.
*orieul, *adj. d'or*, 1159, 1163.
orrons, *voyez* oïr.
outre, *adv. beaucoup, très*, 4386.

Paine, *voyez* pene.
paonet, *s. m. petit paon*, 3254.
par, *prépos. prise adv. pour renforcer le sens de la phrase*, 3041, 3042.
par — *préfixe renforçant le sens du verbe* : s'en paraler, 4074; parembelir, 4363, parveoir, 4253.
paraument, *adv. équitablement, justement*, 2703.
parclose, *s. f. conclusion*, 4010, 5025.
parembelir, *voyez* par —
parjurer *v. se justifier par serment*, 4893.
parlement, *s. m. discours*, 3460; *conversation*, 1905; *réunion, assemblée*, 1434, 4378, 4489, 4691.
parmi, *adv. à travers*, 4482.
parra, *fut. de* paroir, 1686, 4063.

partir, *v. avoir part*, 3198; *séparer*, 3573.
parveoir, *voyez* par —.
pas, *s. m.*: en elle pas, *sur le champ*, 3281.
pene, paine, pesne (?), *s. f. fourrure*, 237, 1524, 1531, 4173, 4342, 5164, 5338; *doublure*, 2191, 3274; *couverture de l'écu*, 2722.
penon, *s. m. bannière attachée à la lance*, 1958, 2048, 2594, 2625.
penoncel, *s. m. petit penon*, 1952.
peser, *v. ind. prés.* poise, 1247.
pesne, *forme fautive pour* pene (?), 2193.
pestre, *v. 3e pers. sing. parf.* pot, *nourrir*, 762; se —, *se rassasier*, 5445; *p. p.* pĕu, *engraissé*, 5442.
pié, *s. m. pied;* au — aux pieds (de qqn), 4741, 4966.
pieça, *adv. il y a longtemps*, 2358.
piece, *s. f. laps de temps*, 2444.
pietaille *s. f. l'ensemble des gens à pied*, 1262.
plessié *p. p. entouré de palissades, fortifié*, 1285; *pris subst. château*, 783, 910, etc.
plet, *s. m. réunion*, 3405; *rendez-vous*, 1210; *coïncidence d'événements*, 3443.
plume, *s. f.* : trere la — par l'oel, *flatter quelqu'un*, 3464.
poënt, *voyez* pooir.

poignal, *adj. qui emplit le poing*, 2728.
poigneïz, *s. m. combat*, 2766.
poindre, *inf. pris subst. charge à cheval*, 2690.
poise, *s. f. balance*, 3339.
poise, *voyez* peser.
pooir, *pouvoir : 3ᵉ pers. plur. ind. pr.* poënt, 3147.
porchacier, *v. causer, amener*, 4928.
porc espin, *s. m. porc-épic*, 4720.
porfil, *s. m. bordure*, 3272.
poroec, *adv. pour cela (pour le chercher)*, 1444.
porveoir, *v. fut.* porverra, *regarder, examiner*, 1013; *régler, diriger*, 3017.
porvoutiz, *adj. arrondi en forme d'arc*, 362.
pot, *voyez* pestre.
prendre, *v.* se — a, *se comparer à, rivaliser avec*, 3538.
pris, *s. m. gloire*, 2929, 5307.
prise, *s. f. butin, conquête*, 5386.
prison, *s. m. prisonnier*, 2904.
puer, *adv.* geter — *rejeter*, 776, 3683; *égarer, détourner*, 3507.
pur, *adj.* em — le cors, leur cors, *n'ayant que les vêtements de dessous*, 202, 506, 2478, 5455; en pure, *même sens*, 4346.

Quanque, *conj. tout ce que*, 1715.

quarrel, *s. m. pierre de taille*, 3502.
queles, *exclam.* 2630.
queque, *conj. tandis que*, 875, 1541, etc.
querele *s. f.* 1221 (*mot corrompu ? voir la note*).
querir, querre, *v. parf. 3ᵉ pers.* quist, *demander, prier*, 891, 2917.

R —, re —, *préfixe; indiquant opposition (d'une action à une autre)* : racointier, 1627; ravoir, 509, 2775; removoir, 2667; restre, 1501.
rade, *adj. rapide*, 3246.
raensist, *voyez* raiembre.
rage, *s. f. joie bruyante*, 2349.
ragier, *v. s'amuser bruyamment*, 1805, 2353.
raiembre (raiempre, 2912, *forme fautive*), *v. imp. subj.* raensist, *p. pé.* raiens; *racheter*, 2912, 2916, 2928.
rainsel, *s. m. petit rameau*, 4148.
raïs, *adj. vil, méchant (mot corrompu? voir note)*, 3841.
ramentevoir, *v. prés.* ramentoivent, *parf.* ramentot, *rappeler*, 1327, 4615.
* ramier, *s. m. bosquet*, 5221.
ravine, *s. f. élan impétueux*, 2731.
re-, *voyez* r —.
rebours, 3801 (*ce vers paraît altéré*).
recerceler, *v. retomber en*

boucles, (*de la chevelure*), 694.
reclaim, *s. m. plainte*, 4788.
recovrier, *s. m. remède*, 3734.
recuit, *adj. habile*, 462, 4272.
regreter, *v. plaindre*, 4912; *intrans.* se *lamenter*, 1204.
rehetier, *v. ind.* rehete, *réjouir*, 3755, 4442, 5014, 5090.
remanoir, *v. 3ᵉ pers. sing. parf.* remest, *rester en arrière*, 420.
rembelir, *v. embellir, peindre en beau*, 803.
* remirer, *v. regarder*, 516.
remordre, *v. admonester*, 128.
removoir, *v. prés.* remuet, *cesser, interrompre*, 4755; *se mettre en mouvement* (*de son côté*), 2667.
rendu, *p. p. pris subs. moine, religieux*, 5485.
reng, *s. m. rang;* cerchier les rengs, *attaquer* (*dans un tournoi*), 2121.
repere, *s. m. domicile*, 2945.
reperier, *v. retourner au logis*, 3428; *demeurer*, 780.
reprendre, *v. blâmer*, 3124.
requerre, *v. rechercher, appeler*, 5280.
resoignier, *v. être attentif, prendre garde à*, 2787.
respondre, *v. prés. ind.* responez, *se justifier*, 4786.
retour, *s. m.* se metre en — *retourner*, 287.
retraire, retrere, *v. prés.* retraient, *p. p.* retret,

revenir, 5176; *trans.* — paroles, *prononcer des paroles*, 3132; *raconter*, 152.
reverchier, *v. retourner, faire sauter*, 999.
ribaudie, *s. f. conduite scandaleuse, débauche*, 3913.
rider, *v. plisser*, 197.
robe, roube, *s. f. ensemble de vêtements et d'objets de toilette*, 4056; *manteau*, 1821.
rober, *v. dépouiller*, 873.
roberie, *s. f. vol*, 5389.
roi, *s. m. règle*, 4731, 5111.
roial, *adj. pris subst.* li —, *la suite du roi*, 3628.
roisant, *s. m. le frais;* au — *de grand matin*, 900.
roiz, *s. m. rets*, 436.
romanz, *s. m. pl. langue vulgaire* (*opposée au latin*), 4185.
roncin, *s. m. cheval de charge* 891, 905, etc.; *mauvais cheval*, 432, 2875.
roube, *voyez* robe.
route, *s. f. troupe, bande*, 2148, 2201, 2638, 2764.
rouver *v. demander*, 3228, 4230, 4319, 4421.
rubiz, *s. m. pierre précieuse*, 3342, 4816; 5353 (*passage corrompu?*).
ruer, *v. jeter*, 1579.

Sachier, *v. tirer, arracher*, 4704, 4820, 4848.
saignier, segnier, seignier, *v. signer*, 906, 3581, 4588,

saintuaire, *s. f. reliquaire*, 5360.
sambue, *s. f. housse*, 2487, 4478.
samit, *s. m. velours*, 200, 244, 4342, 5158, 5351.
sane, *s. f. synode, assemblée ecclésiastique*, 357.
saut, *s. m. assaut*, 5307.
sechier, *v. subj. prés.* siece, *dessécher, épuiser*, 2385.
secorcié, *p. p. retroussé*, 301.
segnier, *voyez* saignier.
segnorelment, *adv. magnifiquement*, 5368.
seignier, *voy.* saignier.
selonc, *adv. d'après*, 79, 4359.
sené, *mot altéré*, 2288.
seoir, *inf. pris subst. siége*, 3299.
seoir, *v. parf.* sist, sirent, *convenir à*, 388, 2511.
seri, *adj. doux, agréable (de la voix)* 309, 530, 1157, 1201; (* *d'une fontaine*) 523, 2362; (*de la matinée*) 2414.
seson, *s. f.* cers sans —, *cerfs (tués) hors de la saison où ils sont bons à manger*, 1044; chacier la — *tuer le temps*, 1963.
sez, *adv. (pris subst.), plaisir*, 4952; *satisfaction*, 492; (*pris adj.*), *agréable*, 2180, 2956.
siecle, *s. m. plaisir mondain*, 5488, 5501.
sienis, *mot altéré*, 3842.
sire, *s. m.* — de, *maître de*, 1920, 3313.

sirent, sist, *voyez* seoir.
soffraindre, soufraindre, *subj. prés.* soufraigne, *subj. imparf.* soufrainzist, *manquer*, 1084, 1654, 2556.
solier, *s. m. étage supérieur d'une maison*, 1373, 1465, 1467, *etc.*
son, *s. m.* en —, *en haut, en l'air*, 2593.
sor, *adj. blond*, 1199, 2218.
sorcot, surcot, *s. m. robe de dessus (pour hommes)*, 1817, 1858, 1863, 1879, 4436; (* *pour femmes*), 2237.
sore, *adv. sur*, 3704.
soret, *adj. blond*, 4569.
sorvelle, *s. f. avant-veille*, 4139.
soshedier, *v. souhaiter*, 2136.
soufraindre, *v. voyez* soffraindre.
souffrir, *v. se contenter*, 4954.
surcot, *voyez* sorcot.

Talent, *s. m. désir*, 3181.
tel, *adj.* estre en —, *être dans un tel état, s'emporter si loin*, 4052; plus que tele roïne a par le mont, *plus que bien des reines qu'il y a dans le monde*, 3036.
tempreüre, *s. f. composition équilibrée des facultés*, 76.
tençon, *s. f. procès*, 3305.
testiere, *s. f. armure de la tête du cheval*, 2671.
tierce, *s. f. troisième heure du jour*, 259, 633.
tierz, *adj.* soi —, a soi —,

avec deux compagnons, 189, 767.
tiescher, *v. parler allemand*, 4650.
tiessu, *s. m. étoffe*, 4282, 4290, 4307, 4396, 5312.
tinal, *s. m. massue*, 2729.
tire, *s. f. rangée*, 347, 2419.
tortiz, *s. m. flambeau*, 1797, 2884.
tostée, *s. f. rôtie*, 493.
tot, *adj.* — a, *tout entier voué à*, 942, 1744 ; li toz, *toute la foule*, 4688.
touaille *s. f. serviette*, 278, 1261, 1670, 5465 ; *voile qui couvre la tête d'une femme*, 4707.
*tourtre, *s. f. tourterelle*, 1763.
* touse, *s. f. jeune fille*, 4564.
toz, *s. m. petit garçon*, 942.
traitie, *s. f. espace*, 2447.
traitiz, tretis, *adj. joli, gràcieux*, 361, 706, 1426.
travers, *adv.* chans —, *à travers champs*, 3096.
trecier, *v. coiffer en tresses*, 4717, 5546.
trere (se), *v. p. p.* tret ; se — hors dou chemin, *s'éloigner du chemin*, 2972.
tresliz, *s. m. tissu à triple fil*, 5312.
tresvirer, *v. détourner*, 2007.
tretis, *voyez* traitiz.
triez, *adv. après, dans la locut.* triez .i. triez autre, *l'un après l'autre*, 1585, 2551, 5006.
trive, *s. f. trève*, 623.

trousser, *v. charger, jeter sur soi*, 1315.
trusque, *adv. jusque*, 1854.

Vairon, *nom propre d'un cheval pie*, 2740.
vaisselemente, *s. f. vaisselle*, 368.
venir, *v. parf.* vig ; mout vient a home de grant sen qui... *un homme est sensé qui...* 2055.
vers, *adv.* — lui, *en face de lui*, 1613.
viande, *s. f. nourriture*, 2130, 2134 ; aller a la — *aller dîner*, 1025.
vieult, *voyez* voloir.
vig, 1re *pers. parf. de venir.*
vile, *s. f. village entourant un château*, 785, 1249, 1285, 4095.
vis, *s. m. :* ce li est —, *il lui semble*, 1728.
voie, *s. f. voyage*, 730, 5034.
voiseus, *adj. habile, prudent*, 462.
voloir, *v. prés.* vieult, 19 ; *parf.* vout, 242, 1613, voudrent, 403 ; *imp. subj.* vousist, 65, *vouloir*.
vuit, *adj. vide*, 1137.

Wambison, gamboison, *s. m. vêtement piqué, porté sous l'armure*, 2646, 2798, 2850, 2867, 2889.
wilecome, *exclamat. soyez le bienvenu (allem.* willekome*)*, 2586.

TABLE DES NOMS[1]

*Aaliz, 531, 547, 1572; *Aeliz, 310, 318, 541, 5415.
Aaliz, 1798, *fille d'un hôte.*
Achillès, 5328, *Achille, principal héros de l'*Iliade.
*Aiglentine, 2226-2285. *Cf. p.* XCIV.
*Aigline, 5182 - 5193. *Cf. p.* XCIV.
Aigret de Grame (*ms.* Grame *ou* Graine), 2504, *jongleur* (?)

Ais, 3119, *Aix-la-Chapelle.*
Alains de Roussi, 2087, *Alain de Rouci. Cf. p.* LXVI. *C'est sans doute son fils (voy. les* Lay. du Tr., II, *p.* 531 *et suiv.,* Actes du Parlem., I, *p.* 33 *et* 37), *et non lui, que cite le* R. de la Violette, *p.* 276.
Alemaigne, 973, 1085, 1655, 2561, 3068, 3772, 5562, 5571, *Allemagne.*

---

1. Consacrée particulièrement aux noms de personnes et de lieux cités dans le roman, cette Table contient de plus, imprimés en caractères italiques, un certain nombre de renvois à des passages qu'en général ni l'analyse du poème ni le *Glossaire* ne permettraient de retrouver promptement dans le texte, et, en outre, divers noms cités dans les commentaires qui précèdent le texte, c'est-à-dire dans l'introduction et dans l'article de M. G. Paris. — Un astérisque accompagne les noms tirés des chansons; deux astérisques les noms compris dans le fragment de *Girbert*. Les chiffres sont ceux des vers, quand ils ne sont pas précédés de l'abréviation *p.* (page ou pages).

Alemanz, Alemant, 31, 2202, 2206, 2759, 2820, *Allemands*. Voy. Tïés.

Aleschans, 2295, *Aliscamps*, cimetière antique d'Arles. Voy. Aymeri de Narbonne, éd. Demaison, I, *p.* ccvii.

Alixandres, 2871, 5306, Alexandre le Grand. Voy. le Rom. d'Alixandre, éd. Michelant (*Stuttgart*, 1846), p. 217 et 218.

Alos, Aloz, 2693, 2599, *Alost (Belgique)*, la ville la plus importante de la Flandre impériale. Sur le comté d'A., cf. *p.* xlvi.

Armes offensives ou défensives et machines de guerre, p. 3-5, 34, 41, 50, 51, 54, 59, 65, 74-87, 95.

Armoiries, p. 3, 59, 95, 100.

Artisiens, 2690, *Artésiens*, habitants de l'Artois.

Artois, 2665.

Artu, Artur, roi, 4605, 4667, Arthur, le roi breton légendaire.

Ascension, 5273.

Auborc (conte d'), 2112; li fllz au conte d'Aubours, 528; *Dagsbourg ou Dabo*, Alsace. Cf. *p.* lx, *note*.

*Aude, 1161, 1165.

Aude, 4499, *Aude, sœur d'Olivier, fiancée de Roland.*

Avalterre (ceuls d'), 2816. Les habitants du pays d'Aval sont généralement considérés comme les habitants des *Pays-Bas*, riverains du Rhin. Sur le sens des mots Avalterre et Avalois, *voy*. toutefois P. Meyer et Longnon, Raoul de Cambrai, *p.* 357-8.

*Aye, 1182.

Bailluès, 2694, *Bailleul (Nord ou Pas-de-Calais)*.

Baiviere (duc de), 621, *Bavière.* Cf. p. lxii, note 2.

Bar (au), 2772. C'est le cri d'armes des Allemands dans la Croisade contre les Albigeois, v. 1847.

Bar (quens de), 2116, 2386, Thibaut Ier, comte de Bar. Cf. *p.* l et xcvi.

Bar (S. Nicholas dou), 2773, *Église S. N. de Bari (Pouille)*.

Barrois (li), 670, 2086, *Guillaume des Barres*.

Baudoin Flamenc, 1663, 1904, *chambellan de l'empereur*, nommé plus loin Boidin. *Baudoin Flamenc est peut-être une réminiscence du roman de* Garin. Voy. Boidin.

Bautre (pierre de la), 3501; pavement de —, 5519; *Bactres, capitale de la Bactriane*. Voy. Brunetto Latini, li Livres dou Tresor, *p.* 158, *où il faut lire* Bautre *au lieu de* Bautie. Allusion aux carrelages orientaux, que nous n'avons

pas rencontrée ailleurs.
Dans le ms., Fauchet avait
souligné les v. 3501 et
5519; il n'a pas eu l'occasion de les citer dans ses
traités imprimés ou ma-
nuscrits.

Bernard de Ventadour, p. cxv
et suiv.

Berte as granz piez, 4499,
*l'héroïne de la légende dont
Adenès le Roi a fait sa
chanson de geste.*

Besençon, 3304.

*Biaucler, 5184, *château*.

Biaujeu, 1449. *Le ms. porte
Baiuieu : on ne peut hésiter
à corriger Biauieu, c'est-
à-dire Beaujeu. Voy. ci-
après* Renaus de B.

Boidin, 2159.

Boidins, Boidin, *chambellan
de Corras*, 1782, 1794,
1843, 1851. *Voy.* Bau-
doin.

Boloigne, *Boulogne-sur-
Mer. Voy.* Renaus de B.

Bordon, 2394, *surnom dont
le Livre des vassaux du
comté de Champagne,
p. 371, cite trois exemples.
Voy.* Jordain *et cf. ci-dessus p.* cxv.

Borgoigne (dus de), 3108,
duc de Bourgogne. Cf.
p. XLV-XLVI.

Borguegnons, 2126, *Bour-
guignons.*

Bourgeois et bourgeoises,
p. 57-59, 62, 66, 81, 86, 87,
136. *Voy. Hôtes. (Les hôtes
sont souvent désignés par le
mot* bourgeois.)

Braieselve vers Ognon, *Brasseuse, Oise, arr. de Sen-
lis, cant. de Pont-Sainte-
Maxence; et non Broye-
lez-Pesmes sur l'Ognon,
Haute-Saône, comme l'in-
diquent Gollut* (Mém. de
la République séquanaise,
éd. Duvernoy, *col.* 637 *et*
1873) *et d'autres auteurs
francs-comtois; ni Bray-
sur-Aunette, Oise, arr. de
Pont-Sainte-Maxence,
comme il est imprimé dans
l'*Hist. litt., XXIII, *p.* 618.
Voy. Hue de B.

Brocart Viautre, 3128, *Bouchard le Veautre, familier
et conseiller de Louis VII.
Cf. p.* XLVIII *et* XLIX.

Brulé, *voy.* Gace.

Chaalons, 4570, *Châlons-
sur-Marne.*

Chambli (haubert de), 1666,
Chambly (Oise).

Champaigne, 5, 660, *Champagne; quens de —*, 2079,
*sans doute Thibaut III.
Cf. p.* LIX.

Champenois, 2755.

Chansons, *p.* 10, 11, 16, 17,
26, 29, 36, 37, 40-42, 45,
48, 53, 56, 61, 68, 69, 72, 73,
76, 93, 96, 102, 103, 109,
113, 117, 124, 125, 137,
139, 152, 153, 155-157, 162,

163. *Cf. p.* LXXXIX-CXXI : — *auvergnates, poitevines et provençales, p.* CXIV *et suiv.; courtoises, p.* CII*; de danse, p.* XCVI*; d'histoire ou de toile, p.* XCII *et suiv.*
Charlemaine, 1749, Charlemagne.
Chartres (li vesques de), 356. *L'év. de Ch. était alors Renaud de Bar (nommé en 1186, mort en 1217), dont il est question au v.* 2389.
Chartres (vidame de), 4113-4114, *Guillaume de Ferrières. Cf. p.* CVI.
Chasse et chasseurs, p. 3, 6-7, 13-15.
Chastillon, *Châtillon-sur-Marne*. *Voy*. Gauchiers de C.
Clermont (conte de), 69. *Cf. p.* LXXVI *et suiv.*
Clermont (fromages de la riviere de), 373, *fromages de la plaine de Clermont-Ferrand (?). Cf. p.* LXXXI *et suiv.*
Cleve (quens de), 2595. *Cf. p.* LX, *note*.
Coiffure : chapels ou chapelets de fleurs, p. 7, 29, 47, 177, 142; *chapelets d'or avec rubis, p.* 7; *ajustement des cheveux, p.* 7, 22, 141, 142.
Cologne, Couloigne, 2960, 3065, 3107, 3122, 3140, *Cologne; arcevesques de* —, 4840.
Constanz (Dan), 443. *Messire ou Dan Constant est, dans le* Roman de Renart, *un vilain dont le courtil est plein de gélines et de chapons* (*éd.* Méon, I, *p.* 49 *et suiv.; éd.* Martin, I, *p.* 91 *et suiv.*).
Constantin (muser a), 2066. *S'agirait-il de la légende de l'empereur Constantin, et serait-ce à l'écouter sur une place et autour d'un jongleur que s'arrêteraient les musards?*
Corras, 35, 1604, *Conrad, empereur d'Allemagne, désigné, en dehors de ces deux vers, par son titre d'empereur ou de roi.*
Costume, p. 7-10, 13, 14, 16, 27, 29, 34, 47, 55, 56, 57, 61, 66, 67, 75, 78, 87, 98, 122, 129, 130, 133, 136, 141, 145, 155, 159-161. *Voy*. Coiffures, Étoffes, Fourrures, Joyaux, Manteaux.
Couci (*Gui, châtelain de*), *chansonnier, p.* CII, CVI, CX *et* CXI.
Couci (cil de), 2086. *Le seigneur de Couci était alors Enguerrand III, encore fort jeune, qui était devenu seigneur de Couci en 1191 sous la tutelle de sa mère, et dont il n'est question dans l'histoire locale que vers 1200. C'est deux ans plus tard qu'il*

prendra, pour la durée de sa première union, le titre de comte de Rouci, et cinq ans plus tard qu'il s'intitulera, pendant la durée d'une seconde union, comte du Perche. Il mourut en 1242. (Du Chesne, Hist. gén. des maisons de Guines, de Coucy, etc., p. 219; Art de vérif. les dates, II, p. 718; Cat. des actes de Ph. Aug., n° 727, etc.; Lay. du Tr. des Ch., I, p. 248, etc.)

Crouci, 1534, mauvaise leçon (?). Cf. p. LXXV.

Cupelin, ménestrel, 3392. Cf. p. CI.

Danmartin, 5196, sans doute Dammartin-en-Goële, Seine-et-Marne.

Daude de Prades, p. CXIX.

Dijon, 4294; chastelaine de—, 4288, 4389-4390. Cf. p. XLV, et Rom. de la Violette, p. 11.

Dimanche. Vœu de ne pas porter d'armes le —, 2211-2214.

Dinant (segnor de), 2512, Dinant, Belgique.

*Doe (la bele), 1202. Cf. p. XCIV.

Doete de Troies, 4556. Cf. p. CI.

Dol, 714, Dol, Ille et Vilaine.

Dole, 784, 932, 1468, 2068, 2657, 3848, Dole, Jura. Voy. Guillames de — et Lïenor.

Done, 2525, nom corrompu sans doute; peut-être Flosne, Belgique, prov. de Liège, près de Huy, et non loin de Saint-Trond.

*Doon, 1161, 1165, 1203, 1208, 1212, 1214.

Engleterre,*1183, 2188, 4479, Angleterre; roi d'—, 1620, 3566.

*Enmelot, 532.

Escoce, 3522, Écosse.

Espaigne (chevax d'), 1544, Espagne.

Esperït (saint), S. Esperite, 1009, 2435, 4028, 4355, 5370, 5585; S. Espir, 676; le Saint-Esprit.

Espire (prevost d'), 519; sires d'— (?), 4626; Spire, Bavière.

Étoffes, p. 59, 126, 134, 135, 164, etc. Voy. Costumes, Harnachement.

Flamenz, 1904, Flamenc, 2082, 2633, Flamand, Flamands. Voy. Baudoin Flamenc.

Flûtes, p. 70, 71, 77.

**Foques, Foucon, 1341, 1346.

Forois (conte de), 1594, comte de Forez; cf. p. XLV.

Fourrures, p. 8, 12, 24, 136, 161.

France, 664, 727, 799, 1528, 2822, 2835, 3128, 3403, 3505, 4533, 5571; rois de

—, 1355, 1384, 3031; seignorie de —, 2822.
François (les), 2082, 2601, 2757, 2821.
**Fromonz, Fromont, 1333, 1337, 1338, 1348, 1362, 1366.

Gace Brulé, voy. Gasçon.
Galerans de Lamborc, 2357 (*cf.* 2113, le biau Galeran de L., *où le nom de G. de L. semble appelé, non seulement par la rime, mais encore par la mention du « duc son pere » au vers suivant*). *Sur Waleran III de Limbourg, cf. p.* LXVIII.
Gasçon, Gasson (mon segnor), 844, 3611, [*Gace Brulé, chansonnier. Cf. p.* CII-CVI, CX, CXIII.
Gauchiers de Chastillon, 2088, *Gaucher de Châtillon. Cf. p.* LXV.
Gautier de Joegni, 2093, *Gaucher de Joigny* (?). *Cf. p.* LIII-LIX.
Gautier de Sagnies, 5215, *Gontier de Soignies. Cf. p.* CIII, CVI-CVIII, CXII.
Genevois (le vieil duc de), 353, *le comte et non le duc de Genevois. Cf. p.* LXXXIII *et suiv.*
Geoffroi Rudel, p. CXV, CXX, CXXI.
Gerbert, 1332; *Gerberz, 1339; *Girbert, personnage de la geste des Lorrains.*

Cf. p. VII, *note 1, et p.* XCI *et suiv.*
*Geronville, 1358, *nom de lieu souvent cité dans les Lorrains. Voy. P. Meyer et Longnon*, Raoul de Cambrai, *p.* 365.
Gontier de Soignies, *voy.* Gautier de S.
Graalent muer, 2537. *Voy. le Lai de Graelent, publié par Roquefort parmi les Poésies de Marie de France (Paris, 1820, I, p. 486 et s.); on ne l'attribue plus à Marie.*
Grieus (les), 5327, 5336, *les Grecs.*
Guerre (quens de), 620, *comte de Gueldre. Cf. p.* LXII, note 2.
Guillames, Guillame de Dole, 779, 881, 936-3121 *passim*, 3431, 3646, 4015, 5027, 5624.
*Guion, 1203, *note. Voy.* Guis.
*Guion (roche), 534.
**Guirrez, 1362.
*Guis (quens), 5183; Guion, 5183, 5193.

Hainaut, 2102.
Hainuiers, 2126, *Hennuyers ou habitants du Hainaut.*
Harnachement des chevaux p. 34, 47, 7^5, 7^6, 79, $83^?$, 134-136.
Harnes, *Harnes, Pas-de-Calais. Voy.* Michiex de H.

Hectors, Hector, *frère de Pâris*, 5321, 5329.
Helaine, 5318, *Hélène, femme de Ménélas.*
*Henris (li quens), *Henri*, 2252-2285.
Honoré (saint), 4066.
Hôtes et hôtels, p. 29, 40, 42, 55, 56, 60, 61, 62, 66, 67, 89, 127, 128.
Hue de Braieselve, 3399-3400. *Relevé par Fauchet (Œuvres, f° 578), le nom d'Hue de Braieselve a passé de sa liste d'anciens poètes dans les recueils sur l'histoire littéraire (Voy.* Hist. litt., XXIII, *p.* 618). *Il a paru en 1843 un roman (Le château de Frédéric Barberousse à Dole) que l'auteur, L. Dusillet, a présenté comme une « chronique du* xiie *siècle, attribuée à Hues de Braye-Selves, gai menestrel*[1] ». — *Voy.* Braieselve ; *cf. p.* xcviii.
Huedes de Rades de Crouci, 1534, *nom sans doute altéré. Cf. p.* lxxv.
*Hugon, *frère de Renaut de Mousson*, 2390. *Cf. p.* l, li *et* xcvi.

Hui, 5514, *Huy, Belgique, prov. de Liège;* segnor de —, 5409.

Igni, 5485, *Igny, abb. de Cîteaux, dioc. de Reims.*
Islande, 3522, *faute du ms. pour* Irlande.

Jeux (*dés, échecs, tables*), p. 16.
Jeux sous l'ormel, *p.* xcix.
*Jhesus, 4578.
Joegni, *Joigny (Yonne). Voy.* Gautier de J.
Jongleurs. *Voy.* Aigret de Graime, Cupelin, Doete de Troies, Hue de Braieselve, Jouglès, *Ménestrels. Dons qu'ils reçoivent, p.* 23, 27, 38, 55-58, 67, 164.
*Jordains, li viex bordons, 2394 ; Jordain, 2396, *auteur d'une chanson historique perdue. Cf. p.* xcv *et suiv.*
Jorge (saint), 2312, *saint Georges, martyr, patron de la chevalerie.*
Jouglès, Jouglez, Juglès, Juglez, Jouglet, Juglet, *vielleur de l'empereur Conrad,* 637-873 *passim,* 1326-2684 *passim,* 4111, 4131.

---

1. Dusillet, qui ne connaissait notre roman que par les citations de Fauchet et le croyait perdu, estimait, bien à tort, que le héros en « était évidemment Guillaume le Grand, dit *Tête Hardie*, issu de la maison de Dole et né dans cette ville », c'est-à-dire Guillaume Ier, comte de Bourgogne (1057-1087) et comte de Mâcon (1078), qui mourut en 1087.

Joyaux et pierres précieuses, p. 7, 9, 51, 55, 101, 144, 161.
Julien (saint), 3627, *invoqué pour trouver un hôtel*.

Keus, Keu, *sénéchal du roi Arthur*, 3151, 3155.

Lamborc (duc de), 2114, *duc de Limbourg*. Voy. Galerans de L.
Lanvax, 5497, *Lanval, chevalier aimé d'une fée*. Voy. le Lai de Lanval *dans les éditions des Poésies de Marie de France*.
Leigni, 2092, *Ligny-le-Châtel, Yonne. Cf. p.* LIV *et* LVII.
Lendit (*lisez* l'Endit), 1593, *foire établie à Saint-Denis le second mercredi de juin*.
Liege, le Liege, 1944, 2052, 2664 ; niés l'euvesque dou Liege, 5171 ; *Liège, Belgique*.
Lïenors, Lïenor, 790, 826, 919, 1001, 1088, 1115, 1416, 2989, 2996, 3560, 3890, 3938, 4505, 4996, 5083 ; *son surnom*, Liénor de Dole, 3842, 3865 ; *sa mère*, p. 31 *et s.*, 164, 168 *et suiv.*
Limoges (lorains de), 1544.
Loeis (le bon roi), 3129.
Loherenz, 2120, *Lorrains*.
Los (conte de), 2377, *Looz, Belgique, prov. de Limbourg*.

Louvain (duc de), 2306. *Ce titre désignait Henri I*er*, duc de Lothier et de Brabant (1190 - 1235),* ' *qui avait porté le titre de comte de Louvain de 1172 à 1190* (Art de vérif. les dates, III, p. 104), *et que les chroniqueurs ont plus souvent nommé duc de Louvain que duc de Lothier ou de Brabant*. Voy. Guillaume le Breton, Ph. Mousket, *etc. Son cri de guerre était «* Louvain *»* (Mousket, Chronique, v. 21850).
Lucelebourg (quens de), 323, *comte de Luxembourg*.

Macabiex (les), 2805, *les Macchabées*.
Mai (fêtes de), p. XCVIII.
Maience, 3071, 3434, 3474, 3590, 3624, 3945, 4136, 4184, 4549, 5628 ; duc de —, 308, *titre imaginaire* (*cf.* p. XLIV) ; *Mayence. Cf. p.* XCVIII.
Maine, 2078.
Manteaux, p. 27, 30, 48, 99, 135, 141, 158. *Cf.* p. XI, *note. Aux v.* 3271 *et suiv. on voit la mère de Liénor porter un manteau en présence du sénéchal : elle l'eût sans doute retiré devant un personnage plus important*.
Marc (roi), 170, *Marc, roi de Cornouailles, mari d'Iseut*.

Marguerite, 3406. *Cf. p.* xcviii.
Marie (sainte), 3926.
*Mariete (bele), 526.
*Mauberjon, 2370, 2376.
Maulion, *aujourd'hui Châtillon-sur-Sèvre, Deux-Sèvres. Voy.* Savaris de M.
Ménestrels, p. 53, 66, 102.
Mennors, 5322, *le roi Mennon. Voy.* le Roman de Troie, *éd.* Joly, *p.* 92, *v.* 5473, 5488, *etc.*
Michiex, Michiel de Harnes, 2710, 2717, 2721, 2752, *Michel IV de Harnes. Cf. p.* lxiv *et suiv.*
Miles de Nantuel, 6-7, *Milon de Nanteuil, évêque de Beauvais en* 1217. *Cf. p.* lxix-lxxv.
Monsson, *Mousson, Meurthe. Voy.* Renaut de M.
Monz en Hainaut, 2102, *Mons.*
Musele (vin de la), 367, *Moselle.*

Namur, 2091.
Nantuel, *Nanteuil-la-Fosse, Marne, arr. de Reims. Voy.* Miles de N.
Nicholas (saint) dou Bar, 2773, *Saint Nicolas, église de Bari.*
Nicholes, Nicole, Nicholin, *valet,* 880, 1129, 1169, 1283, 1306, 1398, 1501.
Nivele (segnor de), 4663, *Nivelles, Belgique, prov. de Brabant.*
Normendie, 2222.

Oedes de Ronqueroles, 550, *Eudes de Ronquerolles, soit celui du* xiie *s., soit celui du* xiiie; Oedin de R., 2783-84 (*cf.* 2085), *Eudes de Ronquerolles, seigneur du comté de Beaumont; cf. p.* lxvii *et suiv.*
Oignon, 3399, *Ognon, Oise, arr. de Senlis.*
*Oisseri, 3410, *Oissery, Seine-et-Marne, arr. de Meaux.*
Olivier, 4500, *l'un des douze pairs.*
Orliens (vin d'), 1829, *Orléans.*
Oscans, 5485, *abbaye d'Ourscamp, de l'ordre de Cîteaux, dioc. de Noyon.*
Osteriche (duchesse d'), 537, *duchesse d'Autriche.*

Parfums, 239, 1532, 1807, 1818, 5339. *Peut-être la « graine » qui parfume, sinon « les draps » au v.* 8, *du moins les surcots aux v.* 1807 *et* 1818, *est-elle la graine de paradis. Voy.* Sainte-Palaye, Glossaire, *au mot* Graine; Douet d'Arcq, Comptes de l'argenterie, *p.* 219 *et* 380; Henri d'Orléans, Notes et documents relatifs à Jean, roi de France, *p.* 116.

Paris de Troies, 1598; Paris, 5321, 5324; *Pâris, fils de Priam.*

*Pasques, 5174.

Percevaus, Perceval, 1740, 2871, *Perceval, chevalier de Galles, héros du roman de Chrétien de Troyes et de ses continuations ou imitations.*

Perche, 2078; conte de —, 1091. *Cf. p.* LXXVI.

Perchois, 665, corr. Perthois.

*Peronnelle, 1839.

Perthois, 665, *et non* Perchois, *le Perthois, qui eut pour chef-lieu, à l'origine, Perthes (Haute-Marne), et plus tard, au* X[e] *siècle, Vitry-en-Perthois (Marne). Voy. Longnon, Dict. topogr. de la Marne, p.* XXVIII, XXIX, 53 *et* 211.

Pierre (saint), *apôtre*, 3375; moustier de —, *à Mayence*, 4983.

Pire (sires de), 4626, *lisez* d'E[s]pire, *Spire (ou Espierres, Belgique, prov. de la Flandre occidentale?).*

Poitou, 2078.

Pol (saint), 2553, 4714, *saint Paul, apôtre.*

Prians (li rois), 5322, *Priam, roi de Troie.*

Puille, 5314, *la Pouille, Italie méridionale.*

Rades, *voy.* Huedes.

Rainceval, 1741 (*Roncevaux*), *nom sous lequel on désigne la chanson de Roland.*

Raincïen, 5 (*trissyllab.*), Rencien, 1450 (*dissyllab.*), *le Rémois, cf. p.* LXIX *et* CVIII.

Rains (arcevesques de), 798; quarriax de —, 3502, *Reims.*

Raoul de Houdenc, *p.* XXX-XLII.

Renart, 5407, *le héros du roman.*

Renaus de Boloigne (quens), 2101, 2775, *Renaud de Dammartin, comte de Boulogne. Cf. p.* L-LIII.

Renaut de Baujeu, 1449, *Renaud de Beaujeu, chansonnier. Cf. p.* CII, CVIII *et suiv.*

Renaut de Mousson, 2389, *Renaud de Bar ou de Mousson, évêque de Chartres. Cf. p.* L, LI *et* XCVI.

Renaut de Sabloeil, 3868, *Renaud de Sablé, chansonnier. Cf. p.* CIV, CIX *et suiv.*

*Renaus et s'amie, 2380.

Repas, p. 11-13, 15-16, 27, 32, 38-39, 46, 52-53, 71, 163.

Rigaud de Barbézieux, p. CXIX.

Rin, 631, 2122, *le Rhin, fleuve.*

Robert Macié, 3449. *Cf. p.* XLIV, *note* 2.

*Robins, 522, 525, 542, 545; Robin, 547.

**Rocelins, Rocelin, 1342, 1346.
Rollanz, 2746, *Roland, héros de la chanson de geste*.
Rome (tresor de), 64.
Ronqueroles, *Ronquerolles, Seine-et-Oise, arr. de Pontoise*. Voy. Oedes de R.
Rougemont, 961, 1652, *soit Rougemont dans le Doubs (arr. de Baume-les-Dames), non loin de Dole, soit Rougemont de la Côte d'Or (arr. de Montbard), qui fut un lieu de tournois : il y en eut un en avril 1172 (Gislebert de Mons, Rec. des Hist. de la Fr. XIII, p. 573). Les tournois de ce dernier Rougemont étaient de ceux où Pierre de Courtenay, comte de Nevers et d'Auxerre, se réservait, en 1194, le droit de se faire accompagner par les hommes libres d'Auxerre.*(Cart. de l'Yonne, II, p. 460; *Lebeuf*, Mém. conc. l'hist. d'Auxerre, éd. de 1855, III, p. 128.)
Roussi, *Rouci, Aisne*. Voy. Alains de R.

Sabloeil, *Sablé*. Voy. Renaut de S.
Sagnies, *Soignies, Belgique, prov. de Hainaut*. Voy. Gautier de S.
Sagremors (quens de), 364, *nom emprunté aux romans de la Table ronde*.
Sainteron, 1640, 1938, 1989, 2045, 2682, 2862, 2920, *Saint-Trond, Belgique, pr. de Luxembourg*; chastel, chastellerie de —, 1514, 2125, 2311, 2416, 2523. *Saint-Trond sera de même le théâtre d'un grand tournoi dans le roman de* Gilles de Chin.
Saissoigne (duc de), 2111, 2760; chevalier de —, 2110. *Bernard, duc de Saxe (1170-1212), avait deux fils.*
[Savaris] de Maulion, 2089, *Savari de Mauléon. Cf. p.* LXIII.
Savoie (quens de), 316; dus (*corr.* quens) de —, 5518.
Sceaux d'or, *fermant des lettres*, 878, 941, 996, 3114.
Senliz (*heaume fait à*), 1657.

Temple (le), 5575.
*Tierrion, 3395.
Tïès, 2160; Tyois, 2398, 4451; *Allemand, Allemands*.
Toivre (le), 2995, *le Tibre, fleuve*.
Tonart, 5408, *nom de lieu; peut-être faut-il lire* Touart *(Thouars, Deux-Sèvres)*.
Tré, 1982; Tref sor Meuse, 1966, 2009, 2166 (*corr.* Tref); conte de Tré (*titre*

imaginaire), 2367, 2379;
Tref (Trajectum) sur
Meuse, Maëstricht.

Tremeilli, 3404, Trumilly,
Oise, près de Senlis (beaucoup plus vraisemblablement que Tremilly, Hte-Marne).

Trinité (la), 5371, fête.

Tristrans, 5493, Tristan,
amant d'Iseut.

Troie (siège de), 40. Voy.
Paris.

Troies, Troyes. Voy. Doete
de T.

Tudele, 702, Tudela, Espagne, roy. de Navarre.

Tyois, voy. Tïès.

Tyr, 5306, Tyr, ville de Phénicie.

Vairon, 2740, nom d'un cheval.

Valecort, 2665; Walencort,
2694; Walincourt, Nord,
arr. de Cambrai.

Viautre, surnom de Bouchard (voy. Brocart), qui lui est commun avec un certain nombre de personnages du temps. Voy. les Feoda castellaniæ Montis Letherici dans le Recueil des Histor. de la France, XXIII, p. 671; Douet d'Arcq, Coll. de sceaux, nos 2470 et 3899, etc.

Vielles, p. 54, 56, 68, 70, 71, 77.

Vins, p. 16, 54, 60, 71, 163.
Voy. Musele, Orliens.

Viviens d'Aleschans, 2295, Vivien, héros de la bataille d'Aliscans.

Walencort, voy. Valecort.

Wautre, 2159, nom d'homme.

Yseult, 5493, femme du roi Marc.

U. B. Würzburg

ADDITIONS ET CORRECTIONS

Page LXXVIII, *ligne* 3, Henricourt, *lisez* Hemricourt. — Vers 81 dous, *corrigez* duis. — V. 95 Lors, *lisez* Lor. — V. 107 de l'estor, *corr.* des estors. — V. 167-8 *Transportez à la fin de* 167 *le point et virgule imprimé à la fin de* 168 — V. 169-70 *Lis.* arc, Marc. — V. 181 Poursievre [*en un mot*]. — V. 252 Et si, *corr.* Et cil. — V. 265 *Un point à la fin du v.* — V. 278 *et ailleurs*, tovaille, *lis.* touaille. — V. 323 Lucelebourg [*en un mot*]. — V. 426 *V. à placer après les deux suivants.* — V. 443 Dan Constan, *lis.* Dan Constanz *et supprimez la note.* — V. 450 *et ailleurs*, Queque, *lis.* Que que. — V. 461 *Suppr. la virgule après* soupers. — V. 472 del, *corr.* d'el (?) — V. 484 *Suppr. les deux points.* — V. 511 cotele, *corr.* cote. — V. 646 *Remplacez* ? *par un point.* — V. 656 *Un point à la fin du v.* — V. 665 Perchois, *lis.* Perthois. [*Si l'on maintenait* Perchois (*le Perche*), *il faudrait écrire* champaigne, *et non* Champaigne, *au v.* 660; *la correction* Perthois, *appelée par* Champaigne, *paraît plus satisfaisante.*] — V. 669 *Un point après* rois. — V. 717 *Virg. après* compagnie. — V. 719 *Un point après* beauté. — V. 746 voit, *corr.* vait (?) —

V. 783 *Virg. avant* a. — V. 785-7 *Un point après* vile, *et un autre après* mon. — V. 790 *Peut-être :* Sires, el a non. — V. 831 *Un point après* seror. — V. 843 Et si chante[nt]. — V. 844 Gasçon. — V. 853-4 *Virg. après* chastel, *et non après* route. — V. 887 avra. — V. 891 au querre, *p.-ê.* anquerre. — V. 902 bués. — V. 915 clers. — V. 1038 foiz. — V. 1058 *Un point après* fable. — V. 1159 *Voy. les corrections proposées p.* xciii, *note.* — V. 1264-5 *Virg. après* compegnons; *deux points après* remanoir. — V. 1330 *Cf. p.* xci. — V. 1390 *Suppr. la correction et lisez :* fet il, et ge la. — V. 1429-31 *Lis. : —* Tels chevaliers; *mettez un point après* faez, *et lis. :* — Ce dirés vos. — V. 1449 *Lis. en note : Ms.* Baivieu; *corr.* Biavieu (*ou* Bavieu), *c'est-à-dire* Biaujeu (*ou* Baujeu). — V. 1497 *Point et virg. après* merci. — V. 1510-2 *Supprimez la ligne de points, le v.* 1512 *et la note. Le v.* 1512 *est rayé dans le ms. L'auteur se contentant souvent d'assonances, il se peut que les v. numérotés* 1510 *et* 1513 *se suivent immédiatement.* — V. 1532 *corr.* noirs. — V. 1593 Lendit, *lis.* l'Endit. — V. 1613 se, *corr.* le. — V. 1699 *Suppr. la première virg.* — V. 1772-3 *Virg. après* congié; *un point après* chançons. — V. 1791 *Corr.* A l'ostel Juglet (?). — V. 1866 Ce sachiez, ne fu [ne] si large. — V. 1875 au, *corr.* as. — V. 1943 ont, *lis.* out (?). — V. 1969 *Virg. après* devise. — V. 2018 Contre le, *corr.* Contrel. — V. 2026 *A rapprocher du v. précédent comme faisant partie du même couplet.* — V. 2032, cuelle, *corr.* celle. — V. 2046-7 *et ailleurs :* harnoès, loès, *lis.* harnoés, loés. — V. 2113 biaus, *lis.* biau. — V. 2151 *Suppr. la virg.* — V. 2160 Tïès. — V. 2162 *Terminez le v. par une virg., et transportez le point d'exclam. à la fin de* 2164. — V. 2166 tref, *lis.* Tref. — V. 2277 dit il, *ajoutez en note : Ms.* dit Henris. — V. 2302 autres, *corr.* hautes. — V. 2306 Toz mestres, *faute de lecture du copiste sans doute : conjecturant que ces deux mots sont la corruption de quelque mot allemand ou néerlandais, M. Huet propose d'y voir un composé de* meister, *tel que* stalmeister (*connétable*) *ou mot analogue. Cf. v.* 2113, *note.* — V. 2387 l'empere[re], *lis.* de l'empere. — V. 2479 *Lis.* Se ce fust, *et suppr. la note.* — V. 2007 *Une correction semble nécessaire :* p.-ê. de mains gaie maniere. — V. 2963 *Suppr. la virg.* — V. 2990 *Suppr. les guillemets aux v.* 2990-3, *et terminez le dernier par point et virg.* (?) ; *p.-ê. au v.* 2990 set *au lieu de* fet. — V. 3000 *Un point au lieu du p. d'interrog.* — V. 3187 ces, *lis.* cez. — V. 3189 par, *corr.* sor. — V. 3219 *Suppr. la virg.* — V. 3274 *Corr.* Mès d'escarlate en est la paine (?). (*Cf.* 2191). — V. 3357 mandre, *lis.* mendre. — V. 3383 lerres, *corr.* lerre. — V. 3398 *Un point à la fin du v.* — V. 3517 *Lis. en note : Ms.* Mès quant a fete celi nestre. — V. 3599 *Lis.* Harrai. — V. 3601 *Virg. à la fin de* 3601 ; *un point à la fin de* 3602 ; *guillemets au commencement des quatre v. suiv. et à la fin de* 3606 ; *pas de virg. à la fin de* 3603. — V. 3637 *Lis.* tie[r]z jor, *et suppr. la note.* — V. 3735-3743 Amors. — V. 3765 *Lis.* dolerous las. — V. 3766 *Suppr. les virg.* — V. 3860 jor. — V. 3866 Que il looit. — V. 3879-80 Por c'en chasti... Qu'el m'a. — V. 3882 grant. — V. 3899 *A la fin du v. un point d'exclamation.* — V. 3916 espïée, *corr.* espeée [espeer, *embrocher*]. — V. 3928 *Un p. d'exclam. à la fin du v.* — V. 3939 *et suiv.* je vos queroie. — Car le lïons d'une corroie ; Sachiez etc. — V. 3985-7 *Un point après* vie ; *un p. d'exclam. après* bien. — V. 4150 gieus, *corr.* glai (?). — V. 4202 *Un point après* bele. — V. 4203 *Corr.* l'ostel la pucele. — V. 4252 *Supprimer les guillemets à la fin de ce vers et les placer à la fin du v.* 4254. — V. 4336, 5157 *Lis.* escuciaus. — V. 4356 *Le début du v. semble corrompu.* — V. 4365 *Lis.* maiestrise — V. 4504 *Lis.* acor. — V. 4507 *Suppr. la virg.* — V. 4508 s'en mesla. — V. 4558 *Voy.* p. CI, *note* 3. — V. 4571 *Corr.* uns biaus dras vers. — V. 4581 cez, *corr.* cest. — V. 4626 de Pire, *corr.* d'E[s]pire. — V. 4633 esleecier. — V. 4672-3 De qoi ? — Que il i a venu ? Une m. — V. 4706 Qu'ele h. — V. 4830 li vis. — V. 4842 Pieç'a. — V. 4992 *Suppr. la virg.* — V. 5001 soner, *corr.* sonez. — V. 5032-3 Et cil, qui soit..... Depeciez si que je le voie (*suivi d'une virg.*). — V. 5041-2 gié...

marvié. — V. 5106 Iert. — V. 5204 vis, *lis.* n'is *et suppr. la note.* — V. 5209 n'en, *lis.* nen. — V. 5219 *Voy. p.* cviii, *note* 1. — V. 5265 hautece, *p.-ê.* hantise. — V. 5282 *Corr.* Ce m'a semblé (?). — V. 5292 euvesque. — V. 5318 *et* 5331 *Suppr. les virg.* — V. 5333-5335 *Corr.* El cheval; *point et virg. à la fin de* 5333 ; *virg. à la fin de* 5334.

TABLE DES MATIÈRES

Introduction.	I
I. Le titre du roman.	I
II. Analyse du poème	III
III. Le manuscrit.	XIX
IV. L'auteur	XXVII
V. De la date du roman et des personnages dont les noms s'y rencontrent.	XLIII
Les Chansons, par M. G. Paris	LXXXIX
Le Roman de la Rose ou de Guillaume de Dole.	I
Glossaire, par M. G. Huet	171
Table des noms.	189
Additions et corrections	201

Publications de la Société des Anciens Textes français
(*En vente à la librairie* Firmin Didot et Cie, *56, rue Jacob, à Paris.*)

―――

Bulletin de la Société des Anciens Textes français (années 1875 à 1893). N'est vendu qu'aux membres de la Société au prix de 3 fr. par année, en papier de Hollande, et de 6 fr. en papier Whatman.

Chansons françaises du xve siècle publiées d'après le manuscrit de la Bibliothèque nationale de Paris par Gaston Paris, et accompagnées de la musique transcrite en notation moderne par Auguste Gevaert (1875). *Épuisé.*
Il reste quelques exemplaires sur papier Whatman au prix de . . 37 fr.

Les plus anciens Monuments de la langue française (ixe, xe siècles) publiés par Gaston Paris. Album de neuf planches exécutées par la photogravure (1875).................................. 30 fr.

Brun de la Montaigne, roman d'aventure publié pour la première fois, d'après le manuscrit unique de Paris, par Paul Meyer (1875)...... 5 fr.

Miracles de Nostre Dame par personnages publiés d'après le manuscrit de la Bibliothèque nationale par Gaston Paris et Ulysse Robert; texte complet t. I à VII (1876, 1877, 1878, 1879, 1880, 1881, 1883), le vol. . 10 fr.
Le t. VIII, dû à M. François Bonnardot, comprend le vocabulaire, la table des noms et celle des citations bibliques (1893)......... 15 fr.
Le t. IX et dernier contiendra l'introduction et les notes.

Guillaume de Palerne publié d'après le manuscrit de la bibliothèque de l'Arsenal à Paris, par Henri Michelant (1876)................ 10 fr.

Deux Rédactions du Roman des Sept Sages de Rome publiées par Gaston Paris (1876)................................. 8 fr.

Aiol, chanson de geste publiée d'après le manuscrit unique de Paris par Jacques Normand et Gaston Raynaud (1877)............. 12 fr.

Le Débat des Hérauts de France et d'Angleterre, suivi de *The Debate between the Heralds of England and France*, by John Coke, édition commencée par L. Pannier et achevée par Paul Meyer (1877)........ 10 fr.

Œuvres complètes d'Eustache Deschamps publiées d'après le manuscrit de la Bibliothèque nationale par le marquis de Queux de Saint-Hilaire, t. I à VI, et par Gaston Raynaud, t. VII et VIII (1878, 1880, 1882, 1884, 1887, 1889, 1891, 1893), le vol...................... 12 fr.

Le Saint Voyage de Jherusalem du seigneur d'Anglure publié par François Bonnardot et Auguste Longnon (1878)................. 10 fr.

Chronique du Mont-Saint-Michel (1343-1468) publiée avec notes et pièces diverses par Siméon Luce, t. I et II (1879, 1883), le vol...... 12 fr.

Elie de Saint-Gille, chanson de geste publiée avec introduction, glossaire et index, par Gaston Raynaud, accompagnée de la rédaction norvégienne traduite par Eugène Koelbing (1879).................... 8 fr.

Daurel et Beton, chanson de geste provençale publiée pour la première fois d'après le manuscrit unique appartenant à M. F. Didot par Paul Meyer (1880)...................................... 8 fr.

La Vie de saint Gilles, par Guillaume de Berneville, poème du xiie siècle publié d'après le manuscrit unique de Florence par Gaston Paris et Alphonse Bos (1881)............................. 10 fr.

L'Amant rendu cordelier à l'observance d'amour, poème attribué à Martial d'Auvergne, publié d'après les mss. et les anciennes éditions par A. de Montaiglon (1881)................................. 10 fr.

Raoul de Cambrai, chanson de geste publiée par Paul Meyer et Auguste Longnon (1882).................................. 15 fr.

Le Dit de la Panthère d'Amours, par Nicole de Margival, poème du xiiie siècle publié par Henry A. Todd (1883) .... 6 fr.

Les Œuvres poétiques de Philippe de Remi, sire de Beaumanoir, publiées par H. SUCHIER, t. I et II (1884-85)........................ 25 fr.
Le premier volume ne se vend pas séparément; le second volume seul 15 fr.
La Mort Aymeri de Narbonne, chanson de geste publiée par J. COURAYE DU PARC (1884)................................... 10 fr.
Trois Versions rimées de l'Évangile de Nicodème publiées par G. PARIS et A. BOS (1885)...................................... 8 fr.
Fragments d'une Vie de saint Thomas de Cantorbéry publiés pour la première fois d'après les feuillets appartenant à la collection Goethals Vercruysse, avec fac-similé en héliogravure de l'original, par Paul MEYER (1885). 10 fr.
Œuvres poétiques de Christine de Pisan publiées par Maurice ROY, t. I et II (1886, 1891), le vol............................... 10 fr.
Merlin, roman en prose du XIIIe siècle publié d'après le ms. appartenant à M. A. Huth, par G. PARIS et J. ULRICH, t. I et II (1886)........ 20 fr.
Aymeri de Narbonne, chanson de geste publiée par Louis DEMAISON, t. I et II (1887)... 20 fr.
Le Mystère de saint Bernard de Menthon publié d'après le ms. unique appartenant à M. le comte de Menthon par A. LECOY DE LA MARCHE (1888). 8 fr.
Les quatre Ages de l'homme, traité moral de Philippe DE NAVARRE publié par Marcel DE FRÉVILLE (1888)....................... 7 fr.
Le Couronnement de Louis, chanson de geste publiée par E. LANGLOIS, (1888)... 15 fr.
Les Contes moralisés de Nicole Boẓon publiés par Miss L. Toulmin SMITH et M. Paul MEYER (1889)........................... 15 fr.
Rondeaux et autres Poésies du XVe siècle publiés d'après le manuscrit de la Bibliothèque nationale, par Gaston RAYNAUD (1889)........... 8 fr.
Le Roman de Thèbes, édition critique d'après tous les manuscrits connus, par Léopold CONSTANS, t. I et II (1890)................... 30 fr.
Ces deux volumes ne se vendent pas séparément.
Le Chansonnier français de Saint-Germain-des-Prés (Bibl. nat. fr. 20050), reproduction phototypique avec transcription, par Paul MEYER et Gaston RAYNAUD, t. I (1892)................................ 40 fr.
Le Roman de la Rose ou de Guillaume de Dole, publié d'après le manuscrit du Vatican par G. Servois (1893)....................... 10 fr.

Le Mistère du viel Testament publié avec introduction, notes et glossaire, par le baron James DE ROTHSCHILD, t. I-VI (1878-1891), ouvrage terminé, le vol... 10 fr.

(*Ouvrage imprimé aux frais du baron James de Rothschild et offert aux membres de la Société.*)

Tous ces ouvrages sont in-8°, excepté *Les plus anciens Monuments de la langue française*, album grand in-folio.

Il a été fait de chaque ouvrage un tirage à petit nombre sur papier Whatman. Le prix des exemplaires sur ce papier est double de celui des exemplaires en papier ordinaire.

Les membres de la Société ont droit à une remise de 25 p. 100 sur tous les prix indiqués ci-dessus.

La Société des Anciens Textes français a obtenu pour ses publications le prix Archon-Despérouse, à l'Académie française, en 1882, et le prix La Grange, à l'Académie des Inscriptions et Belles-Lettres, en 1883.

Le Puy. — Imprimerie de R. Marchessou, boulevard Carnot, 23.

SOCIETE DES ANCIENS TEXTES FRANÇAIS

MDCCCLXXV

www.ingramcontent.com/pod-product-compliance
Lightning Source LLC
Chambersburg PA
CBHW060630170426
43199CB00012B/1497